U0959846

权威·前沿·原创

皮书系列为
“十二五”“十三五”国家重点图书出版规划项目

广州公益慈善蓝皮书

BLUE BOOK OF
GUANGZHOU'S PHILANTHROPY

广州公益慈善事业发展报告（2018）

ANNUAL REPORT ON GUANGZHOU'S
PHILANTHROPY DEVELOPMENT (2018)

主　编／广州市慈善服务中心　广州市慈善会

社会科学文献出版社
SOCIAL SCIENCES ACADEMIC PRESS (CHINA)

图书在版编目（CIP）数据

广州公益慈善事业发展报告．2018／广州市慈善服务中心，广州市慈善会主编．--北京：社会科学文献出版社，2019.3

（广州公益慈善蓝皮书）

ISBN 978-7-5201-4354-7

Ⅰ.①广… Ⅱ.①广… ②广… Ⅲ.①慈善事业-发展-研究报告-广州-2018 Ⅳ.①D632.1

中国版本图书馆CIP数据核字（2019）第032506号

广州公益慈善蓝皮书

广州公益慈善事业发展报告（2018）

主　　编／广州市慈善服务中心　广州市慈善会

出 版 人／谢寿光

项目统筹／刘　荣

责任编辑／单远举　许文文

出　　版／社会科学文献出版社·联合出版中心（010）59367011

地址：北京市北三环中路甲29号院华龙大厦　邮编：100029

网址：www.ssap.com.cn

发　　行／市场营销中心（010）59367081　59367083

印　　装／三河市龙林印务有限公司

规　　格／开　本：787mm×1092mm　1/16

印　张：17.5　字　数：264千字

版　　次／2019年3月第1版　2019年3月第1次印刷

书　　号／ISBN 978-7-5201-4354-7

定　　价／99.00元

皮书序列号／PSN B-2019-796-1/1

第五届广州市社会组织公益创投活动资助出版

《广州公益慈善事业发展报告（2018）》
编　委　会

摘 要

《广州公益慈善事业发展报告（2018）》对2017年度广州公益慈善的发展做了全面描述和分析。在《中华人民共和国慈善法》颁布一周年之际，广州市紧跟国家深化改革步伐，稳步推进慈善管理体制改革、慈善运作机制创新，做出了深化“羊城慈善为民”行动、创建全国“慈善之城”的决策部署。本书正是对这一年来广州公益慈善跨越式发展历程的记录、梳理和分析。

全书分为总报告、分报告、专题篇、案例篇和附录五大部分。

总报告包括以下几个方面的内容：一是在国家治理现代化和现代社会治理格局构建的重要背景和分析框架下，讨论广州公益慈善事业的定位、方向、使命和路径；二是系统回顾和梳理了广州市在2017年做出了深化“羊城慈善为民”行动、创建全国“慈善之城”的决策部署后公益慈善领域发生的重大变化和重要成绩，总结广州公益慈善创新模式；三是具体分析广州公益慈善实践路径，通过慈善法规完善、慈善平台搭建、慈善服务创新、慈善标志创建等举措，打造共建共治共享的“慈善之城”；四是指出广州2017年公益慈善发展存在的问题，并提出解决建议和未来发展方向。

分报告主要是对广州公益慈善发展相关领域工作的总结，包括广州构建现代慈善事业的探索与实践、广州公益慈善组织参与现代社会治理实践报告、广州社区慈善与社区治理现状与分析、广州社会工作力量参与公益慈善事业的探索与建议、广州社会力量参与精准扶贫的专题报告和广州公益传播的年度观察。

专题篇主要关注广州公益慈善的特色领域，包括新时代公益慈善组织党建引领与服务创新、广州慈善医疗救助发展探索、广州慈善家庭创建与全民慈善参与路径探索和发展新时代广州特色的公益拍卖新模式。

案例篇主要是广州公益慈善典型案例研究，包括电商扶贫新模式以及海珠区、南沙区和白云区各区独具特色的区域慈善发展案例报告。

附录部分对2017年广州市慈善大事记进行了整理，同时收录了2017年广州市公益慈善法规政策文件。这些事件和文件，不仅记录了广州市公益慈善发展的历程，也是广州市公益慈善事业继往开来、迈步前行的见证和保证。

序　言

2016年以来，随着《中华人民共和国慈善法》（以下简称《慈善法》）的颁布与实施，我国慈善事业沿着法治化的轨道快速运行，开启了向现代慈善迈进的新格局。在《慈善法》颁布一周年之际，广州市紧跟国家深化改革步伐，结合实际，稳步推进慈善管理体制改革、慈善运作机制创新，做出了深化“羊城慈善为民”行动、创建全国“慈善之城”的决策部署。

经过一年多的努力，广州市慈善事业呈现蓬勃发展的新气象，取得了阶段性成果。这主要表现在以下几个方面：政府和社会的关系进一步明确，政府的定位重点为推动政策制度、体制机制上的改革；公众慈善意识不断提升，慈善从过去被看作好人好事转变为现在被视作市民的权利和责任，民众对慈善的理解也从过去的个人道德行为转变为有组织的现代慈善行为，慈善的本质正在从过去的单方面给予转变为民众的互惠行为；慈善组织数量不断增加、管理不断规范、活动日益成熟，慈善组织为各个领域提供社会公共服务和产品，成为除政府、市场主体之外参与社会治理的重要力量，在推动广州市社会治理现代化过程中发挥着越来越重要的作用，慈善事业的社会影响不断扩大，在创建“慈善之城”的过程中搭建了政府、慈善组织、企业、市民之间的合作平台，广泛地激发了民间慈善活力，形成了党委领导、政府主导、组织运作、社会参与、人人共享的创建“慈善之城”运作机制。以创建“慈善之城”为契机，广州市进一步营造共建共治共享的社会治理格局，使各方参与主体都能享受“慈善之城”的创建成果。可以说，目前广州市慈善事业改革的经验可以概括为社会化、专业化、生态化和互联网化，基本形成了适应国家治理和社会治理现代化需要的慈善事业发展体制机制。

广州市既有深厚的岭南慈善文化积淀，又有活跃的民间慈善氛围，可充分传承、发扬岭南传统慈善文化，兼收并蓄现代慈善理念，以全面深化改革为新的起点和动力，积极作为，敢于担当，为全国慈善事业改革探索地方经验。本书是广州市系列公益慈善年度发展报告的延续，同时也进行了迭代升级。本书也是一份广州市呈现给广州市民和全国人民的关于公益慈善事业发展的答卷，一份献给改革开放四十周年的广州市民生发展的答卷，让我们一起期待更美好的明天。

目 录

Ⅰ 总报告

Ⅱ 分报告

Ⅲ　专题篇

Ⅳ　案例篇

Ⅴ　附录

皮书数据库阅读使用指南

总报告

General Report

B.1

慈善为民，公益同行

——广州市公益慈善事业发展2017年度综述

广州市慈善服务中心*

摘　要： 在《中华人民共和国慈善法》颁布一周年之际，广州市做出了深化“羊城慈善为民”行动、创建全国“慈善之城”的决策部署。在建设“慈善之城”的过程中，广州市搭建了政府、慈善组织、企业、市民之间的合作平台，广泛地激发了民间慈善活力，形成了党委领导、政府主导、组织运作、社会参与、人人共享的创建“慈善之城”运作机制。2017年，广州市制定了五项慈善政策法规，完善了七大慈善平台，实施了六项慈善服务计划，推出了六大慈善文化标志。经过一年的努力，广州市

* 广州市慈善服务中心，公益一类事业单位。本报告由广州市慈善服务中心统稿，中山大学传播与设计学院副教授、广州市慈善会理事周如南执笔。

公益慈善事业呈现蓬勃发展的新气象，取得了一定的阶段性成果。当前，广州市公益慈善事业还存在不足：申报慈善组织的积极性有待提升，相对缺乏全国性慈善组织和知名项目，慈善创新有待进一步探索。针对这些问题，广州市在今后要以党建为引领，以政府为主导，以创新为驱动，促进广州市公益慈善事业迈上新的台阶，将广州市打造成国际慈善枢纽平台。

关键词： 慈善之城　公益慈善　社会治理　政府领导

一　现代社会治理格局构建进程中的广州慈善事业发展

党的十八届三中全会通过的《中共中央关于全面深化改革若干重大问题的决定》指出："全面深化改革的总目标是完善和发展中国特色社会主义制度，推进国家治理体系和治理能力现代化。"该目标的提出，确立了公益慈善类等社会组织在未来国家治理中的重要主体地位。《中共中央关于全面深化改革若干重大问题的决定》围绕"创新社会治理体制"这一新命题，强调"完善慈善捐助减免税制度，支持慈善事业发挥扶贫济困积极作用"，"重点培育和优先发展行业协会商会类、科技类、公益慈善类、城乡社区服务类社会组织，成立时直接依法申请登记"。对公益慈善类社会组织和公益慈善事业的作用寄予厚望。

党的十九大报告进一步提出，要"打造共建共治共享的社会治理格局。加强社会治理制度建设，完善党委领导、政府负责、社会协同、公众参与、法治保障的社会治理体制，提高社会治理社会化、法治化、智能化、专业化水平。……推动社会治理重心向基层下移，发挥社会组织作用，实现政府治理和社会调节、居民自治良性互动"，"统筹城乡社会救助体系，完善社会救助、社会福利、慈善事业、优抚安置等制度"。2016 年以来，随着《中华人民共和国慈善法》（以下简称《慈善法》）的颁布与实施，各项改革措施深入推进，我国慈善事业沿着法治化的轨道快速运行，开启了向现代慈善迈进的新格局。党的十九大报告进一步彰显了慈善事业在中国特色社会主义新时代的重要作用，为今后一段时期慈善事业的发展指明了方向，同时对慈善参与主体提出了新要求。

国家治理现代化是一段时期内国家转型的必由之路。这一方面是指国家治理意志和权威合法性在社会维度上的嵌入，从而巩固国家基层政权建设；另一方面是指社会主体性和自治能力的激活，从而使其在社会治理尤其是基层治理层面发挥作用。现代国家治理，一定是政府、市场和社会多方力量的共建共治共享。

当前，国家处于转型关键时期，社会发展与人口结构变化引发了一系列治理问题。一是改革开放以来的人力资本流动带来的东西部发展不平衡以及城乡二元结构治理问题，以及由此带来的流动儿童、留守儿童、外来人口的城市社区融入等问题。二是国家人口结构的老龄化进程加速。虽然当前计划生育政策有所变化，但是老龄化速度加快和人口增长速度放缓将带来一系列社会问题。三是社会分层和价值观变化带来的治理危机，如贫富分化、仇官仇富等由社会利益格局变化带来的结构性冲突。四是多年来的快速发展尤其是以 GDP 发展为导向的增长模式，带来的资源匮乏、环境污染等问题。在这样的背景下，政府单边治理理论让位于新公共管理理论和福利多元主义。它们认为社会福利和公益慈善的供给不能完全依赖政府，社会既是社会福利的享有者，也可以自我组织起来，成为资源配置的重要主体。尤其在公益慈善领域，政府要致力于发展民间公益，通过组织化、制度化、社会化、市场化、协同化的推动，组织公众有效参与，与政府、市场主体共同成为治理现代化的组成部分。福利多元主义的核心是分权（decentralization）和参与（participation），这两个核心也被视为实现福利多元的具体途径。[①] 从分权的层面上来说，在福利领域，中央政府的部分职权下放到地方政府，或由社

---

① N. Johnson, *The Welfare State in Transition: The Theory and Practice of Welfare Pluralism*, The University of Massachusetts Press, 1987, p. 58.

区、社会组织承担，改变以前由政府大包大揽的做法，强调的是社会福利和服务的地方化、社区化。从参与的层面上来说，将政府的福利责任分散到市场、社区和社会组织，使社会力量介入社会服务的提供。总的来说，福利多元主义可以有效减轻政府负担，壮大社会力量，强化家庭角色，使社会培育出自助的精神而非过度依赖政府。

当前，我国正处在经济社会转型的重要战略机遇期，慈善事业在参与民生保障、调节收入分配、弥合贫富差距等方面具有不可替代的作用，是推动民生建设和社会事业发展的重要力量。从国家发展战略层面来看，我国慈善事业的建设和发展，应进一步成为国家文化软实力的重要载体、完善国家治理体系的关键环节和实施大国战略的有效补充。

公益慈善组织的兴起是21世纪中国市场经济改革带来的重要社会影响。如果说，社会体制改革的关键环节是逐步实现政社分离，开放社会活动空间，以最大限度地激发社会活力、释放社会能量，那么，正在兴起的公益慈善组织和基层社区就是当前社会活力的主要源泉。

进入21世纪以来，尤其是经历2008年汶川地震救灾以后，我国公益慈善组织领域的发展取得了长足进步，大量具有民间背景、自发成立的公益慈善组织和社会服务机构积极涌现，逐渐在社会基本公共服务补充供给及相关社会问题解决等方面发挥了越来越重要的作用。

广州是一个岭南文化积淀深厚和公益慈善组织活跃的南国名城。深厚的慈善传统与现代慈善理念的不断融合和浸染，培育了广州慈善的丰饶土壤。近年来，在党中央和国务院的政策推动下，广州市紧跟国家深化改革的步伐，充分发挥地方先行先试的积极性，在慈善事业发展方面进行了大量有益的探索，稳步推进慈善管理体制改革、慈善运作机制创新，使慈善事业的发展走在全国前列。如不断深化公益慈善组织登记管理体制改革；大力实施政府购买服务；颁布《广州市募捐条例》，全面开放慈善募捐活动；创新举办慈善项目推介会，打造慈善供需对接平台；成立广州市慈善组织社会监督委员会，强化社会专业监督等。这些举措有力推动了慈善创新发展。《慈善法》出台后，广州发布《广州市人民政府关于促进慈善事业健康发展的实施意见》，要求按照“党委领导、政府搭台、社会运作、公众参与、全民共享”的理念，搭建慈善平台，创新慈善举措，拓宽慈善渠道，弘扬慈善文化，营造慈善氛围，打造慈善品牌，激发民间慈善活力，营造“人人尽力、人人参与、人人共享”的慈善氛围。

2017 年，广州市做出深化“羊城慈善为民”行动、创建全国“慈善之城”的决策部署，将慈善事业纳入广州城市整体发展战略布局。广州市民政局和广州市精神文明建设委员会办公室于 2017 年初联合印发了《深化“羊城慈善为民”行动创建全国“慈善之城”2017～2020 年行动方案》和《深化“羊城慈善为民”行动创建全国“慈善之城”2017 年实施方案》，提出围绕“十大目标”，重点开展“七大行动”。这对广泛、有效地动员和凝聚社会各方面力量，擦亮广州慈善品牌，打造城市慈善文化，推动新时期广州慈善上水平具有重要意义。

二　广州模式：协同创建“慈善之城”

在社会问题日益复杂的今天，现代慈善事业已经不再局限于传统的施善救济功能，而是呈现包容性和多元性。公益慈善在社会创新治理的道路上，不断吸纳新的元素和社会主体形成了丰富的内涵，其前沿已经触及金融、科技等领域。在社会创新治理的发展脉络上，公益慈善跨越了部门界限，并不局限于政府或第三部门的行为。[①] 与此同时，慈善通过互联网、社交媒体渗透到每个人的日常生活中，“微慈善”时代悄然到来。

在封建社会中，慈善救助是以政府为主体的，民间慈善充当补充和辅助的角色。中国历代政府把实施慈善救助看成仁政和爱民的表现。此外，中央集权制度使财富集中于政府手中，政府有能力办慈善。[②] 而至民国时期，由

① 敬乂嘉、公婷：《政府领导的社会创新：以上海市政府发起的公益创投为例》，《公共管理与政策评论》2015 年第 2 期，第 11～19 页。

② 周秋光、王猛：《当代中国慈善发展转型中的抉择》，《上海财经大学学报》2015 年第 1 期，第 78～87 页。

于战乱频发和传教活动兴盛等因素，大量的民间慈善团体出现，并逐渐取代政府成为慈善救助的主体，但政府仍在慈善法律法规、监督管理制度方面有效地促进了慈善事业的规范发展。1949 年以来，由于意识形态等因素的影响，慈善事业的发展在很长一段时间处于停滞的状态，当代的慈善事业是在 20 世纪 90 年代初复兴与发展起来的。慈善事业恢复之初，慈善组织多由政府主办，通过获取自上而下的资源得到了快速的发展。官办慈善组织主要依赖于党政机关，甚至作为政府的附属机构发挥作用，而民间慈善组织由于业务挂靠在主管单位，受到一定的限制。①

政府主导慈善事业发展模式与我国的社会管理体制有关，在我国慈善事业基础还比较薄弱的情况下，依靠政府的行政手段推动慈善组织的发展，能够有效打破资源匮乏、力量薄弱的局面。我国的慈善事业尚处于起步阶段，政府主导是一种最为现实的扶持慈善组织成长的道路，是一种有益的实践。② 政府应从“官办”的位置上退下来，实施“官助”，“民办官助”才是当代中国慈善事业发展的合理定位。③

在建设服务型政府的背景下，公共服务的提供呈现多元化和包容性的趋势，以往传统的由政府提供的单一服务模式逐渐被替代，公共服务更多地采取沟通、参与和合作的模式。另外，中国在走向行政国家的同时，也在逐步迈向协作国家。协作国家的特点是公共性的边界变得模糊，成为一个共同参与的空间，因此政府的主导与掌控能力至关重要。④ 协作国家的理论应用在慈善事业中，可以归纳为组织整合的问题，即政府与外部环境建立起衔接与配套的执行体系。党委、政府、企业，捐赠者、受助者、媒体都是慈善事业

① 王名、贾西津：《中国非营利组织：定义、发展与政策建议》，载范丽珠主编《全球化下的社会变迁与非政府组织》，上海人民出版社，2003，第 263 页。

② 孙为新：《我国慈善事业发展模式中的政府定位》，《内蒙古农业大学学报》（社会科学版）2007 年第 1 期，第 170 ~ 172 页。

③ 周秋光、林延光：《传承与再造：中国慈善发展转型的历史与现实》，《齐鲁学刊》2014 年第 2 期，第 82 ~ 87 页。

④ 敬乂嘉：《政府与社会组织公共服务合作机制研究——以上海市的实践为例》，《江西社会科学》2013 年第 4 期，第 165 ~ 170 页。

重要的治理主体，慈善事业的健康发展需要多方主体通力合作，形成多方参与的“共治”网络。①

政府作为慈善事业的直接治理和管理者，在慈善事业的治理体系中居于重要的地位，政府职能的有效发挥是慈善协作网络正常运行的保障。政府在慈善协作网络中引导着各个主体参与，各个主体之间并非上下级的行政关系，而是基于平等的对话和协商开展合作。广州市在党委政府领导下，出台了多项慈善政策，深入调整政府与慈善组织的关系，搭建了政府、慈善组织、企业、市民之间的合作平台，进一步激发了民间慈善活力，形成了党委领导、政府主导、组织运作、社会参与、人人共享的创建“慈善之城”运作机制（见图1）。

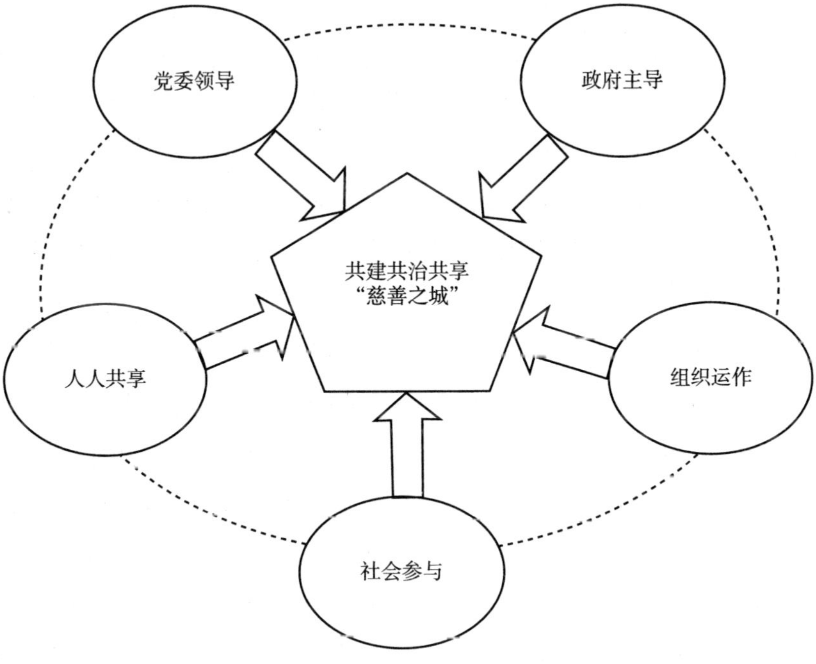

图1　广州市创建“慈善之城”运作机制

① 成娇：《中国慈善事业多元共治模式研究》，硕士学位论文，云南师范大学，2016，第26页。

（一）多元主体共建

“慈善之城”的建设离不开多元主体的共同参与。2017年，广州市组织多方主体参与共建，使人人慈善的协同联动机制初步形成。一是联动政府部门积极参与。围绕创建“慈善之城”行动方案的“七大行动”与“十大目标”，在广州市委市政府领导下，由民政部门牵头，会同宣传、统战、台办、市直机关工委、教育、民宗、卫计、国资、体育、工商联、工青妇等部门和各区政府建立了创建“慈善之城”联动机制，保障各项政策措施落到实处、产生实效。二是发挥行业枢纽型社会组织作用。充分动员引导广州市公益慈善联合会、广州市慈善会、广州市社会组织联合会、广州市义务工作者联合会、广州市社会工作协会等行业型、枢纽型社会组织发挥支持作用和平台功能，形成“多方共建、协同联动”的运作机制。三是鼓励企业履行社会责任。研究制定《鼓励支持企业积极参与广州市创建“慈善之城”的意见》，引导企业积极参与广东扶贫济困日活动暨深化“羊城慈善为民”行动等慈善活动，助力创建“慈善之城”。四是大力发展慈善组织，培育社会组织，动员志愿组织。广州市出台《关于改革社会组织管理制度促进社会组织健康有序发展的实施意见》，对提供扶贫、济困、扶老、救孤等公益慈善类社会组织，实行直接登记制度，并予以一定的开办资助。截至2017年12月31日，广州市正式注册登记社会组织7594个，社会组织培育基地45个，重点吸收入驻包括公益慈善组织在内的社会组织1336个。2017年，全市财政资金购买社会组织服务总额达7.69亿元。同时，出台《广州市志愿服务条例》。截至2017年12月31日，广州市注册义工（志愿者）人数超过196.8万人，注册义工（志愿者）团队数12602个，累计服务时长超过3185万小时。其中，社区义工（志愿者）有69万余人，服务社区居民超过200万人次，服务时长超过1300万小时。广州市在全国率先开展社会工作服务立法工作，创新优化“113X”社工站服务模式，全市188个社工站年服务群众超300万人次。五是推动社会力量参与。成立广东省首个慈善组织联合会和全国首个创建“慈善之城”联盟，动员企业、慈善组织、行业协会商会、学校、媒体、专家学者、家庭等参与“慈善之城”创建，汇聚社会各方公益慈善资源，推动慈善事业社会化参与、精细化管理、精准化实施。

（二）慈善监督共治

人人慈善的公共秩序需要共同守护。一是强化政府监管。建设广州慈善信息发布平台，重点公开慈善组织年度工作报告和财务会计报告、募捐和慈善项目实施情况。开展慈善资金使用专项审计，发布全国首个慈善组织审计工作指引，至今共对广州市 51 家公益慈善组织进行了执法检查和审计，审计资金 14 亿多元。二是成立第三方监管机构。在全国率先成立第三方慈善组织社会专业监督机构——广州市慈善组织社会监督委员会，指导公益慈善组织规范管理，成为广州慈善事业的“第三只眼”，至今公布了 25 份慈善监督报告。发布全国首个地方性慈善组织透明度评价体系，对慈善组织进行透明度排行，提升行业自律自治水平。三是推动社会监督。创新开展“慈善之城·尽善净行”行动，将慈善事业纳入城市廉政建设，举办慈善“公众开放日”活动，引导慈善组织开门“晒账单”，组织人大代表、政协委员、市民代表等与慈善组织面对面接触，全力打造城市廉洁慈善品牌，维护城市慈善的公信力。

（三）慈善成果共享

坚持为民理念，提升慈善城市显度。广州慈善事业坚持将以人民为中心的发展思想作为“慈善之城”创建的出发点和落脚点，着力增进人民福祉，提高人民生活水平和质量，促进人的全面发展。从加强制度建设、培育慈善组织、搭建和丰富慈善参与平台，到创新综合监督体制、弘扬慈善文化，广州把“人人慈善为人人”理念贯穿“慈善之城”创建的全领域、全过程，推动慈善实现多元主体参与、优势互补、渠道畅通、帮扶精准，让人人可慈善、人人能慈善、人人享慈善成为城市的基因和品质。如全面推进慈善标志创建，建成北京路慈善一条街、海珠湿地慈善公园、荔湾区金花街慈善社区等各类慈善活动基地120个，覆盖全市、贴近市民、服务便捷的慈善服务设施网络逐步建成，让市民零距离参与慈善。通过将慈善与体育、民俗、消费、实体相融合，创新开展新春花市慈善行、广府庙会之慈善庙会、慈善项目大赛等活动，同时开通慈善有轨专列。其中，近100万人次通过现场和互联网方式参与北京路公益慈善嘉年华活动，对接善款380万元，全国20个城市电视台官方客户端对活动启动仪式进行直播或转载。推动慈善进家庭、社区、学校、企业、网络，完善市民慈善活动平台，畅通慈善发展的“毛细血管”。每年广州市有近千万人次参与慈善活动，市民参与慈善的自觉性不断提升，慈善的群众性日益彰显。

三　广州实践：实施“慈善+”战略，深化“羊城慈善为民”行动

2016年9月，广州市政府出台了《广州市人民政府关于促进慈善事业健康发展的实施意见》，提出广州市慈善事业的主要发展目标是“突出慈善为民功能”，充分体现了以民为本的治理理念。围绕这一目标，广州市广泛倡导慈善为民理念，通过开展“羊城慈善为民”行动和以“慈善+”为理念的系列活动，创新“慈善+运动”“慈善+艺术”“慈善+互联网”等模式，鼓励和引导各类慈善组织开展活动，得到了全市爱心企业和爱心人士的积极响应和慷慨解囊。广州市在2017年广东扶贫济困日活动暨深化“羊城慈善为民”行动启动仪式当天，动员了180多名爱心代表，认捐款物达5.45亿元。“羊城慈善为民”行动俨然成为广州参与人数最多、筹款最多、惠及百姓最多的慈善项目，得到社会各方的认可，并获得第十届“中华慈善奖”。2017年，广州把“深化‘羊城慈善为民’行动”写进政府工作报告，在创建“慈善之城”的大背景下，“羊城慈善为民”行动得到进一步深化，全市慈善氛围愈加浓厚。

（一）制定五项慈善政策法规，进一步优化慈善事业发展环境

一是出台《广州市品牌社会组织培育扶持办法》，通过培育一批品牌慈

善组织，充分发挥品牌社会组织的示范作用，打造社会组织发展新引擎。品牌社会组织在内部治理、服务能力、社会信誉、示范作用等方面表现优秀，将发挥以点带面、示范引领作用，促进社会组织发展提质增效。

二是出台《广州市社会组织公益创投项目管理办法》，推动形成一批慈善创新项目。《广州市社会组织公益创投项目评分标准》《广州市社会组织公益创投评审专家库》《广州市社会组织公益创投活动实施方案》等规范性文件的制定出台，为社会组织公益创投活动的顺利开展提供了保障。

三是出台《广州市激发社会组织创新能力办法》，充分发挥社会组织尤其是公益慈善组织在社会创新、科技创新方面的主体作用，将社会组织的创新活动纳入全市科技创新发展规划，鼓励广州市科技创新发展专项经费对符合规定的创新活动予以支持，号召优先征集、购买或发展社会组织的创新服务项目。

四是出台《深化“羊城慈善为民”行动创建全国“慈善之城”之“尽善净行”实施方案》，进一步推动慈善领域公开透明、廉洁高效，将其打造成为廉洁广州的重要品牌。公开透明、廉洁高效，是慈善事业健康发展的基石，也是广州深化“羊城慈善为民”行动、创建“慈善之城”的重要组成部分。“尽善净行”行动的目的就是推动形成“尽己所能、人人慈善，公开透明、干净行善”的城市慈善发展环境。

五是制定《广州市区域慈善指数评价指标办法》，对市、区慈善事业进行总体和专项评价，发布广州市区域慈善指数报告，不断提升全市慈善事业发展水平。作为全国首个区域慈善事业的评价体系，广州市区域慈善指数体系的开发为社会公众提供了了解广州慈善事业发展的新途径，为政府相关部门制定政策提供了依据，为慈善类社会组织指明了进步方向。

（二）完善七大慈善平台，进一步畅通公众参与慈善活动渠道

一是升级互联网慈善综合服务平台。打造“广益联募”互联网募捐品牌，推出“善捐”（项目筹款）、“善行”（公益活动）、“善助”（个人救

助）、“善品”（慈善义卖）和“善学”（慈善网上学堂）五大核心模块，使之成为慈善资源流通、对接、共享的“集善地”和全民慈善的便易平台。

二是优化慈善信息发布平台。将广州慈善信息网升级为慈善信息发布平台，在线办理慈善募捐资格认证、慈善募捐备案等业务，汇集并展示广州慈善组织和慈善项目信息，同时通过自动化接口推送组织、项目等慈善信息，实现广州市慈善信息自动化、多平台、多渠道发布。

三是发展公益创投平台。进一步整合公益创投资源，融合广州市社会组织公益创投和广州市慈善会慈善项目大赛，打造政府、慈善会（基金会）、创投主体、社会公众四方共创共投、共建共享、协同善治的“1 +1 +1 +1 >4”的公益创投“广州模式”，培育一批品牌社会组织和慈善项目。

四是建立慈善人才培育平台。以广州市公益慈善联合会、广州社会组织学院、广州社会组织研究院、广州公益慈善书院、广州市社会创新中心等为载体，依托高等院校资源建立慈善人才培训基地，定期开展慈善培训与交流活动，提升慈善从业人员工作技能，推动慈善组织发展。

五是整合提升广府文化慈善平台。将慈善与新春花市、广府庙会等传统广府文化品牌结合，统筹设置慈善板块，让广大市民在逛花市、庙会之时，带着愉快的心情便捷地参与慈善。

六是创新慈善产品定制平台。以广州市慈善会为试点，推进慈善供给侧改革，改变以往先提供慈善项目，后对接社会资源的单一供给方式，推出慈善产品定制平台，为爱心企业或个人提供满足其个性化需求的慈善产品定制服务。

七是打造慈善交流枢纽平台。积极引进国内外慈善资源，策划举办全国性慈善城市交流会，定期组织国内外有影响力的公益慈善领域的组织、专家学者、知名人士来穗交流，将广州打造成为国内有影响力的慈善交流枢纽。

（三）实施六项慈善服务计划，进一步增强慈善为民行动实效

一是围绕“慈善 + 扶贫济困”，实施“善扶奔康”计划。紧紧围绕省、市扶贫攻坚的目标任务，组织实施 2017 年“广东扶贫济困日”活动，广泛

动员社会各界，特别是各帮扶单位围绕贫困村需求，定向动员社会力量点对点实施精准扶贫项目，为全面建成小康社会贡献力量。

二是围绕“慈善 + 运动众筹”，实施“善动羊城”计划。探索与富力足球俱乐部合作，将慈善与足球元素结合，利用足球充分调动公众特别是球迷参与慈善的热情，扩大城市慈善影响力。升级每年一度的广州市自行车“为爱骑行”品牌，引入共享单车平台，创新活动形式，增加趣味性和便捷性，让公众参与更方便、体验感更强。深化“为爱”运动众筹系列品牌，组织开展“为爱徒步”、广马慈善“为爱奔跑”等活动，推动公众亲身参与、践行慈善。

三是围绕“慈善 + 商业金融”，实施“商都善城”计划。将创建“慈善之城”与打造“千年商都”融合，进一步打造商圈慈善品牌。在北京路慈善一条街举行第二届公益慈善嘉年华活动，广泛动员北京路商圈的商户加入，并逐步扩大到其他商圈，与重点企业、连锁商户、银行等合作，结合消费金融创新开展慈善活动，让“千年商都”与“现代善城”相结合，成为城市慈善新概念。

四是围绕“慈善 + 幸福社区”，实施“善社共融”计划。将慈善融入幸福社区提升计划，在全市建立示范社区（乡村），联动社区、社会组织、社工，依托家庭综合服务中心、社区居（村）委会发起成立社区慈善基金，条件成熟的成立社区发展基金会，链接社区企事业单位、慈善组织、居民等资源，解决社区存在的问题。进一步创建慈善标志，使之成为社区慈善的重要阵地。

五是围绕“慈善 + 救助服务”，实施“善暖一家”计划。积极推动肺癌早筛，支持开展孤残婴幼儿早期干预基础研究，逐步拓展慈善介入前置救助的领域和范围，发挥慈善在源头上减少贫困现象的作用。设立“关爱独居空巢高龄及生活不能自理老人”“老战士之家”“来穗人员一家亲”专项慈善基金，关爱特殊困难群体，通过慈善帮扶、义工服务等，打造“慈善之城”友善互助的形象。

六是围绕“慈善 + 艺术”，实施“善艺（益）人生”计划。将慈善与艺术相结合，支持举办慈善书画展览拍卖、慈善古诗词大赛、慈善纪录片征集、慈善电影展播等活动，通过艺术弘扬慈善文化，传播慈善精神，播撒爱的种子，丰富美丽人生。

（四）推出六大慈善文化标志，进一步提升“慈善之城”影响力

一是创办慈善刊物《善城》，并配以“善城广州”微信公众号，通过“纸媒+自媒体”多渠道传播广州慈善文化，向公众传递广州公益活动、慈善人物、动态新闻、宏观政策、参与方式等实用资讯。《善城》杂志每期策划一个立足广州、面向全国的选题，包括“新广州　新慈善”“政社合作　精准扶贫”“商都善城　慈善为民”等，是广州慈善事业重要的信息窗口、历史承载和传播平台。

二是创作广州慈善之歌，让慈善唱响羊城。以“慈善+艺术”为理念，面向社会广泛征集慈善歌曲，得到的反响非常热烈。评选出的慈善歌曲集思想性、艺术性为一体，内容健康向上，时代感强，旋律热情优美。评选“广州慈善歌曲”活动，讴歌了广州人乐善好施的传统美德，传播了广州城市慈善文化。2017年度广州慈善歌曲排行榜前十名，包括《善城广州》《“义”起来》《爱在阳光下》等歌曲。

三是制作“慈善之城”宣传片，推广使用“善穗”标识、慈善吉祥物，传播城市慈善形象。在创建全国“慈善之城”启动仪式上，广州市民政局发布了广州“慈善之城”图文标识“善穗”。“善穗”标识是广州慈善与岭南广府文化的有效融合，运用“善”字的书法字体，结合岭南窗花形状，表现广州地方特色，用色彩区分把具有羊城象征的部分突显出来，更加强调广州“羊城”这一称号。图标下面配上文字“善·穗”（广州慈善的简称）和创建全国“慈善之城”的口号“慈善为民，公益同行”。这一标识简洁美观、通俗易懂，既结合了广州慈善与岭南文化，又融入了广州创建全国“慈善之城”的元素，让人印象深刻，利于传播和推广。

四是编写慈善读本，在全市中小学中推广，并鼓励中小学学生每年上一堂慈善文化课、做一件慈善事情，深入推动慈善进校园。“童心善本系列丛书”以吉祥物“珠珠”和“派派羊”为故事主角，围绕“善言善行、义工

服务、陪伴成长、社区服务、爱护环境”五个主题，结合小学生日常生活和广府文化，以学校、家庭、社区为创作背景，融入公益慈善理念，引导学生关心他人、参与服务、保护环境。

五是借助广州慈善榜，以弘扬慈善文化为导向，以宣传慈善典型为目的，为广州树立更直观、更健康、更有责任感的慈善榜样。广州市慈善会、广州市公益慈善联合会联合开展了2017年度广州慈善榜评选活动。广州市慈善榜于2016年设立，创新了慈善荣誉回馈机制，通过褒扬善举，提高了慈善事业的社会参与度和影响力，促使更多的社会力量投身慈善。“2017广州慈善榜”延续了首届的传统，设立了“广州慈善捐赠榜”“广州慈善影响力榜”“广州慈善歌曲榜”三大榜单，并借助网络和手机应用程序，方便社会公众和参与活动的组织、个人在社交圈转发或分享活动内容，包括晒榜单、晒故事、晒证书等方式，让广州慈善榜更易于传播、更贴近公众、更具社会影响力。

（1）广州慈善捐赠榜。广州慈善捐赠榜分为“广州慈善单位捐赠榜”和“广州慈善达人捐赠榜”。其中，广州慈善单位上榜302家，慈善达人上榜218名。为了保证捐赠数据的科学性、准确性和权威性，主办方专门开发了广州慈善榜数据应用平台，由广州公益慈善组织及个人将捐赠数据录入或导入榜单平台。慈善捐赠数据库及慈善榜的建立，将会有力促进全市慈善组织和个人积极主动报送慈善捐赠数据，有利于将慈善组织及个人的爱心善举及时向社会公开。单位捐赠10万元（含物资折款）以上、个人捐赠1万元（含物资折款）以上即可上捐赠榜，系统将根据捐赠额度自动进行排名。

表1　2017年度广州慈善捐赠上榜情况

星级类别	单位榜	数量(家)	达人榜	数量(名)
一星	捐赠10万元(含)至50万元	204	捐赠1万元(含)至5万元	177
二星	捐赠50万元(含)至100万元	35	捐赠5万元(含)至20万元	33
三星	捐赠100万元(含)至500万元	51	捐赠20万元(含)至50万元	5
四星	捐赠500万元(含)至1000万元	2	捐赠50万元(含)至100万元	1
五星	捐赠1000万元(含)以上	10	捐赠100万元(含)以上	2

注：以上捐赠数额均含物资折款。捐赠统计的时间从2016年9月5日至2017年9月4日。

（2）广州慈善影响力榜。广州慈善影响力榜分为“慈善企业影响力榜”“慈善人物影响力榜”“慈善组织影响力榜”“慈善项目影响力榜”四个子榜单。

慈善影响力榜单通过网络投票、专家评审等方式，根据社会影响力因素，广泛征集民意、综合考量，最终确定广州最具影响力慈善企业、慈善人物、慈善组织、慈善项目各10个。

（3）广州慈善歌曲榜。2017年度广州慈善歌曲榜歌曲包括《善城广州》《“义”起来》《爱在阳光下》等（详见表2）。

表2　2017年度广州慈善歌曲榜

歌曲	作者
《善城广州》	词曲：傅邦
《“义”起来》	词：夏健　曲：徐小兰
《爱在阳光下》	词：陈晓琳　曲：黄志毅
《大爱广州》	词：夏健　曲：黄国群
《温暖广州》	词：凉添衫　曲：陈辉权
《齐志公益游》	词：晋永平　曲：晋永平　编曲：魏遵广
《人间有爱》	词：姚若龙　曲：巫雨白
《同心圆梦》	词：张龙跃　曲：韦佳威
《“普工英”义工之歌》	词曲：邓倩琳
《小水滴》	词曲：张科

六是编辑出版第五本城市慈善蓝皮书，全面总结2016年广州慈善发展情况。2017年12月，广州市慈善服务中心、广州市慈善会出版发行了以“慈善之城”为主题的《广州市公益慈善事业发展报告（2017）》。全书分五个部分，包括总报告、专题篇、区域案例篇、慈善动态篇及附录，系统而全面地展现了广州现代慈善事业近年来尤其是2016年的发展状况，总结了广州的城市慈善特色。

四　广州经验：共建共治共享“慈善之城”

在《慈善法》颁布一周年之际，广州提出深化“羊城慈善为民”行动、创建全国“慈善之城”，经过一年多的努力，广州市慈善事业呈现蓬勃发展的新气象，并且取得了阶段性成果。广州市借由创建“慈善之城”的契机，大力弘扬慈善文化，动员各方慈善力量，进一步营造共建共治共享社会治理格局，使各方参与主体都能享受“慈善之城”的创建成果。

（一）政策完备，切实提高法治慈善建设水平

2016 年，广州市以“人人慈善为人人”理念，提出“羊城慈善为民”行动系列，推出传承发展、创新推动和综合提升三大板块共 19 项重点行动。2017 年，广州市提出深化“羊城慈善为民”行动，创建全国“慈善之城”，持续以“慈善为民”为核心，围绕慈善捐赠、慈善救助、慈善文化、慈善组织、交流平台、监管体系、激励机制系统化制定 10 项指标。

2017 年，《慈善法》的实施和一系列配套的规章或规范性法律文件的出台，为广州市慈善事业制度化和法制化建设的深化提供了良好支持。广州在社会组织的党组织建设、政策转化、资金供给和综合监管上形成了一套较为完备的体系，进一步提升了社会组织的服务能力和可持续发展能力。

为更好落实上级慈善政策的效果，广州市各区积极将政策法规本地化，其中越秀区、荔湾区、白云区、南沙区、花都区、从化区、增城区 7 个区的本地化率均为 100%。广州市各区共出台慈善相关政策文件 58 份，其中天河区出台了 13 份，海珠区和花都区均出台了 10 份。广州自 2008 年推出政府购买社会服务项目模式后，不断加大政府投入力度扶持公益慈善组织发展。2017 年度，广州市各区财政购买慈善类社会组织服务总额为 1.41 亿元。

（二）加强管理，打造全面综合慈善监管体系

在综合监管层面上，截至 2017 年底，广州市各级政府积极搭建社会组织信息公开平台 60 个，并通过社会组织年报上报和其他信息公开等方式对其进行监管，各区慈善类社会组织年报及时上报率和信息公开率均达到 100%。此外，为进一步对慈善类社会组织进行监管，广州市各区共组织了

734 次监督检查。近年来，广州市逐步探索建设政府部门依法监管、社会专业监督、行业自治、社会广泛参与的“四位一体”的广州慈善事业管理体系。

一是加强政府依法监管。自 2012 年以来，广州市共办理公开募捐许可和备案项目 2700 多个，发布慈善募捐信息 5600 多条。近年来，广州市民政局已对全市 46 家公益慈善组织的 306 个项目进行了善款募集、使用情况等方面的专项执法检查和审计。

二是推动社会专业监督和行业自治。2013 年，广州市在全国率先成立第三方慈善组织社会专业监督机构——广州市慈善组织社会监督委员会，至今对全市 14 亿多元的慈善资金进行审计，向社会公布了 25 份慈善监督报告。

三是研发透明度评价指标，创新社会公众参与慈善组织透明度评价模式，设立社会公众投诉机制，发布全国首个区域慈善指数评价体系和慈善组织透明度评价体系，设立慈善组织透明度评价排行榜，促进慈善组织规范化运作，推进慈善工作公开透明化。

四是系统打造“慈善之城・尽善净行”廉洁慈善品牌，从政府监管、社会监督、内部治理、社会开放、公开透明五大方面推动“慈善之城・尽善净行”行动。2017 年 9 月 5 日，广州市举办首届慈善“公众开放日”活动启动仪式，组织市人大代表、政协委员、社会公众参观慈善组织，鼓励慈善组织开门迎接公众和“晒账单”。首届“公众开放日”共有 38 家慈善组织参与，它们重点公开了年度工作报告和财务会计报告、募捐和慈善项目实施情况。

（三）技术赋权，充分借力“慈善 + 互联网”战略

互联网工具的引入对广州市慈善事业的发展发挥了重要作用，除了具备强大的筹款能力外，“慈善 + 互联网”还可以向市民传达“向善”的积极信息，将慈善融入市民的日常生活中。2017 年，广州市各区直接接受互联网捐赠总额为 357.05 万元，互联网提高了慈善组织的工作效率、管理能力，

以及筹款和实施项目的能力。在链接慈善需求与慈善资源，促进慈善机构专业化发展方面，互联网发挥了主导作用。慈善组织还通过志愿者信息网站、微博及微信发布志愿者招募信息，大大提高了志愿者招募的效率，改善了志愿者招募的效果。

2017 年，广州市“慈善 + 互联网”全面提升，公众参与慈善活动的渠道进一步畅通。一是升级互联网慈善综合服务平台（广益联募），推出“善捐”（项目筹款）核心模块。该平台共有 138 个公益慈善组织入驻，326 个公益项目上线，累计募集善款达 3.38 亿元，捐款人数近 18.5 万人次。广益联募 2017 年的筹款总额在 12 家互联网募捐信息平台中排名第四，仅次于腾讯公益、蚂蚁金服、淘宝公益；平均单次捐赠金额高达 1570.91 元，排在首位。广益联募借助互联网区块链技术，全程追踪善款流向，极大提高了慈善募捐的透明度。二是优化慈善信息发布平台。将广州慈善信息网升级为慈善信息发布平台，汇集并展示广州慈善组织和慈善项目信息，实现广州市慈善信息自动化、多平台、多渠道发布，升级后共发布新闻 515 条。三是积极使用“慈善中国”信息平台并组织培训学习。广州市民政局印发了《广州市民政局关于做好在“慈善中国”信息平台上进行信息公开的通知》（穗民〔2017〕357 号），举办“慈善中国”及广益联募信息平台培训班，由民政部社会组织管理局信息宣传处派员授课，积极推动广州市慈善组织、募捐管理和慈善信托在“慈善中国”信息平台进行信息公开工作。

（四）文化引领，营造浓厚慈善文化氛围

广州市健全慈善文化营造机制，广泛传播慈善文化，日渐凸显文化引领带动作用。一是健全慈善荣誉回馈机制。发布“2017 广州慈善榜”，大力褒奖和肯定慈善行为，广州慈善单位上榜 302 家，慈善达人上榜 218 名，综合考量评选出广州慈善企业、慈善人物、慈善组织、慈善项目各 10 个。二是健全慈善文化营造机制。2017 年，广州市全面推进慈善标志建设，进一步创建慈善广场、慈善社区、慈善街道等便利慈善平台，共有慈善标志 120

个。从120个慈善标志中评选出2017年度十大慈善标志，其中有北京路步行街、广州塔、海珠沙园街道等。其中，海珠区积极开展慈善标志创建工作，推动辖区慈善氛围浓厚、慈善活动频繁、慈善效果显著的街道、社区、广场、公园等申报慈善标志，初步实现了慈善标志的广覆盖，2017年海珠区创建的慈善标志数量达32个，在全市位居第一，其“慈善地标”和“慈善公园”均为全市首个特色慈善标志。三是推广使用“善城广州”标识、吉祥物，唱响“广州慈善之歌”，出版《广州市公益慈善事业发展报告(2017)》，编辑出版4期《善城》，“善城广州”微信公众号推送信息200多条。

（五）社区为本，引导慈善服务基层群众

社区慈善是广州的一大特色。近年来，广州一直在推动社区慈善的发展，并将发展社区慈善列入政府文件。《广州市人民政府关于促进慈善事业健康发展的实施意见》明确提出：“扶持发展社区互助型、服务型慈善组织，鼓励建立慈善互助或设立互助基金，推动社区慈善发展。”2016年11月1日，广州市民政局印发了《关于培育发展社区社会组织的意见》，提出：“到2020年，实现每个街（镇）有1个社区社会组织联合会，每个区打造1个以上品牌社区社会组织，常住人口每万人拥有5个以上社区社会组织的发展目标，基本形成功能齐全、服务完善、运作规范、作用明显的社区社会组织管理体系和运行机制，进一步提高城乡基层社会治理水平。”广州市通过大力发展社区慈善，让市民能够在社区、家门口感受到慈善成果，吸引社区内更多的居民参与慈善事业。截至2017年底，广州市各区正式登记注册的慈善类社区社会组织总数为481个。

（六）全民参与，人人慈善为人人

“慈善之城”的创建离不开全体广州市民的参与，广州市通过创新推动“慈善+体育”“慈善+实体”“慈善+消费”“慈善+创投”等模式，多元深入开展慈善进机关、社区、家庭、学校、企业等系列活动，畅通社会各界

参与慈善事业的渠道。广州市在全市范围内搭建慈善参与平台，普通市民参与慈善事业主要有三个途径：一是便捷化线上捐赠。广州市慈善组织汇集困难群体需求，为慈善项目拓展线上筹款渠道，市民可通过广益联募平台，寻找心仪的慈善项目进行捐赠，另外可通过民政部指定的互联网公开募捐信息平台寻找广州市慈善项目进行捐赠。二是参加志愿者活动。广州市慈善氛围浓厚，志愿者活动相当丰富，市民可通过各街道家庭综合服务中心、广州市义务工作者联合会和其他慈善组织报名参与志愿者活动，切实帮助困难群体。三是通过广州市组织的慈善进家庭、慈善进社区、慈善庙会等多样的慈善活动参与慈善事业，弘扬慈善文化。

2017 年 3 月，广州市成立了创建全国“慈善之城”联盟，发出创建全国“慈善之城”联盟的倡议，首批共吸纳成员（包括单位、专家学者和爱心人士）144 个，涵盖企业、慈善组织、行业协会商会、学校、媒体、专家学者和爱心人士、爱心家庭等。创建全国“慈善之城”联盟的成立，彰显了广州市慈善事业强大的资源整合能力，吸纳了多元的社会力量共建“慈善之城”，形成了政府与民众之间的积极互动。

五　存在问题与不足

（一）慈善组织申报积极性有待提升，《慈善法》落地和衔接有待完善

《慈善法》实施一年多以来，虽然配套文件层出不穷，但实际上认定的慈善组织数量较少。慈善中国信息平台的数据显示，2017 年广州市共登记认定 65 家慈善组织。其原因主要是社会组织主动申请登记认定的积极性不高，大多数社会组织仍处于观望状态，态度颇为保守。这并非广州市特有的现象，在全国其他城市也存在类似情况。与此同时，在《慈善法》落地的过程中，部分政策与《慈善法》的衔接有待完善，政策条例的修订工作未能及时开展，一定程度上影响了慈善事业的发展。

（二）广州慈善事业基础良好，氛围活跃，但相对缺乏全国性品牌慈善组织和知名项目

广州市深厚的慈善土壤，孕育了一批具有较高知名度、美誉度的品牌慈善组织和项目。近年来，这些慈善组织和项目逐渐成为广州市慈善发展的亮丽名片。它们深耕于本土，其慈善品牌备受赞誉，为“善城广州”的建设发挥了带头和示范作用。但目前广州市慈善组织影响力和知名度传播范围有限，全国性品牌慈善组织数量较少。广州市的慈善组织素来有“草根”“小而美”的特点，项目的服务范围多关注广州本土，对外的慈善输出力量较为薄弱。因此，广州市的慈善组织既要重视品牌的塑造，也要积极走出去，拓宽项目的服务范围，从而进一步提升广州慈善品牌的影响力。

（三）慈善创新有待进一步探索

1. 慈善信托体量较小，有待进一步推进

近两年，慈善与金融的结合成为慈善事业关注的焦点。慈善信托是一种新型的慈善方式，在调动市场力量的同时，也整合了社会资源。

据中诚信托研发部统计，《慈善法》实施第一年（2016 年 9 月 1 日至 2017 年 8 月 31 日），全国共成立 42 单慈善信托；第二年，全国共成立慈善信托 55 单，比第一年多成立了 13 单，数量同比增长 31%。从 2014 年起，国务院就开始着手慈善信托的试点工作，当年 11 月份发布的《国务院关于促进慈善事业发展的指导意见》明确指出，要“鼓励设立慈善信托，抓紧制定政策措施，积极推进有条件的地方开展试点”。

2016 年 9 月以来，广州市开展全省首宗慈善信托备案工作，并印发了《关于做好慈善信托备案有关工作的通知》，制定了慈善信托年度报告范本，明确了慈善信托的各项工作。目前，广州市已备案 3 单慈善信托，财产总规模 121 万元。而上海市备案了 3 单慈善信托，财产规模共 10700 万元；北京市备案了 15 单慈善信托，财产规模共 6042. 16 万元。与北京市、上海市慈善信托发展的数量、规模相比，广州市还有一定的差距。慈善信托在中国才

刚起步，广州市尚处在试点阶段，未来仍有很大的发展空间。下一步，广州市要从政府层面进一步引导、指导和支持慈善信托业务的发展，推动信托资金参与慈善事业，努力推动广州市现代慈善事业发展走在全国前列。

2. 慈善捐赠站点亟须进一步完善升级

我国慈善捐赠站点的体现形式基本上是慈善超市。慈善超市的概念来源于美国，主要的业务是接收、处理和销售市民的旧物。销售这些物资所得的善款用于为残障人士和失业者等弱势群体兴办各种类型的福利工厂、职业培训机构和就业安置场所。

在我国，慈善捐赠站点在政府的推动下出现，作为政府扶贫和救助工作的补充，依托社会捐赠站点，向所属区或街道单位困难居民发放生活必需品。慈善超市自 2004 年起在我国已推行了十几年，借鉴外国慈善超市前店后厂的模式驻扎在基层社区，成为为社区居民提供慈善捐赠的场所，为困难群体提供了慈善救助服务。然而，慈善超市在多年的发展过程中也面临不少的难题，多个地方的慈善超市出现了因经营不善而倒闭的情况。

早在 2003 年 7 月，广州市就于越秀区光塔路以及荔湾区宝源路成立了慈善捐赠站点，成为国家慈善捐赠站点的试点。2013 年，民政部下发《关于加强和创新慈善超市建设的意见》，要求慈善超市坚持公益属性，要向社会化方向、可持续发展、因地制宜转变。因此，广州市要深化改革、勠力创新，改进慈善超市的运营机制，逐步使社会力量成为慈善超市的运营主体，拓展慈善超市多元化服务，不断提高慈善超市规范化运营水平。目前，广州市已经有一些慈善超市积极尝试改革，如华林街慈善超市采取“政府引导、社会扶持、各方参与、街道管理”的运行模式，将慈善超市门店出租，用租金来维持社区内贫困户的物资购买与发放。

3. 慈善创新规模化有待加强，社会企业有待鼓励探索

社会企业作为一种新兴的慈善实践形态，通过商业运作的方式解决社会问题，以实现社会效益为首要目的。社会企业介于商业企业与慈善组织之间，既集合了两者的优点，又避免了两者的缺点。社会企业的发展是社会治理创新的重要体现。近年来，社会企业备受关注，深圳、成

都、顺德相继推出了社会企业认证体系，并给予了社会企业一定的政策优惠。

目前，广州市的社会企业数量较少，尚未出台地方的社会企业认证体系和对社会企业的扶持措施和激励政策。未来，广州市需要创造一个良好的环境，大力培育社会企业家，激发社会创新的活力，通过促进跨界合作，推动社会企业的发展。

六　未来发展方向和建议

习近平总书记指出，慈善事业是一项全民的事业，必须充分激发全民的爱心、调动全社会的热情，使全社会共同关心、支持和参与慈善事业。党的十九大报告将慈善事业发展纳入“提高保障和改善民生水平，加强和创新社会治理”的重要范畴，提出完善慈善事业制度，打造共建共治共享的社会治理格局。2020 年，广州要全面实现“慈善之城”的建设目标。接下来，应进一步深刻领会习近平总书记视察广东重要讲话精神，以习近平总书记重要讲话精神为进一步做好慈善工作的根本指导思想和前进方向，顺应新时代发展需要和人民对美好生活的向往，以实施“羊城慈善为民”行动为主抓手，全力创建全国“慈善之城”，全力营造“人人可慈善、人人为慈善、人人做慈善、人人享慈善”的全民慈善氛围，积极把广州建设成为引领国内慈善事业，并在国际上具有一定影响力的“慈善之城”，为推动广州在实现“四个走在全国前列”、当好“两个重要窗口”中勇当排头兵贡献力量。

（一）党建引领，为慈善事业发展提供政治保障

2015 年，中共中央办公厅印发了《关于加强社会组织党的建设工作的意见（试行）》，对社会组织党建工作的一些重要问题做出了明确规范。党的十九大报告指出：“把企业、农村、机关、学校、科研院所、街道社区、社会组织等基层党组织建设成为宣传党的主张、贯彻党的决定、领导基层治理、团结动员群众、推动改革发展的坚强战斗堡垒。”这表明了社会组织在

基层党建中的重要地位。但长期以来，相较于其他基层党建，社会组织的党建在有效性、规范性和创新性等方面都存在不足，是当前党建工作的一块“短板”。

由于慈善类社会组织的规模小、从业人员较少、专职工作人员中党员较少等原因，广州市各区慈善类社会组织的党组织建设有待进一步加强。党组织在慈善组织中发挥着重要的引领作用，能够有效引导慈善组织贯彻党的路线方针政策、团结群众、坚守法纪。因此，慈善组织党建工作对其内部管理和健康发展来说非常重要。未来广州慈善事业的发展，必须坚持党建引领，在党组织设置方面，可以逐步探索联合党建、行业党建、挂靠党建、区域党建等方式。

（二）政府主导，健全慈善事业发展政策体系和体制机制

一是充分发挥广州作为改革开放先行地、实验区的优势，抓紧推进《广州市募捐条例》修订工作，推动广州慈善事业在创建“慈善之城”、发展慈善信托、实施慈善表彰等方面先行先试。整合政府部门、高等院校慈善组织的力量，发挥慈善城市发展研究基地等的智库作用，深入开展慈善理论研究，力争出台一批国家级、省级重要课题研究成果和广州政策文件。

二是深化慈善事业管理体制改革，按照“政府管信息平台、信息平台服务组织”的思路，优化广益联募信息平台的功能，强化慈善信息公开，畅通监督渠道，提高慈善透明度。坚持“政府 + 行业 + 专业第三方”政社合作的原则，规范慈善行业建设，强化行业自律自治。发挥广州市慈善组织社会监督委员会的作用，强化第三方监管，提升慈善行业公信力。加大内部挖潜和引智引技力度，努力建设一支政治合格、专业优良的高素质慈善人才队伍。

（三）创新驱动，进一步引领慈善事业发展前沿

当前是慈善事业转型发展的重要时期。从全球视野来看，各国正围绕联合国 2030 年可持续发展目标而共同努力。社会创新成为促进传统慈善变革

的潜在动力，在全球掀起了社会变革的浪潮，催生了一批以社会效益为先的社会企业。近十年间兴起的共益企业和影响力投资，使得社会创新的内涵不断扩大，影响愈发深远，彰显出强大的发展动力。与此同时，社区基金会、绿色金融、责任消费等新兴概念逐渐引入中国，国外成熟的慈善模式为中国提供了不少借鉴蓝本。深圳、上海等地如火如荼地开展了社区基金会的建设；成都、顺德开始了社会企业认证体系的建立工作；深圳福田区也开始了影响力投资的尝试。

尽管这些模式进入中国的时间不长，还存在本土化的调适问题，但已经取得了不俗的成效，受到了业界的推崇。广州市在慈善创新方面稍有不足，未来可紧贴国际发展前沿，探索公益金融、慈善信托、社区基金会等新型慈善主体和内容，为慈善事业发展提供更多的政策扶持和资金支持。广州要着力发展社会企业和社会创新项目，积极发挥先行先试精神，不断探索慈善体制机制改革，打通善道、弘扬善举，创新慈善平台，广开慈善渠道，优化慈善事业发展环境。

广州要进一步支持社会企业和各种社会创新，探索开展捐赠知识产权收益、技术、股权、有价证券等新型捐赠方式，大力发展慈善信托，推动慈善信托成为广州慈善事业发展的新动力。鼓励慈善组织兴办复合型慈善实体，支持金融机构探索金融资本支持慈善事业发展的金融产品、服务方式、参与渠道，大力挖掘社会慈善资源，激发社会活力。

（四）下沉基层，推动慈善事业发挥社区治理功能

2017 年，中共中央、国务院印发的《关于加强和完善城乡社区治理的意见》中指出，城乡社区治理事关党和国家大政方针贯彻落实，事关居民群众切身利益，事关城乡基层和谐稳定。

在党的十九大报告中，社区治理的内涵得到了进一步的深化：“加强社区治理体系建设，推动社会治理重心向基层下移，发挥社会组织作用，实现政府治理和社会调节、居民自治良性互动。”这在一定程度上肯定了社会组织在基层服务中发挥的重要作用，也为慈善事业的未来指明了发展方向。

在广州市，随着社会结构的快速转型，人口流动性越来越大，现代城市

的“陌生人社区”逐步取代计划经济时代的“单位制”熟人社会，传统意义上的社区认同感和归属感形成的基础正在逐步瓦解。社区是社会治理的基本单元，居民是社区建设的主体，只有实现“社区共有、社区共治、服务共享”，社区成员才能产生强大的社区凝聚力。强化居民共同价值基础的建设，需要通过各种创新的手段增加社区居民间的互动机会，搭建社区居民交往和互动的平台，而慈善服务正是此“创新手段”。在可预见的未来里，慈善服务和资源将从市、区两级逐步下沉至街道和社区两级，通过服务改善社区居民的生活环境，促进居民交往。

（五）跨界协同，引入多元力量共筑“慈善之城”

“慈善之城”的创建需要社会各方主体勠力同心。跨界协同对于解决复杂的社会问题尤为重要。然而，目前一些相关主体各自为战，慈善力量分散且呈现碎片化。实现慈善成果共享的共同发展目标，需要社会各方互相借鉴，取长补短，包括慈善理念、慈善制度、志愿服务、传播倡导等各个方面的交流、协同与合作。目前，一些慈善组织开始行动起来，鼓励跨部门的合作与创新，汇集了来自政府、高校、企业和各种机构的资金和资源，并结成了联盟。通过慈善经验分享、学术交流、政策倡导和实践推动联合多方力量，能够汲取多元的意见和专业知识，扩大慈善的号召力和影响力，对于打破以往慈善资源碎片化的局面是一种新的尝试。

目前，广州市的慈善事业发展欣欣向荣，各类慈善组织积极开展公益慈善活动，为“慈善之城”建设做出巨大贡献。未来，广州市要在政府指导、政策引导下深入调整各类主体的关系，搭建政府、慈善组织、企业和企业家之间的合作平台，激发民间慈善活力，构建党委领导、政府推动、各方参与、资源共享、分工合作、优势互补的慈善生态圈。慈善生态圈的形成不只需要资金和硬件的投入，还需要完善的动员机制，使公众能够有效参与其中。今后要进一步发挥各相关主体在慈善事业发展中的作用，并使之形成合力，打造政府、慈善会（基金会）、创投主体和社会公众四方共创共投、共建共享、协同善治的“1 +1 +1 +1 >4”的公益创投“广州模式”。

（六）加大宣传，让现代慈善理念深入人心成为新传统

进一步积极开展年度慈善“公众开放日”活动，丰富广州慈善榜，积极推行慈善荣誉及时回馈的做法，深入传播慈善理念，让行善光荣成为全社会的向导，增强行善的成就感。大力挖掘广州慈善文化底蕴和历史，打造慈善文化品牌，通过发布慈善蓝皮书、举办慈善盛典、出版《善城》杂志、推广校园慈善读本，传播现代慈善文化，营造慈善生态“湿地”，不断发挥慈善在提升人民文明素养和社会文明程度中的积极作用。

（七）引领全球，将广州打造成国际慈善枢纽平台

基于共建共治共享发展理念，广州应进一步加强与国内外重要慈善组织及兄弟城市的交流与合作，发挥广州作为国家中心城市、国际商贸中心和综合交通枢纽的优势和濒临香港、澳门的区位优势，加强粤港澳大湾区慈善领域合作与服务，参与“一带一路”慈善交流，着力将广州打造成国内一流、国际领先的慈善枢纽。

分 报 告

Sub-reports

B.2

广州构建现代慈善事业的探索与实践

唐国平*

摘　要： 广州市以创建“慈善之城”为牵引，坚持大慈善工作宗旨，推进“三大创新”，建设“三个平台”，完善“三项机制”，形成了具有广州特色的现代慈善事业服务新格局。其中，“三大创新”包括慈善政策创新、慈善机构创新、慈善监督创新；“三个平台”包括慈善捐助对接平台、慈善+互联网平台、慈善活动互动平台；“三项机制”包括慈善文化营造机制、慈善荣誉回馈机制、慈善透明评价机制。

关键词： 慈善格局　慈善创新　慈善平台　慈善机制

* 唐国平，广州社会组织学院院长，《大社会》杂志社社长、主编。

慈善是中华民族的传统美德，慈善事业是中国特色社会主义事业和社会保障体系的重要组成部分。党的十八大以来，以“政府推动、民间运作、社会参与、各方协作”为特征的中国特色慈善事业的大格局逐步形成。全社会的慈善意识普遍增强，慈善行为日益兴盛，慈善工作稳步推进，慈善事业进入了快速发展期，呈现一些新特点、新趋势。为推动广州慈善事业的快速发展，广州市联系本市实际，以创建“慈善之城”为牵引，坚持大慈善工作宗旨，不断探索，推进“三大创新”，建设“三个平台”，完善“三项机制”，形成了具有广州特色的现代慈善事业服务新格局。

一　推进“三大创新”，规范慈善行为

（一）慈善政策创新

1. 出台地方性法规

2012年5月1日正式实施的《广州市募捐条例》第四条规定：“市、区、县级市人民政府应当鼓励和支持募捐组织依法开展募捐活动，鼓励和支持自然人、法人或者其他组织向募捐组织捐赠财产。”第三十四条规定：“市民政部门应当建立募捐组织的守法档案，定期向社会公布相关信息。市民政部门应当在其网站上为募捐组织免费提供募捐信息发布平台，并督促募捐组织按时公布募捐信息。募捐信息在市民政部门网站公布的，市民政部门应当保留三年以上，方便公众查询。市、区、县级市民政部门应当指导、监督募捐组织建立、健全、落实内部管理制度，对募捐组织开展募捐活动的情况依法进行监督检查。”①

上述规定对民政部门开展募捐工作做了三个具体规定：一是支持募捐组织实行依法募捐；二是提供信息公开服务；三是加强监督管理。2016年9

① 参见《广州市募捐条例》。

月 1 日《中华人民共和国慈善法》（以下简称《慈善法》）实施后，广州市开始筹划《广州市募捐条例》的修订工作。

2. 市政府出台文件

2016 年《慈善法》颁布实施后，广州市先后出台《广州市人民政府关于促进慈善事业健康发展的实施意见》《关于鼓励支持企业积极参与广州市创建“慈善之城”的意见》等 18 份配套政策文件，制定《深化“羊城慈善为民”行动创建全国“慈善之城”2017～2020 年行动方案》等。

《广州市人民政府关于促进慈善事业健康发展的实施意见》明确了四个方面的主要任务：一是培育发展各类慈善主体，进一步激活民间慈善力量；二是鼓励开展各类慈善活动，进一步发挥慈善为民作用；三是完善慈善政策机制，进一步推动慈善事业创新发展；四是加强慈善监督管理，进一步促进慈善事业健康发展。《广州市人民政府关于促进慈善事业健康发展的实施意见》在总结广州慈善工作成功经验和吸收国内外先进理念的基础上，提炼了多项创新机制，主要体现在培育慈善组织发展、发展新型慈善主体、积极创建慈善实体、创新慈善募捐形式、建立慈善褒扬激励制度、加强慈善监督管理等 6 个方面。

（二）慈善机构创新

1996 年，经广州市编委同意，广州市成立了广州市慈善服务中心，这在全国来说是领先的。此后，其内设部门不断优化，人员编制得到加强。2013 年 11 月，根据《关于广州市民政局所属事业单位分类改革方案的批复》（穗编字〔2013〕204 号），广州市慈善服务中心为公益一类正处级事业单位，主要任务：开展各类慈善活动，发展慈善事业；对广州市慈善医院开展慈善医疗服务进行指导、监督；承担全市慈善募捐信息公开、活动备案、募捐组织守法档案建立等事务性工作。广州市慈善服务中心注重推进慈善惠民服务，明确指导服务全市慈善组织职能，着力提升服务质量。

（三）慈善监督创新

1. 创新社会监督

2013 年 6 月，广州市慈善组织社会监督委员会（以下简称“广州市慈监委”）成立，成为全国第一家独立的第三方慈善组织社会监督机构。2017 年 11 月 30 日，广州市慈监委进行了换届选举，委员包括全国人大代表、省人大代表、市人大代表、市政协委员，按职业分为专家学者、律师、会计师、医务工作者、媒体工作者、企业家、市民代表等，代表广泛、成员合理。

广州市慈监委切实履行监督职责。自成立以来，广州市慈监委共对 51 家公益慈善组织进行监督，共涉及金额 14 亿多元，有 25 份监督报告在广州慈善信息发布平台上公布。广州市慈监委发布全国首个地方性慈善组织透明度评价体系，对慈善组织进行透明度排行，提升行业自律自治水平，得到社会公众认可。同时，借力社会慈善研究机构对慈善组织做深度研究，汇集专业力量和委员们的智慧形成有针对性、前瞻性的研究结果，完成了《广州市慈善组织发展研究报告》等多份专业研究结果，向广州市民政局提出了颇具前瞻性的专业建议，部分建议已被采用。

广州市慈监委还根据广州市慈善组织监督审计的实际情况出台了全国首个地方性的、针对慈善组织监督审计工作的行业指导性标准——《广州市慈善组织监督审计指引》，并经广州注册会计师协会审定在全市推行，同时还分别组织慈善组织和注册会计师进行培训，使之落实，引导慈善组织规范预算管理、资产管理，提高绩效管理能力，有力推动了慈善组织规范管理、高效运作。广州市慈监委被媒体喻为“盯着慈善组织的第三只眼”。

2. 创新行业自律

2014 年，广州市公益慈善联合会组建成立，成为广东省内首家公益慈善联合会，吸纳了 93 家会员，其中有 77 家公益慈善组织会员。广州市公益慈善联合会致力于普及慈善理念、提供会员服务、维护会员权益、推动行业自律、推动跨界合作、参与政策制定，搭建了慈善组织的互动平台，有效地促进慈善行业自律。广州市公益慈善联合会举办的慈善读本公益行、广州慈善榜征集活动、“善知学园计划”等项目为普及慈善理念、弘扬慈善文化、培养公益慈善人才发挥了积极作用。

二　建设“三个平台”，提升慈善服务

（一）慈善捐助对接平台

传统慈善捐助活动形式主要是通过捐赠者向慈善会系统捐款，再由慈善会系统根据需要捐给受助者，即“先募集资金、再配置资源”。2013 年，在广州市委、市政府的高度重视下，广州市提倡以项目找资金的模式，举办了首届慈善项目推介会，搭建全新的慈善捐助对接平台，包括慈善项目的设计、推介、募捐、实施等环节。此后的 2014 年、2015 年，广州市继续举办慈善项目推介会，三届推介会参会的公益慈善组织数量共 350 个，成功对接慈善项目 1203 个，对接善款达 12.06 亿元。

自 2016 年开始，广州市围绕“人人慈善为人人”理念，每年举行广东扶贫济困日暨“羊城慈善为民”行动，通过打造品牌慈善项目、促进慈善资源对接，举办公益慈善嘉年华，福彩慈善项目大赛，慈善进社区、进学校、进组织、进家庭等系列活动，进一步深化慈善捐助对接平台。2016 年和 2017 年，社会各界向该活动捐赠善款达 10.3 亿元。

（二）慈善 + 互联网平台

近年来，广州市慈善服务中心、广州市慈善会不断拓展服务范围，提升服务水平。

1. 开通广州市慈善会慈善信息数据平台

广州市慈善会慈善信息数据平台包括官网、微信公众平台、联合募捐平台等系统，社会公众不仅可以通过多种形式查询广州市慈善会的捐赠及支出明细，还可以设立个人微基金、企业基金，并建立个人终生爱心档案，成为

公众参与慈善的重要平台。

2. 开通中国慈善信息平台广州分平台

2015 年，广州市慈善服务中心与中民慈善捐助信息中心合作建设的中国慈善信息平台广州分平台，由“政府慈善信息统计和监管系统”“区域慈善信息展示系统”“慈善组织信息管理系统”“慈善组织信息披露系统”四大子系统构成，吸纳了大量广州市公益慈善组织的进驻。2017 年，民政部社会组织管理局主办的“慈善中国”信息平台开通后，全国慈善组织均入驻该平台，中国慈善信息平台广州分平台完成了历史使命，暂停使用。

3. 广州市慈善会慈善信息平台成功入围慈善组织互联网公开募捐信息平台

2016 年 8 月 29 日，民政部公布了全国首批 13 家慈善组织互联网公开募捐信息平台，作为全国唯一的慈善会信息平台，也是全国除上海市外唯一入选的城市慈善信息平台，突显了广州慈善在全国的影响力。与此同时，广州市慈善会慈善信息平台与广东银联网络支付有限公司合作，以现有的信息平台及微信平台为基础，利用银联代付接口，扩展搭建了“月捐计划”系统，首次全流程线上实现个人每月小额个性捐款的新型捐赠模式，全面开启月捐时代。

4. 开通“广益联募”平台

2017 年 9 月 4 日，广州市慈善会慈善信息平台将其发布“慈善组织互联网公开募捐信息”的职能剥离并推出广益联募平台（www. gyufc. org）专项运作。广州市广益联合募捐发展中心随后成立，负责广益联募平台日常的运作管理，包括慈善项目募捐上线审核、慈善项目款项拨付管理、慈善项目实施进度信息公开反馈等，不仅为广州慈善组织，也为全国慈善组织开展募捐和慈善活动提供支持。

（三）慈善活动互动平台

广州围绕深化“羊城慈善为民”行动的工作部署，积极探索实践“慈善 + ”公众参与主题活动。稳步发展“慈善 + 体育”模式，精心组织了“阅动羊城——为爱徒步”“福彩杯 · 乐善骑——为爱骑行”，同时积极将慈善元素注入广州成熟的国际运动赛事，成功举办“广马慈善——为爱奔跑”“广州塔垂直慈善马拉松——为爱攀登”“国际龙舟赛——为爱竞渡”等“为爱”系列活动，打造了大型公众体育活动慈善参与和众筹平台。

广州市进一步提升了“慈善+消费”“慈善+互联网”“慈善+家庭”等模式，面向普通公众，结合广州民俗和地域特点，举办“一起幸福——新春花市慈善行”、广府庙会之慈善庙会、北京路公益慈善嘉年华等活动，推动慈善走进社区、机关、家庭、学校，走进公众生活的方方面面，不断提升活动互动性和趣味性，吸引了上千万市民群众快乐参与，形成了“全民慈善、全民参与”的浓厚氛围。

三　完善“三项机制”，激发慈善活力

（一）慈善文化营造机制

1. 创建“慈善之城”

2017年初，广州市把“深化‘羊城慈善为民’行动创建‘慈善之城’”写进了政府工作报告，在全国率先启动创建“慈善之城”。广州市民政局、广州市文明办联合印发了《深化“羊城慈善为民”行动创建全国“慈善之城”2017~2020年行动方案》，并每年出台具体实施方案，计划用四年的时间，围绕“十大目标”，重点开展“七大行动”，致力于构建党委领导、政府主导、社会协同、公众参与、跨界融合、专业运作的慈善事业工作格局，全面提升城市慈善发展水平。

2. 建设慈善地标

广州市于2016年开始推进慈善标志的创建工作，主要是以慈善广场，特别是社区公共广场为重点，以公园、图书馆、体育馆、博物馆、医院、高等院校等公共服务类型广场为延伸，以宗教场所、商业广场及其他类型广场为补充，带动形成一批慈善社区、慈善街道等慈善标志。

慈善标志提供慈善咨询、慈善救助及转介、慈善义卖义演、慈善讲座等服务内容。

2016 年，广州市推出国内首个大型慈善一条街——北京路步行街、首个慈善乡村——增城区大埔围村、首个慈善公园——海珠湿地公园等，在国内产生了较大的社会影响。截至 2017 年 12 月底，全市共创建慈善标志 120 个，包括慈善广场、慈善社区、慈善街道、慈善乡村、慈善学校、慈善公园等，形成各具特色、内涵丰富、公众可参与的便利慈善平台。

3. 发布广州市公益慈善事业发展报告

自 2013 年起，连续组织发布《广州市公益慈善事业发展报告》，至今已出版 5 部，逾 150 万字，分析研究广州慈善发展的特点、亮点和难点，总结广州慈善经验，发出广州慈善声音，展望国际和国内公益慈善发展趋势。

4. 出版内部交流刊物《善城》

自 2017 年起，广州市慈善会联合广州市公益慈善联合会，编辑内部交流刊物《善城》，设封面报道、公益评论、文化、资讯等栏目，记录优秀的慈善项目和人物故事，挖掘广州慈善文化，传播现代公益理念，广泛动员社会各界参与公益慈善事业，打造广州慈善名片，全面提升广州慈善影响力。《善城》定位为公益慈善刊物，聚焦慈善政策解读、行业问题透视、公益人物故事以及优秀项目分析；倡导人人参与的现代公益慈善理念，传递现代公益慈善的方法论和价值观；梳理广州公益慈善事业发展脉络，全面反映广州公益慈善事业的发展现状及未来趋势，服务地方发展。

5. 塑造特色慈善品牌形象

2017 年 3 月，广州市面向社会公开征集广州慈善吉祥物、慈善主题歌、慈善之城的标识，吸引了广大市民的积极参与。随后，广州市正式发布了体现广州特色和精神的慈善吉祥物“珠珠”、慈善之城主题歌《善城广州》、慈善之城标识“善穗”等，且在各类慈善活动和慈善宣传中广泛使用和推广，增强广州慈善的辨识度、专属性、影响力。

（二）慈善荣誉回馈机制

2015年，广州市启动了“善·暖羊城”2014年度广州慈善企业、人物、组织、项目征集活动。经社会推荐、自荐、入围名单遴选、网上公开投票等环节，诞生了2014年度广州慈善企业、人物、组织、项目。经过此番尝试后，广州市于2016年推出了首届广州慈善榜，分设“广州慈善捐赠榜”“广州慈善影响力榜”“广州慈善歌曲榜”三大榜单，以表彰在广州慈善领域表现突出的企业、个人、组织、慈善项目以及慈善歌曲。2016年、2017年两届慈善榜单共收录了656家慈善捐赠单位、496名慈善捐赠达人，说明广州市涌现出一批具有影响力的慈善企业、慈善人物、慈善组织、慈善项目。广州市用一系列鲜明的数字和丰富的事迹彰显慈善事业的发展成就，通过发布广州慈善榜，以大力表彰和倡导慈善行为，从而鼓励带动更多市民参与慈善，进一步营造“人人可慈善、人人做慈善、人人争当慈善+”的浓厚广州慈善氛围。

（三）慈善透明评价机制

为了促进慈善组织的信息公开工作，广州市于2014年制定了慈善组织募捐透明度评价指标，开展慈善组织募捐透明度评价工作，首次公布了106家慈善组织募捐透明度评价结果。在全国层面来看，这是第一次由政府和社会监督机构合作开展的对慈善组织透明度进行评价的活动，充分发挥了政府在信息数据收集和第三方社会监督机构独立专业的优势，是第一份由一个城市来发布的透明度评价结果。

随着《慈善法》的颁布实施，2017年，广州市对慈善组织募捐透明度评价指标进行重新研究、修订，制定了《慈善组织透明度评价体系（试行）》并于2018年发布实施。慈善组织透明度评价体系主要以慈善组织开展募捐活动的信息公开内容和规范情况作为透明度评价的标准，通过信息公开内容的完整性、及时性和守法性三个方面来评价慈善组织各项活动的透明度情况，并根据基础指标和进阶指标进行量化打分。依据《慈善组织透明度评价体系（试行)》，广州市通过评价打分对开展活动的慈善组织进行透明度评价，以不断促进慈善组织信息公开，满足社会公众知情权。同时，为了体现慈善组织透明度评价结果的公开性、公正性和及时性，数据采集方面以慈善组织在各个慈善信息公开平台自行公开的慈善信息为准。这些平台有“全国慈善信息公开平台”、“广州市社会组织信息公示平台”、各慈善组织的官方网站和微信公众号等。慈善组织透明度的评价工作通过网上信息采集、软件自动计分的方式实现，以保证慈善组织填报信息的真实性和准确性，从而更好地实现慈善组织透明度评价结果的公正性。

广州作为改革开放前沿阵地、国家中心城市，近年来坚持以人民为中心的发展思想，以“羊城慈善为民”行动为主抓手，积极探索城市慈善发展体制机制和路径模式，不断深化慈善事业改革创新，运用现代慈善理念和方法，勇于创新，追求卓越，逐步探索出一条与广州城市定位和经济社会发展水平相匹配、相适应的慈善之路。

B.3

广州公益慈善组织参与现代社会治理实践报告

孙菁歌*

摘　要： 改革开放以来，我国以慈善组织为代表的“第三部门”的发展受到了政府与社会的高度关注，并且发展迅速。近年来，慈善组织在社会治理中的地位和作用得到凸显。2016年《中华人民共和国慈善法》的出台，更对慈善组织的发展与实践提出了新的要求。广州市亦积极响应中央政策法规，逐渐形成了独具特色的地方实践。本文通过理论梳理论证了慈善组织参与社会治理的重要性和必要性，进而通过对广州当地案例的分析和比较讨论了目前的成果和未来的可能性，以期对广州“慈善之城”的创建和发展提供有价值的参考。广州市慈善组织在参与现代社会治理方面取得了显著成效。通过自我完善与自我监管，慈善组织提升了参与社会治理的能力。此外，慈善组织实现了多元内生发展，积极寻求并拓宽参与社会治理的渠道，积极撬动社会资本助力全新的国家社会关系。未来，广州慈善组织仍须不断加强自我完善，积极主动地参与社会治理，并且与其他社会主体协同合作。

关键词： 公益慈善　慈善组织　社会治理

---

* 孙菁歌，香港大学非营利管理专业硕士，南京上元书院秘书长。

一　前言

慈善的思想内涵在我国的历史文明长河和人民日常生活中从未缺位，乐善好施、扶危济贫、众志成城一贯是中华民族血脉中闪耀的优秀基因。改革开放为我国当代慈善事业的延续和发展奠定了坚实的基础。从党的十六大起，慈善事业成为中国特色社会主义社会建设过程中的重要组成部分，党的十八大明确提出了“支持发展慈善事业”① 以及加强社会治理的要求。这些都为慈善事业和相关思想价值观念的普及提供了环境基础、创造了思想源泉。②

2017 年，党的十九大提出“不忘初心，牢记使命”③ 的主题，从战略高度进一步对国家治理体系和治理能力的现代化提出了一系列新的要求。习近平总书记在党的十九大报告中强调：“要多谋民生之利、多解民生之忧，在发展中补齐民生短板、促进社会公平正义；强调要求动员全党全国全社会力量，坚持精准扶贫、精准脱贫。尤其强调要发挥社会组织作用，要完善社会救助、社会福利、慈善事业、优抚安置等制度。”由此，更进一步明确赋予了慈善公益组织在全面建成小康社会和基本实现现代化过程中的光荣、重大使命。④

近年来，广州市慈善事业及行业环境亦紧跟时代和中央政策步伐，勇于探索、广开善门、打开善路、弘扬善举，在发挥慈善组织的特点和优势，共同参与现代社会治理的过程中成果显著。首先，在《中华人民共和国慈善

---

① 胡锦涛：《坚定不移沿着中国特色社会主义道路前进　为全面建成小康社会而奋斗——在中国共产党第十八次全国代表大会上的报告》，新华网，2012 年 11 月 17 日，http：//www.xinhuanet.com//18cpcnc/2012－11/17/c_ 113711665.htm。

② 张永光、胡婷：《试论十八大以来中国共产党人的慈善观》，《陕西高等学校社会科学学报》2015 年第 27 卷第 11 期，第 9 页。

③ 习近平：《决胜全面建成小康社会　夺取新时代中国特色社会主义伟大胜利——在中国共产党第十九次全国代表大会上的报告》，新华网，2017 年 10 月 27 日，http：//www.xinhuanet.com//politics/19cpcnc/2017－10/27/c_ 1121867529.htm。

④ 《努力开创新时代慈善工作的新局面——访中华慈善总会会长李本公》，新华网，2017 年 11 月 21 日，http：//www.xinhuanet.com/gongyi/2017－11/21/c_ 129746020.htm。

法》（以下简称《慈善法》）的框架内坚持依法依规开展工作，不断在实际工作中加强自我监督、自我完善；其次，在经济、社会以及科学技术日新月异的今天，积极适应新形势、发现新问题，不断创新；最后，在各类慈善机构、组织、社团百花齐放、竞相发展的环境中，密切合作关系，共同创造慈善合力，继续助力全民治理、社会和谐。总体来说，广州市在慈善事业的发展壮大过程中不断创新探索，形成了极其鲜明的特色。本文将重点对近年广州市慈善组织参与现代社会治理的案例进行具体分析和评述。

二　慈善组织参与现代社会治理的理论与现实依据

（一）理论依据：慈善组织参与社会治理的必要性与重要性

1. 必要性

从社会学的角度看，社会治理的主体是多元的，包含国家、市场、社会组织、公民，为了使整个社会系统作为一个整体有效地运作，四者需联系紧密、运作协调。①

（1）从政府主体的角度。著名学者、政治学博士弗朗西斯·福山在《国家构建：21世纪的国家治理与世界秩序》一书中提及："在不断缩减政府职能的过程中，往往既希望能削减政府权力的力度、缩小其范围，却又产生出对另一种政府力量的需求。"② 所以，在传统的社会管理及现代的社会治理中，政府都是必然的主体。但同时，在社会治理过程中，从政府单一制逐渐转变为多元主体制也是必然趋势。因此，如何更多地调动其他主体的积极性和创造力，与之合作，对其监管，是现代政府需要思考的问题。

（2）从市场主体的角度。社会分工细化和商品经济发展必然导致市场

① 陈成文、赵杏梓：《社会治理：一个概念的社会学考评及其意义》，《湖南师范大学社会科学学报》2014年第5期，第11～18页。

② 弗朗西斯·福山：《国家构建：21世纪的国家治理与世界秩序》，黄胜强、许铭原译，中国社会科学出版社，2017。

的出现，党的十八届三中全会也提出了“要让市场在资源配置中起决定性作用”，可以说，市场的活力在很大程度上影响着其社会治理能力。

（3）从社会组织主体的角度。社会组织是为了有效地达到特定目标而按照一定的宗旨和制度，有意识地集合、建立起来的社会群体。不同于传统的社会管理分工，在现当代的社会治理中，社会组织是治理主体中尤为重要的一部分，在政府失灵、市场失灵的情况下可以发挥积极作用。

（4）从公民主体的角度。法国著名历史学家、政治家，社会学的奠基人托克维尔在《论美国的民主》中认为：“不管是如何精明强干的中央政府，也做不到完全的明察秋毫，因此不能仅靠政府自己去了解一个大国社会的全部细节。”[①] 这就明确指出了政府作为社会治理主体的局限性，即所谓“政府失灵”的情况。在类似情况下，公民自治对现代社会治理的作用和意义就得到了彰显和强调。

2. 重要性

在必要性的基础上，结合已有的研究可以认为，社会组织作为社会治理四大主体之一，其参与社会治理的功能相当强大。

（1）提供社会服务。社会组织能够满足多元化的社会需求，提供丰富的社会服务及产品。社会组织本身涉及的行业门类丰富多元，比如扶贫、教育、医疗、环保、慈善等领域，对政府和市场在社会大众议题中失灵时的补充替代作用是巨大的。

（2）撬动社会资源。社会组织是撬动社会资源的有力杠杆。多元化、跨领域的各级各类社会组织网罗了社会方方面面的人力资本。

（3）参与社会事务管理。社会治理是在确立共同目标的前提下，四个主体通过合作、协商、资源交换等方式合作并最大限度地增进公共利益。社会组织在化解社会矛盾、促进社区自治等社会事务管理上均有积极贡献。

---

① 阿历克西·德·托克维尔：《论美国的民主》（上卷），董果良译，商务印书馆，2002。

因此，慈善组织作为社会组织中一个更强调公益与奉献等价值观的重要部分，对参与现代社会治理，有责无旁贷的使命。

（二）现实依据：党对社会治理问题的新要求

党的十九大报告从统筹推进“五位一体”总体布局、协调推进“四个全面”战略布局的高度，明确提出打造共建共治共享的社会治理格局，具有鲜明的现实针对性和实践指导性。①

共建，即共同参与社会建设。创新社会治理思路和切入角度，进一步实现公共服务市场开放，通过政府购买服务等办法鼓励和引导企业事业单位、社会组织和群众积极参与社会建设、社会治理。在坚持党委领导、政府指导的前提下，在教育、医疗卫生、就业、社会保障以及社会服务等相关领域，为市场和社会力量发挥其各自作用创造更多的机会，增强社会建设的能力和活力。

共治，即共同参与社会治理。充分发挥各级党委在社会治理中的核心领导作用，同时完善各级政府责任制。发展人民民主，维护社会公平正义，保障人民群众在社会治理事务中依法实现自我管理、自我服务、自我教育、自我监督，在社会治理层面形成人人参与、人人尽责的良好局面。

共享，即共同享有治理成果。构建共享服务体系，建立由政府主导的、覆盖城乡的且可持续的公共服务体系。不断完善社会保障，满足人民群众生产生活的基本需要。构建实现共享的体制机制，不断改善基础公共服务制度、民生保障制度和公共服务监管制度等，让人民群众拥有获得感、幸福感、安全感。

（三）结论

慈善组织作为以人道主义为理念实施救助的实践载体，不仅致力于帮助

---

① 徐汉明、邵登辉：《打造共建共治共享的社会治理格局（深入学习贯彻习近平新时代中国特色社会主义思想）》，《人民日报》2018年6月21日，第7版。

弱势群体走出困境，还能促进社会组织的发展。党的十八届三中全会将“慈善组织”提到了社会治理体制改革的战略高度，表明慈善组织已成为慈善事业发展的主体。如上文所述，慈善组织作为社会组织的一类，是社会组织的重要组成部分。在讨论创新社会治理体制的时候，提出“适合由社会组织提供的公共服务和解决的事项，交由社会组织承担”，就是为了激发社会组织的活力，发挥其在社会公共服务方面应有的作用。

三　广州市慈善组织参与现代社会治理的案例

（一）案例：广州市公益慈善联合会——行业自律，打造规范、专业的行业平台与环境

1. 概况

广州市公益慈善联合会（简称“广州慈联”）成立于2014年6月，是广东省第一家慈善组织行业联合会，由致力于广州市公益慈善事业的社会团体、民办非企业、基金会等有关机构和个人自愿组建的联合非营利性社会团体。其宗旨是“联合慈善力量、搭建互动平台、促进行业自律、推动行业发展”。[①] 其目的是引导公益慈善行业规范、倡导行业自律自治、推动行业从业者间的交流合作以及积极发挥各主体之间的桥梁纽带作用。广州慈联的成立有助于发挥团结慈善组织及其从业人员，以及热心支持慈善组织工作的各界人士，凝聚慈善组织力量，服务慈善组织需求，引领慈善组织发展，提升慈善组织能力，发挥慈善组织作用，扩大慈善组织影响，打造慈善组织品牌，维护慈善组织及其从业人员合法权益，充分发挥慈善组织在服务国家、社会、群众和行业等方面的积极作用。

2. 成果

广州慈联作为政府和慈善组织之间的桥梁以及全市慈善组织合作发展的

---

① “广州市公益慈善联合会”微信公共平台，https：//mp. weixin. qq. com/mp/profile_ ext? action = home&_ _ biz = MzI0NzAwNDQ0NA = = &scene = 123#wechat_ redirect。

公共服务平台，一方面促进了慈善组织与政府间的合作，另一方面搭建起公共服务平台，精心服务慈善组织，提升慈善组织发展能力，同时发挥行业自律作用，提升本市慈善组织的归属感、凝聚力及服务水平。主要业务包括普及慈善理念；提供会员服务；推动行业自律；推动跨界合作；参与政策制定；等等。

为了帮助广州地区公益慈善组织、提升从业者的管理与实践能力，广州慈联的“善知学园”项目充分响应地方政府对“全民慈善”“社区慈善”的号召，聚焦于“新时代的基层社区治理与社区公益创新”“社区慈善+”等重要方向，结合党政新规的解读与学习，成为整合各界资源服务于公益慈善行业各组织及人员的平台。另外，广州慈联还通过其“益群计划”让慈善实践人讲述慈善故事，传播慈善和公益的价值观，帮助更多人了解慈善公益，真正实现“全民慈善”观念的普及。

3. 评价

广州慈联是在慈善行业发展到一定阶段，为满足政策法规出台的管理需求与行业本身的自律、自我完善需求而产生的新兴平台组织，可以说具有很大的借鉴推广价值。其中，行业自律是政府监管的有效补充，能够规避政府行政管理成本过高等问题。

广州慈联作为行业协会充分履行了以下职能。

（1）自律职能。弥补政府管制的空缺，减少政府行政成本，激发行业活力，推动行业良性竞争，从而有利于行业长远持续稳定发展。

（2）代表职能。作为成员与政府、社会和人民间的桥梁，接收外界需求并通过自身影响力表达成员意愿，为成员争取更多资源和空间。

（3）维护职能。维护成员权益，保障行业健康发展。

（4）服务职能。向成员提供服务，解决发展中的问题，提供资讯、培训、经验分享、交流合作等支持。

同时，发挥了以下作用。

（1）搜集、统计、发布行业信息，通过发布行业发展报告、国内国际新规标准、最新政策解读、专家讲解和业务指导，使行业健康规范发展，促进行业自律。

（2）制定本行业质量标准，通过具体翔实的规则制度，使良币驱逐劣币，保障行业规范。

（3）通过制定行规行约、内部章程等对成员实行奖惩措施，激发成员活力，鼓励良性竞争。

总而言之，广州慈联是慈善组织参与社会治理的创新之举。

（二）案例：三元里融合社区——社区治理，全民治理，共建和谐社会

1. 概况

三元里街地处经济活跃商圈与城中村的交汇区域，“脏乱差”“蜘蛛网”“三小场所”“五类车”“城市六乱”等问题突出。同时，在广州市白云区三元里街 5.16 平方千米的范围内，户籍人口有 4.79 万人，来穗人员却有 5.85 万人，人口倒挂现象严重，引发了不少社会问题，给当地社区治理带来了巨大挑战与压力。街道党工委发挥领导核心作用，坚持问题导向，立足辖区现有资源，聚合社会各方力量，开展以“城中村”为重点的全民综合整治行动，建设干净整洁、平安有序的社区环境，全面提升社区群众获得感、安全感和幸福感。①

2. 成果

（1）坚持党建引领，协同多元主体共建。一是依托基层组织。以村居（社区）党组织换届为契机，引导群众工作经验丰富的党员干部和村社“老人”参与社区建设，发挥基层组织推进社区建设的主力军作用。二是联动驻地单位。协同辖区机关单位参与社区共建。三是凝聚企业力量。联动三元里街商会党委等非公有制经济党组织，引导个体工商户积极参与整治周边环境、整顿市场秩序。四是借力社会组织。先后引入广州市法泽城市与公益研

① 中共广州市委政法委员会：《三元里街强化协同治理推动社区共建共治共享》，《广州政法动态》2018 年第 17 期。

究中心、广州阳光社会工作事务中心等社会组织，扎根社区，面向群众，提供专业服务，参与社区治理。

（2）注重联动联调，推动矛盾多元化解。着眼辖区流动人员高度密集以及商事纠纷突出、劳资冲突多发等问题，充分利用调解等非诉讼方式，联动各类资源拓宽定纷止争渠道，推动矛盾纠纷多元化解。一是健全诉前联调机制。依托街道综合治理中心平台，整合基层力量，多方联动、多元衔接，切实把矛盾纠纷化解在基层、控制在源头。二是成立来穗人员调解委员会。依托“荆楚印刷工”党支部，参与辖区来穗人员涉经营、劳资、医患、家庭等方面的纠纷调解化解，搭建党委、政府与来穗人员之间的桥梁。三是成立劳动人事争议三方联合调解中心。由街道总工会律师顾问和劳监中队、司法所驻点律师组成调解队，构建劳资纠纷调解平台。四是推进“商圈 + 法圈”实践探索。在辖区设立律师调解室、社区法律顾问工作站、知识产权保护律师服务站，推动法律服务公共平台向重点行业延伸，引导群众通过法律途径表达利益诉求、解决矛盾纠纷，实现法律咨询随时化、普法教育常态化、纠纷处置专业化。

（3）注重协商协作，推动社区开放共治。一是建立社区共商议事机制。在广州市率先成立社区共治议事会，按照“一事一议”原则开展社区公共事务协商议事工作，搭建起社区对话共商平台。二是借力社会专业力量。强化“社区治理社会参与”理念，开展社区教育、居民自治、社群融合等差异化特色服务，广受社区居民欢迎。三是整合群防共治资源。社区自筹资金建立了一支 120 人的综合辅助执法队伍，将辖区企业 2700 余人的企业群防力量纳入社区志愿服务队伍，建成了 1053 个视频监控点位和 2737 套出租屋智能门禁系统。四是强化社区智能辅治。依托现代信息化手段，建成社区大数据平台，并配套开发智能化服务平台，促进了社区服务品质化、精准化。

（4）培育社区文化，强化德治引领支撑。一是搭建社区教育平台。创建全国首家城中村社区大学，从社区观念教育、社群意识养成入手，因地制宜，设置环保卫生、村史教育、社区参与等公共课程，引进了大批志愿服务力量，培养了一批社区治理骨干。二是编修村志村史。成立村志编撰小组，传承村居历史文化，重塑现代社区精神家园，增强了社区文化认同感和治理凝聚力。三是搭建文化展示平台。修建三元里街历史文化展览馆，通过文字、图片、影像、实物等多种形式，全面展示三元里街鲜明独特的传统历史和治理文化。

（5）优化服务管理，促进社群共融。针对社区面临来穗人员快速融入及来穗人员与本地居民融合双重难题，三元里街大力推进融合社区创建，促进社区共融发展。一是成立来穗人员党支部和党员志愿服务队。二是创建融合学堂，依托社区大学资源，为来穗人员开展文化、技术培训，提高来穗人员城市融入能力。三是设立融合社区工作站，整合公安、民政、人社、卫计等社区服务功能，为来穗人员提供一站式的政务服务和社区服务。四是组建主要由来穗人员组成的志愿服务队，开展帮困救助、治安巡逻、义务劳动等公益活动，拓宽来穗人员自愿参与社区治理的渠道，促进社区和谐共融。

3. 评价

社区居民自治是城市基层治理的重要形式。三元里街启动了融合社区“五个一工程”项目试点，成立了相关工作领导小组，并进一步制定了《白云区三元里街开展融合社区“五个一工程”实施方案》和《2016年融合社区“五个一工程”工作分解表》等指导方案。充分调动各方面参与社区建设的积极性和创造性，使新到广州人员“进得来、融得进”，经过治理的社区已然成为广州市一张亮丽的社区名片。在基层工作和社会治理破解超大城市流动人口融入难方面走出了一条新路，取得了实实在在的效果。可以说，三元里街所构建的多元共治的参与格局是一个优秀的、值得复制推广的创新举措。

（三）案例：广东绿耕社会工作发展中心——城乡合作，社会互助，走可持续发展道路

1. 概况

广东绿耕社会工作发展中心（以下简称“绿耕”）作为一家民办非企业单位，是广东省省级专业社会工作服务机构。其前身是中山大学—香港理工

大学绿耕城乡互助社。绿耕是一个集社会服务、研究和人才培养于一体的实践基地和社会创新平台，目的是有效推动中国城乡社区发展和城乡合作。它以“扎根社区、精耕细作、培力弱势、彰显公义”为宗旨，以“城乡合作、公平贸易，共创生态文明与可持续生活”为愿景。①

2. 成果及评价

我国是一个拥有悠久农业历史的大国，存在相对突出的“三农”问题。自2001年起，绿耕在云南平寨尝试探索“城乡合作、公平贸易、共创生态文明与可持续生活”的道路，设计形成以城乡合作和公平贸易为特色的农村反贫困之路。紧接着，又把相关经验传播到四川金波、广州从化、湖南怀化等地，以民生、生计作为农村社会工作的突破口，尝试走出一条“经济发展—社会互助—文化传承—生态良好”的、适合中国农村的可持续发展道路。

经过近几年的实践，绿耕在本地扎下根来，承接具体的农村服务项目，有效、积极地帮助解决农村养老、留守儿童等问题。同时，农村社会工作也逐渐得到本地政府和群众的重视与认可，并开始对推进本地农村社会工作做出制度安排，以促进农村社会工作的可持续发展。

绿耕着眼于当代中国农村社会的现实需求，用专业方法为农村困难群众提供服务，促进农村发展，对转型期中国农村的可持续发展和社会主义新农村建设起到了非常积极和有效的推动作用。

（四）案例：广州市社会创新中心——紧跟“双创”步伐，公益创新带动社会创新

1. 概况

广州市社会创新中心以“培育社会创新产品，打造社会创新生态”为使命，以“打造政社企多元共治、协同创新的美好社会”为愿景，期望通过培育社会企业、促进社会投资等方式，推动社会创新，为广州市社会企业

① 参见广东绿耕社会工作发展中心官网，http://www.lvgeng.org。

与社会投资的发展营造良好环境与生态系统。

2. 成果

从2016年起每年举办一届的“广州社会创新奖”，是广州社会创新领域具有综合性、开放性、专业性的评选活动。在评选活动开展过程中，发掘了广州社会创新项目中最大的“草根性”的特点，由此借助广州市第四届公益创投的力量，开展“木棉计划——广州市社会创新项目培育工程”，促进广州市社会创新项目的品牌化发展。同时，研发广州社会创新指数体系并发布广州社会创新发展报告，以学术的力量进一步推动行业业态的持续有力发展。①

（1）初步搭建了广州社会创新项目交流活动平台。广州市社会创新中心围绕社会创新开展的系列活动，建立相应的微信平台，在一定程度上为本地社会创新项目交流互动提供了平台，目前在平台内部已有部分组织建立了合作关系。

（2）促进了广州地区社会创新领域专业化。广州市社会创新中心通过承接各类与社会创新和社会公益相关的研究课题，为广州地区制定了量化评估社会公益状况的依据，促进了广州地区社会创新领域的专业化发展。

3. 评价

广州市社会创新中心通过提高社会创新组织的能力，以及举办吸引各界对社会创新领域关注的评选活动，探索普及、跨界、可持续的公益创新模式。同时，配套研发广州社会创新指数，有助于推动广州社会创新的专业化、行业化，引领广州社会组织创新趋势。

（五）案例：广益联募——全民慈善，人人慈善

1. 概况

广益联募是民政部指定的首批全国慈善组织互联网公开募捐信息平台之一，由广州市广益联合募捐发展中心负责运营，宗旨是“做慈善事业的支持者”，使命是“联结力量、增进公益”，坚持贯彻“开放、透明、多元、

① 参见《广州市社会创新中心2017年度工作报告》。

融合”的理念，致力于打造影响力遍布全国的“集善地”和全民慈善的便易平台。广益联募设计有“善捐、善助、善品、善行、善知”五大板块：“善捐”为慈善项目在线公开募捐；“善助”为个案求助；“善品”为慈善义卖；“善行”为慈善活动在线支持；“善知”为慈善行业能力支持。

2. 成果及评价

广益联募是“互联网＋公益”模式的良好实践①，相较于传统的慈善募捐有相当明显的优势：一是融资周期短，效率高；二是求助门槛低；三是传播及时便捷；四是信息透明度高。然而，我国尚处于发展阶段，作为线上筹款平台仍需要注意以下几个方面：第一，宣传普及《慈善法》，并通过平台的实践和反馈推动更多相关法规政策的完善；第二，保证信息的真实和全面，真正建立起网络世界中的虚拟公益社区，让更多人得到帮助，也让更多人的善行有合适的宣传平台；第三，平台承担起更多事后监管责任，监督项目的执行和后续资金的去向，实现平台的自律、他律。

四　经验比较与借鉴——以广州车陂龙舟文化村与浙江特色小镇为例

广州有众多城中村，对于住在其中的租客来说，它们都差不多，选择去哪个城中村租房，主要看它和上班地点的距离及其租金水平。然而，每年端午节前后，全广州这么多城中村都只看天河区的一个村，千万租客和村民都羡慕这个村——车陂村，它拥有广州最完整的龙舟民俗文化、最壮观的龙舟景。车陂龙舟作为广府龙舟文化的典型代表，于2017年被正式列为广州市非物质文化遗产。每年端午节，车陂村将开展赛龙舟、吃龙船饭、“招景”等活动，给市民和游客带去不一样的龙舟文化体验。

在紧抓龙舟文化的基础上，车陂村以文化带动治水，发起“一水同舟，

① 徐铭遥、张秀英：《从“互联网＋公益”兴起看公益众筹平台的现状及问题》，《新媒体研究》2018年第7期，第100～101页。

守望相助”公益项目，提出保护环境倡议，推动对家乡河汉的保护，使村民和租客协同参与共建共治，更使文化、公益、旅游、环保交融。

车陂村只是广州众多城中村的代表。事实上，这样的村子正是促进社会治理精细化的最佳着力点，不仅可以孕育滋生更多新的社会组织，而且也是现有社会组织能够大干一场、大放异彩的平台。

以浙江为代表的“特色小镇”不仅与车陂村有相似之处，也对广州在社会组织参与特色小镇规划、建设，从而参与社会治理方面有可借鉴的意义。

近年来，浙江各级党委、政府为了实现“推动社会治理重心向基层下移，发挥社会组织作用”的目标，出台了诸多旨在培育和发展社会组织的政策与措施，如《中共浙江省委浙江省人民政府关于加快推进现代社会组织建设的意见》、《浙江省民政厅关于进一步加强社区社会组织建设的指导意见》和海宁市委市政府于2016年出台的《关于进一步加强社会组织建设的实施意见》。[①] 可以说，浙江省将特色小镇与社会组织充分结合、协同调动，力求实现“1+1>2”的效果，对社会组织发展、特色小镇建设、新型城镇化建设、经济和社会转型都大有裨益。

（一）突出并强化基层单位、社会组织的地位和作用

特色小镇强调其并非一个行政层级，也可以由企业、协会和组织来做，政府只不过是在技术规范上通过协调和协商为其把关而已。政府通过把控顶层设计并主动为其权力划定边界，为特色小镇剥离、淡化行政色彩，排除体制机制等可能造成的影响和障碍。

但是，行政权力介入的减弱并未使特色小镇的治理主体缺位。特色小镇事实上是基层单位与社会组织充分参与社会治理的最佳温床。对于本市特色文化乡村来说，类似的环境亦为基层单位和社会组织参与社会治理提供了绝佳舞台，是极好的实现社会共治的平台。

① 邵培樟：《加强特色小镇社会组织培育（服务）中心内涵建设的思考——以浙江为例》，《名家论坛》2018年第5期，第42~45页。

（二）围绕特色产业打造“双创”生态

特色小镇将精力集中于建设健康、良好的特色产业创业环境和产业业态，强化社区的特色与功能，突出社区自治与自我服务。“通过社区治理活动的充分参与、社区文化的共同培育，一方面增强小镇从业者的主人翁意识与感知，另一方面增强从业者对小镇的感情认同，通过社区公益服务的互助提供，扩大社区朋友圈。”①

广州车陂龙舟文化村在该议题上的表现已初具效果，不仅在传统文化的保护和发扬上充分创新，还通过成立龙舟文化促进会、发起公益项目等行为开启全新就业可能，调动全体村民、居民协同参与的积极性，是响应国家“双创”政策的优秀典范。长此以往，不仅能实现社区自治、村民自治，更为创造和谐、稳定、良序、创新社会打下坚实基础。

（三）统筹多元资源和主体，构建新型社会治理模型

符合现代化要求的治理体系，要达到多个方面的标准，如公共权力运行的制度化、规范化、民主化与法治化，并兼顾效率。② 党的十八届三中全会通过的《中共中央关于全面深化改革若干重大问题的决定》明确提出社会治理要“坚持系统治理，加强党委领导，发挥政府主导作用，鼓励和支持社会各方面参与，实现政府治理和社会自我调节、居民自治良性互动”。可以说，特色小镇的模式开拓性地架构了一种新型社会治理模式。

如果广州市特色文化村想在此模式下进行更深远的探索，那么在规划阶段，就应综合考虑政府、企业、社会组织、个人等各个主体应当发挥的功能与作用。政府的角色定位是项目的发起者和倡导者、平台的搭建者、公共物品的提供者、外在效应的消除者、市场秩序的维护者和保障者等角色；企业、社团组织、社会精英等积极参政议政，协助或监督

---

① 秦诗立：《特色小镇建设注重“五突出”》，《浙江日报》2015年8月21日，第9~10版。

② 杨丽、赵小平、游斐：《社会组织参与社会治理：理论、问题与政策选择》，《北京师范大学学报》（社会科学版）2015年第6期，第5页。

政府，通过多种渠道参与社会治理；第三部门、私营部门和个人充分消化政府被削减的政治经济权力；基层主体之间尤其要注意互相配合、协同治理。

笔者认为，除了依托政府部门创造环境和机遇，广州市公益慈善组织可以更加积极主动地融入社区、村镇，帮助居民、村民挖掘这些基层单元的文化特色，以社会治理主体之一的角色协助甚至主导文化特色社区、村镇的建设，并逐渐寻求规模化、品牌化，真正主动承担起“共建共治共享”的责任和义务，将广州市悠久的历史和丰富的文化（除龙舟外，还有善堂文化、祠堂文化、庙会花市民俗等）传承下去，为自身发展创造空间、为党和政府分担、为人民谋福利。

五　“慈善之城”的社会治理成效与未来要求

近年来，广州市的慈善事业发展迅速，在现代慈善制度建立、慈善为民行动品牌打造、慈善文化宣传和氛围营造等方面走在全国前列，在第四届“中国城市公益慈善指数”排名中位居全国第四、全省第一。2017 年，在广东扶贫济困日活动暨深化“羊城慈善为民”行动启动仪式上，来自社会各界的认捐款物达 5.45 亿元，再创新高。广州市在发展慈善事业的征程中不断创新探索，形成了鲜明的发展特色。

（一）成效

1. 现代慈善事业制度基本建立

自 2016 年《慈善法》实施以来，广州市先后出台《广州市人民政府关于促进慈善事业健康发展的实施意见》《关于鼓励支持企业积极参与广州市创建慈善之城的意见》等 18 份配套政策文件，提出围绕“十大目标”，重点开展“七大行动”，全面提升城市慈善事业的发展水平。近年来，广州市逐步探索并建设政府部门培育支持、依法监管，社会专业监督，行业自治，社会广泛参与的“四位一体”的广州慈善事业管理体系。①

2. 加强自我完善与自我监管，提升参与社会治理的能力

第一，广州慈联等平台组织、联盟、联合会的出现与完善，体现了公益慈善组织主动接受普法宣传和进行法律学习，在国家法律框架内成长，融入国家从“管治”走向“法治”的大势，寻求从根本上消除公益慈善组织及其从业人员与主流环境格格不入的隐患。

第二，公益慈善组织往往被冠以“草根”“活动能力相对不足”“效率相对低下”的标签，而公益慈善组织通过有意识地自我完善和能力建设，已经让政府、广大人民乃至经济效率相对更高的企业认识到公益慈善组织参与社会治理的能力，今后也必将承担起更多的社会责任。

第三，公益慈善组织的积极自我监管，是一种为政府部门削减治理成本、为公益慈善组织减小运营风险的举措。它为主动参与公益慈善活动的普通市民、企业提供了更有保障、更有效率、透明度更高的慈善大环境，有助于提高社会公信力。

3. 多元内生发展，积极寻求并拓宽参与社会治理的渠道

结合本文分析的案例可见，公益慈善组织的种类和形式日益多元，社会组织、社会团体、基金会、社会服务机构以及境外 NGO（非政府组织）、非营利的事业单位等也都被写入了《慈善法》。其相应针对的领域和人群、提供的服务、追求的社会公共利益也更为多元，从最早的扶贫、赈灾，到如今的关注社会边缘群体、弱势群体、生态环境、民生质量、社会保障，不仅提出问题，也提供帮助与解决之道，在具体问题上能够成为社会治理的中坚主体，分担政府部门的重担。②

4. 积极撬动社会资本，助力全新的国家社会关系

政府购买服务与其相应体制机制建设在各地已见一定成效，慈善组织不

---

① 广州市慈善会：《广州发布今年慈善创新发展情况，一文看懂广州慈善》，广州市慈善会微信平台，2018 年 7 月 24 日，https://mp.weixin.qq.com/s/gap1JA4wSK8S57D1sDVabA。

② 匡婕：《社会治理语境中公益慈善作用发挥的价值与路径》，《淮海工学院学报》（人文社会科学版）2017 年第 10 期，第 102 页。

仅可以在政府购买服务中发挥桥梁、监督和向公众倡议的作用，也因其愿景和组织定位而先天具有巨大的撬动社会资本的潜力。如广州市社会创新中心的存在，就极大地鼓舞了创新人才，撬动了民间资本，并为社会贡献了创新力量，有助于慈善新规下新型社会关系的构建和发展。

（二）未来要求

未来“慈善之城”的创建之路既充满希望也任务艰巨。对于慈善组织来说，一是仍需要不断地自我学习、自我完善，接受来自其他主体的监督，实现规范化、法制化；二是更加积极主动地参与社会治理，充分调动其作为治理主体的积极性和能动性，同时要坚守广州本土独特性，因地制宜，创新广州模式，推广广州特色；三是注意与其他主体的协同合作，配合政府政策落地，利用企业和市场优势，倾听百姓需求，真正实践共建共治共享。争取把广州建设成为人人参与、多方合力、规范公开、蓬勃有活力的“慈善之城”，成为领跑全国乃至全世界的“慈善之城”。与此同时，如何更加有效地参与社会治理，寻求更多参与空间，培育慈善组织品牌，提高慈善组织参与社会治理的公信力和认可度等问题也需要公益慈善组织及其从业管理人员进行更多的思考和学习，把慈善组织参与现代社会治理的实践升级为科学有效、能广为推行的新型社会治理模式。

B.4

广州社区慈善与社区治理现状与分析

黎　静*

摘　要： 社区慈善是广州市慈善事业发展的重要领域，是慈善资源下沉的体现，在社区治理的体系下，社区慈善成为重要的治理工具。广州市“慈善之城”的创建离不开基层社区居民的参与，慈善体系的构建更需要深入到社区当中。本文介绍了广州社区慈善组织培育和社区志愿服务的案例，探讨了广州市社区慈善发展的独特经验，并为社区慈善未来的发展提出了建议。广州市的社区慈善发展模式主要以家庭综合服务中心为载体，以专业的社工服务为驱动力量。家庭综合服务中心贴近社区，以社区居民的需求为导向，积极引导社区居民参与社区事务，使其成为社区慈善的主要力量。广州市社区慈善未来的发展需要培育社区慈善组织、提高从业人员的专业素质、发展社区志愿服务、整合社区慈善资源。

关键词： 社区慈善　社区治理　社会资本

一　发展背景

随着改革的深入推进，社会转型的重点越来越集中到社会治理体系的转变上，尤其落到了社区中。社区是人们生活的重要场所，也是社会治理的基

* 黎静，广州市社会创新中心研究员。

本单元。社区治理是社会体制改革深入推进的内在要求，社区的发展基于良好的社区治理，在国家治理体系现代化的建设背景下，政府大力推动社区治理的发展。社区慈善作为其中重要的工作方法受到推崇，也是慈善事业深入推进的重要方向。社区慈善强调社区居民的自主动员、有效参与和志愿服务。社区的慈善文化深刻地塑造了居民的社区品格和社区意识。

为促进城乡社区治理体系和治理能力现代化，2017 年 6 月，中共中央、国务院印发了《关于加强和完善城乡社区治理的意见》。文件要求："统筹发挥社会力量协同作用……推进社区、社会组织、社会工作'三社联动'，完善社区组织发现居民需求、统筹设计服务项目、支持社会组织承接、引导专业社会工作团队参与的工作体系。"文件还提出："不断拓宽城乡社区治理资金筹集渠道，鼓励通过慈善捐赠、设立社区基金会等方式，引导社会资金投向城乡社区治理领域。"由此可见，公益慈善在社区治理中的重要性。随后，党的十九大报告中深化了社区治理的内涵："加强社区治理体系建设，推动社会治理重心向基层下移，发挥社会组织作用，实现政府治理和社会调节、居民自治良性互动。"这既肯定了社会组织在基层服务中的作用，也为慈善事业的发展指明了方向。

随着城市化进程快速推进，人口大量流动，广州市在社会转型过程中衍生出越来越多的城中村。由于外来人口的涌入，城市社区出现异质化，撤村改居面临诸多问题。城市基层管理从计划经济时期的"单位制"过渡为"街居制""社区制"。后单位社会中，原有"单位制"的熟人社会逐渐瓦解，社区所具有共同体的概念日渐式微，沦为"陌生人社区"。要想改变当前社区治理面临的困境，需要培育社区的社会资本，加强社区居民间的交往互动，提供社区居民间合作的平台，社区慈善正是一个较为可行的创新治理方法。

2016 年，广州市开展了"羊城慈善为民"行动系列，一系列慈善活动的举办在全市范围内掀起了全民慈善热潮。在社区中，居民主动自觉参与慈善事业，"慈善共享、人人参与"理念深入人心。2017 年 1 月 25 日，广州市民政局和广州市精神文明建设委员会办公室联合印发了《深化"羊城慈善为民"行动创建全国"慈善之城"2017～2020 年行动方案》，指出广州市创建“慈善之城”的主要任务之一是“完善全面覆盖人人可获得的慈善救助机制”，需要“大力推动区、街（镇）、社区（村）慈善事业发展，发展壮大区级慈善组织，成立和发展一批社区基金会（社区慈善基金），激活社区资源，灵活、及时、长期满足社区需求”。广州市“慈善之城”的创建离不开基层社区居民的参与，慈善体系的构建更需要深入到社区当中。

二　发展社区慈善的意义

社区治理是国家治理的基础环节，也是政府治理体系的新方式，社区治理有时用来指社区参与、公共事务决策和相关的地方治理、社会治理、网络治理和参与性治理等。社区治理可以定义为社区层面的管理，与社区利益相关的决策。[①] 社区治理的模式不同于科层制，其决策通常是分散化的。以往人们由于社会排斥和区位劣势而无法参与到决策中，现在人们可以通过在社区和社区组织内形成伙伴关系和社会网络来实现，因此社区治理的价值在于居民的参与。

20 世纪 90 年代以来，参与式治理随着治理理论的出现，逐渐受到学术界的关注。参与式治理是一个赋权的过程，它强调利益相关者自下而上的参与，与其他治理模式不同，它最显著的特点在于更加突出主体的参与和互动。在决策制定的过程中，受决策影响的利益相关者，尤其是处于边缘的弱势群体，能够有效地参与社会公共事务的治理过程。社区治理需要社区内多方行动主体的积极参与，通过实施集体一致的行动以形成合作互动的关系来实现有效治理。然而，社区治理中的集体行动困境十分普遍，以往都是依靠单一政治动员完成。社区事务的复杂性从内在预设了它难以依靠单一主体的独立行动，必须通过寻求协作来解决社区公共问题。另外，中国社区治理面

① Totikidis，Vicky，Armstrong，Anona and Francis，Ronald，“The Concept of Community Governance：A Preliminary Review，” Paper Represented at GovNet Conference（Unpublished），Melbourne，Australia，28－30，Nov.，2005.

临的一个重大问题是缺乏社区认同感和社区参与度，社区基本上只是一个地理概念。当前的社区建设在很多方面还需要行政手段推动，社区居民参与的积极性不高。

社区慈善是通过私人捐赠，支持非营利组织和政府提供的本土服务和便利设施。社区慈善往往是地方性的，是基于地方公民责任的表现，因而社区慈善事业嵌入了当地社区的经济、社会和政治结构。[①] 在中国传统的意义上，慈善行为是差序格局的一种体现，即根据血缘亲属关系往外扩散到陌生人，构成一个同心圆模式。学者张文分析了宋代的乡村和城市两种地区的社区慈善方式，发现乡村社区的慈善更多是“熟人”慈善，而城市社区的慈善则是“开放性”的慈善。两种慈善形式的不同主要是受空间的影响，城市社区受商品经济繁荣、流动人口增加等因素的影响，居民结构较为复杂，血缘观念比乡村淡薄，人际联系较为松散，导致城市社区慈善也呈现与乡村社区不同的特征。[②]

现代社区慈善常见的形式包括社区志愿服务、社区基金会、社区帮扶助弱、社区慈善超市等。社区慈善的类型可根据参与主体的不同分为“在地性的慈善”和“社区化的慈善”。前者是指在社区层面的，由基层政府、社区组织、居民发起并开展的面向本社区的慈善活动和服务，强调依靠本土的社区资源解决社区问题。后者是指由外部力量举办的慈善活动和服务，针对特定的社区问题而进入社区，并带来资源的下沉。[③]

（一）提供参与社区事务的平台

社区的慈善活动通常基于居民的社区认同，把社区内各种力量凝聚在一起，从而克服社区集体行动困境。正是源于社区居民内在的认同感，社区慈

① Wolpert，J.，“The Geography of Generosity：Metropolitan Disparities in Donations and Support for Amenities，” *Annals of the Association of American Geographers*，1988，78（4）：665－679.

② 张文：《社区慈善：两宋民间慈善活动的空间结构》，《中国社会经济史研究》2005 年第 4 期，第 32～40 页。

③ 闫磊：《以社区慈善助推基层社会治理》，《中国社会报》2017 年 4 月 24 日，第 2 版。

善才能够有效筹集资金、吸引居民参加活动。作为居民、社会组织以及企业参与社区治理的平台，社区慈善活动推动了社区治理从“一元治理”转变为“多元共治”，促进了社区治理结构的优化，提升了社区自治水平，其核心是让居民参与社区治理。

从治理主体来看，社区慈善引导了多元主体参与社区治理，避免了传统的治理主体单一、过度行政化以及社会力量薄弱等问题。多元社区治理主体各自承担自己的职责，既避免了政府包办，也解决了其他主体参与不足的问题。从治理平台来看，社区慈善能够为创新社区治理提供新的路径和工具，承担社区自治、动员社区资源、整合社区力量，已成为广州市有效开展社区治理活动的重要平台。从治理结构来看，传统的金字塔式结构并不能有效实施社区治理。在参与社区慈善活动中，社区居民、社区居委会、社区党委、社区工作站以及其他社会组织等社区主体既不是领导和被领导关系，也不是平行的网络关系。

（二）合理分配社区资源

社区慈善在社区范围内筹集资金、整合资源，使社会服务的资金来源能够有效实现多元化。然而，这些社会力量的参与需要一定的条件，要求赋予社区自我发展的权利。政府在慈善资源和公共服务供给决策中，赋予本地社区更大的参与权和影响力，让社区不同力量都参与从决策到执行的整个过程至关重要。如果社区居民是社区慈善活动的共同捐赠人，他们就会更关心社区发展。

另外，如果社区居民带着自己的资产来参与慈善资源的分配，权利和资源的分配就会更公平合理。因此，社区慈善变成一种平等合作的关系，社区慈善组织在此过程中也容易与社区建立信任关系。社会弱势群体通常在社会网络中处于不利的位置，难以获取或交换资源。社区慈善组织的目标是扶持弱势群体，帮助边缘群体，解决社区问题，促进社区发展。相应的，社区居民不仅是社区慈善的直接或者间接受益者，也是社区慈善资源的一部分。

（三）培育社会资本

社区慈善活动积聚了社会资本。社会资本是实现社区可持续发展的重要力量。居民捐赠的资金可以持续地在社区投入和使用，激励着社区居民参与慈善。社区居民在参与社区慈善和社区治理的过程中，逐渐培养了社区领导力，从长远来看推动了社会的发展。社区慈善活动能够动员和团结社区各种积极力量，其重要原因在于它强调社区主体的参与。

（四）促进社区融合

社区治理和社区服务发展至今，政府、企业、社会组织和居民都已经成为主体，政府以社区党委、社区工作站的形式介入社区，社会组织则以社工机构的介入为主，企业以社区便民服务（包括物业管理）为主，而居民则是通过居委会和业委会进行参与，各个利益相关方之间的合作通常存在矛盾，缺乏行之有效的合作机制。社区慈善作为各种社会力量参与社区治理和服务的新平台，以协商和互助的方式解决社区问题，缓和了社区矛盾。

（五）创新社区治理模式

广州市政府此前投入了大量资源加强社区建设，虽然政府希望发掘社区资源，但是基层政治动员形成的路径依赖，已经无法适应公众的需求。行政化的基层自治组织也无法满足居民对社区参与的期待。社区慈善在创新社区治理模式，推动社区多元共治，提高居民自治水平，加快政府职能转变与简政放权等方面具有重要意义。社区慈善构建了一个以居民为主导、社区多元主体共同协作的社区治理体系，使社会力量和社区居民在基层社区治理中真正发挥主体作用，让慈善真正成为一种巨大的社区建设力量。

三　广州市社区慈善发展现状

为畅通公众参与慈善的渠道，为慈善组织开展慈善活动提供更多场地，从2016年5月起，广州市启动了慈善标志创建工作。截至2017年底，广州市评选出慈善社区和慈善乡村20个（见表1），其中，花都区和黄埔区均入选了4个，增城区增江街大埔围村更是入选2017年广州市十大慈善标志。

表1　广州市2017年慈善社区/乡村

黄埔区	黄埔区联和街黄陂社区	花都区	花都区秀全街红棉社区
黄埔区	黄埔区联和街玉树社区	花都区	花都区花城街百合社区
黄埔区	黄埔区长洲街深井社区	花都区	花都区花城街梅花社区
黄埔区	黄埔区夏港街保税社区	花都区	花都区新雅街云峰社区
海珠区	海珠区素社街万寿北社区	番禺区	番禺区桥南街番奥社区
海珠区	海珠区素社街怡海社区	南沙区	南沙区东涌镇东涌社区
海珠区	海珠区官洲街北山社区	南沙区	南沙区横沥镇兆丰社区
越秀区	越秀区黄花岗街区庄社区	增城区	增城区正果镇正果社区
越秀区	越秀区白云街花园新村社区	增城区	增城区增江街大埔围村
天河区	天河区沙东街濂泉社区	从化区	从化区街口街凤仪社区

注：以上排名不分先后。

广州市以志愿驿站、康园工疗站、家庭综合服务中心为支撑，构建社区全覆盖的志愿服务网络，为市民提供了常态化的志愿服务平台和门店式志愿服务阵地。截至2017年12月底，广州市共有社区志愿服务站1100多个，社区志愿者65万余人，社区志愿者队伍近6000支，人均服务时间超过15小时。

广州市的社区慈善发展模式主要是以家庭综合服务中心为载体，以专业的社工服务为驱动力量。广州市的社会工作起步较早，早在20世纪90年代就开始引进香港地区社会工作专业方法。2000年前后，广州市内的多所高校开设了社会工作专业，推动了社会工作人才的培养。2008年，广州市开始在一些社区开展政府购买社会工作服务的试点工作，并把社会工作的服务经费纳入财政预算。由于试点工作取得了突出的成效，广州市在2012年的政府工作报告中提出2012年“全市每个街道至少建成1个家庭综合服务中心”的工作目标。[①] 因此，家庭综合服务中心在街道、社区得到了大面积的

① 陈建华.《2012年广州市政府工作报告》，广州市人民政府网站，2012年1月6日，http：//www. gz. gov. cn/gzgov/s2821/201201/8f8ac87fdc7d4c138d64a9a947fa12a0. shtml。

推广。经过10年的发展，广州市共建成家庭综合服务中心188个。家庭综合服务中心贴近社区，广泛地依托社区居民，以社区居民的需求为导向，积极引导社区居民参与社区公益慈善事务，在增强社区发展活力、提高社区治理水平方面发挥示范带动作用，成为社区慈善的主要动员力量。

（一）案例一：社区“自组织”培育计划

为探索在共建共治共享新社会治理格局下社会组织参与社区治理的新模式，广州市社会创新中心策划了“探索社区力量”——广州市社区“自组织”培育计划。搭建社区沟通平台，促成社区多元主体的沟通协作，并串联社工机构、社会组织、社区居民、社区居委会、社区物业等资源，在提升社区自治能力的同时，也提高了社区居民的归属感，进而促进社区文化的创造。通过连接社会组织、社工机构和社区的资源，以驻社区社工和社区居民为主体，开展以社区“自组织”培育能力提升为主要目标的陪伴式成长计划。

社区“自组织”是实现社区治理的重要元素，社区组织的专业学堂项目拟依托广州市社会创新中心在高校、公益组织、企业等方面智库学者的研究成果或专业知识，发掘广州市有潜力的社区“自组织”为其提供培育服务，期望能提升社区“自组织”领袖成员的能力，促进社区“自组织”规范运作、扩大社会影响力。

1. 立足于社区居民真实需求

以往政府购买服务，多数是由基层政府的管理人员考虑实施购买服务，他们自身并非社区的成员，无法切身体会社区的实际需求，仅仅是从社区管理者的角度设定社区面临的问题，往往忽视了居民的声音。而微创投以本土社区和居民的实际需求为出发点，从而有针对性地为社区成员提供多元的服务项目。社区微创投为社区成员赋权，使他们从原来被动的服务接受者变成主动的助人者。社区“自组织”只有贴近居民的生活，关注当地居民的具体需求，才能获得他们的支持和信任，进而鼓励他们持续地为社区慈善活动贡献力量。

2. 提出有效的社区问题解决方案

社区微创投催生了一批社区问题解决方案。这些解决方案涵盖社区环保、邻里互助、特殊群体关怀、便民服务、社区文化娱乐等各个方面，并以项目化的方式呈现和落地。这些解决方案大都能够获得基本的资助，而且经过支持型组织的陪伴支持和社区项目团队的努力，大都具有可持续性和可推广性。因而，这些项目中的方法、策略和智慧可真正称得上自下而上的“民间妙招”。

3. 建立社区问题“自解决”机制

社区治理中居民参与力量不足制约着社区的集体行动，而社区微创投为居民提供了多种参与的可能。通过社区微创投，居民可以自愿参与捐资、项目运作或者社区活动。社区行动主体在参与社区事务过程中，实现了信息互通、邻里交流、合作互动，从而提升了社区治理的绩效。社区“自组织”在举行社区慈善活动时，能够丰富社区慈善资源，将慈善资源留在社区，让慈善资源回馈社区居民，有助于培育社区的慈善文化。

（二）案例二：“睦邻大使”陪伴计划

随着城市老龄化的加剧，空巢老人越来越多，子女不在身边或者无子女的老年人倍感孤寂。而由于社工人员的数量缺口较大，偶尔的探访难以满足老年人的需求。自2012年起，白云区同和街家庭综合服务中心开展了针对辖区空巢老人发起的“睦邻大使”陪伴计划，希望通过发动邻里的力量，用义工资源补充社工力量，弘扬邻里团结、互助和睦的传统美德，构建邻里互助、和谐的共建共享社区。热心居民加入“睦邻大使”队伍，定期探访社区内需要关注的老年人，为其提供上门探访、上门健康检查、居家清洁等服务。“睦邻大使”每月定期入户探访，日常则通过电话进行关怀，并且在服务中完成探访老年人的生命故事记录。项目自开展以来，大致经过了五个阶段：种子阶段、萌芽阶段、扎根阶段、长叶阶段和开花阶段（见图1）。可以说，项目的发展模式已相对成熟。“睦邻大使”陪伴计划开展6年以来，累计招募“睦邻大使”100多名，累计志愿服务时长达4080小时。

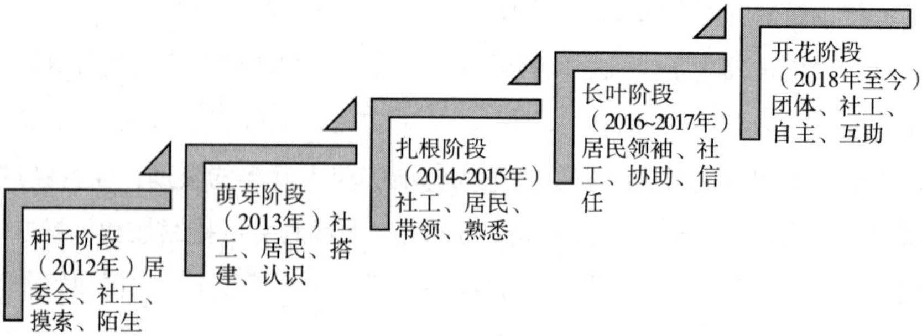

图1 “睦邻大使”陪伴计划发展历程

1.“社区—社工—义工”合作推动社区资源有效利用

社区志愿者的加入能够为开展多元化的养老服务提供人力支持。为了鼓励更多居民参加，白云区同和街家庭综合服务中心设计了一套激励机制，“睦邻大使”每次参与探访活动后，可以获得两枚印花，凭累计的印花可到指定超市换领生活用品，也有一部分志愿者转赠印花给服务对象。空巢老人缺乏关爱及物质支持和行动支持，该计划通过倡导邻里关爱，构建了“社区—社工—义工”互相协助的社区老年人支持模式。志愿者还利用自己的社会资源为特困老年人提供资源链接，长期的互帮互助进一步增加了社会资本。

2.打破邻里隔阂，形成社区居民互助网络

城市社区面临邻里关系冷漠的问题，老年人的社区交往活动少之又少，长期生活在社区的老年人失去了社区归属感。“睦邻大使”带动了家人一同参与到项目中，共同参与探访活动，从而扩大了邻里互助网络。社区内的跨代交往也避免了老年人社交对象的单一化，有效促进了社区互动和居民共融。

3.“社区慈善＋社区养老”模式的搭建

社区养老模式越来越被老年人所接受，但由于社工组织人手和经费不足的限制，社区老年人养老服务的覆盖人群和服务频率无法实现最大化。社区“睦邻大使”的介入为社区养老注入了新鲜血液，有效缓解了社区养老当前面临的人手不足问题，使社区养老的受惠范围进一步扩大。另外，项目与社区医院合作，“睦邻大使”为老年人提供身体检查，形成社区医院、志愿者、老年人和社区慈善组织的联动，这对于实现老年人的长期照料服务来说是有益的探索。

四　未来发展建议

面对日益复杂的社区问题，不能仅仅依靠行政的力量完成社区治理的任务，还需要通过公益慈善、社会工作来实现。在政府权力下放到基层的过程中，政府、公众、社区慈善组织以及各方利益相关者在多元的框架内整合资源，共同解决社区问题。

从广州的经验来看，社区慈善成为社区治理的突破口，有力地推动了社区治理的现代化。社区慈善组织的介入破解了基层自治组织在处理问题时反应迟缓、社区公共资源缺乏以及自治能力不足等难题。同时，也让社会力量和社区居民在社区治理中真正发挥主体作用，打破了社区参与积极性不高的困局。另外，社区慈善组织还承接了政府向社会转移的部分职能和资源，培育和孵化了一批志愿团队，有效整合了社区的慈善资源，让这些资源可以扎根本土，满足社区居民的多元需求。

良好的社区治理需要政府、社区居委会、社区慈善组织、社区企事业单位和社区居民的共同参与，各个主体发挥各自的功能使社区凝聚成为强有力的共同体，而非松散的独立结构。社区居民在参与社区志愿活动、社区慈善资源的决策、治理和监督的过程中，切身感受到了慈善力量，理解了慈善理念，进一步推动了“慈善之城”的创建。

（一）培育发展社区慈善组织

大力推进社区慈善事业的发展，切实加大对社区慈善的资金和政策支持力度，适当引导和培育适应本土需求的慈善组织。加快慈善社区等慈善标志的建设，提高社区居民的慈善参与度，让社区居民参与慈善活动更加方便快捷，进一步营造全民参与慈善的良好氛围。

（二）提高社区慈善从业人员的专业素质

一方面，社区慈善组织人员配备不足，工作任务重、经验不足等因素制约了工作效率。另一方面，社区慈善组织缺乏募捐策划、项目实施、传播推广等专业领域的人才。因此，社区慈善组织要加强从业人员的专业配备，建立和完善社区人才队伍培养机制，并通过举办高质量的能力建设培训和慈善组织人才培养计划，不断提升社区慈善从业人员的业务水平，打造出一支专业的社区慈善项目管理和运作人才队伍。

（三）发展社区志愿服务

结合资源多元的情况，适应社区本土的需求，组建家庭志愿者、企业志愿者团队服务社区，以形成社区慈善服务的可持续循环。依托社区特点和资源优势，弘扬社区居民互助精神，积极开展社区公益慈善活动，创造社区志愿服务的“广州经验”。

（四）整合社区慈善资源

社区慈善组织在适应社区本土需求，做好服务的基础上，可依托社区资源，打造具有本土特色的品牌慈善项目。与此同时，需要构建慈善资金募集长效机制，进一步拓宽慈善募集范围，积极对接社区企业，扩充社区慈善的资金池和志愿者队伍。社区慈善组织可顺应当前“互联网 + 公益”的趋势，借助互联网和社交平台进行传播，对接社区内外资源，鼓励社区居民通过互联网平台进行捐赠。

B.5

广州社会工作力量参与公益慈善事业的探索与建议

方 芗　吴红燕*

摘　要： 党的十九大报告指出，要发挥社会组织作用，实现政府治理和社会调节、居民自治良性互动。社会工作服务是社会治理的重要部分，对加强以保障和改善民生为重点的社会建设具有重要意义。本报告主要以广州社会工作与公益慈善之间的联结性为切入点，总结出在政策引导的过程中社会工作与公益慈善之间具有相辅相成的关系，而且这种关系随着时间的推移日益紧密。在“精准扶贫 + 社会工作”的大环境下，“党政引导、协同推进，以人为本、精准服务，东西协作、广泛参与，群众主体、助人自助”的总体原则，有助于推动和指导广州市社会工作的发展。

关键词： 社会工作　公益　慈善

一　背景与意义

20 世纪 80 年代，我国社会工作和慈善事业开始复苏，并在此之后得到进一步发展。2005 年，我国慈善事业被纳入社会保障体系，这一决策对慈

* 方芗，中山大学社会学与人类学学院副教授；吴红燕，广州市社会创新中心研究员。

善事业的发展具有推动作用；2006 年，在中共十六届六中全会上，社会工作正式被纳入国家政策议题。

在宽松的发展环境中，两者都得到了快速的发展。2014 年，社会工作被纳入《社会救助暂行办法》。2015 年，慈善事业进入立法程序的关键节点，《中华人民共和国慈善法》（以下简称《慈善法》）于 2016 年 3 月 16 日通过，并于 2016 年 9 月 1 日起施行。

在 2016 年的政府工作报告中，李克强总理再次明确强调：支持专业社会工作、志愿服务和慈善事业发展。这一政策的提出，进一步强化了社会工作政策与慈善事业的紧密联系，同时也扩大了两者的影响力。

在广州举办的第六届公益慈善思想论坛，对慈善事业与社会工作的结合有一个初步的探讨：未来慈善事业的发展必须有一个庞大的社工人才队伍，因为慈善还在转型中，需要一批做社会工作的优秀人才，来使公益慈善的格局和水平有一个大的改善和提升。从事社会工作也应该有一种更宽广的胸怀，两者之间要合流，朝着建设一个美好社会的目标前进。

二　文献回顾

改革开放以来，我国社会工作行业呈现蓬勃发展的态势。1991 年，中国社会工作协会成立；1994 年，中国社会工作教育协会成立；2010 年后，不同行业组织在不同地域和层面上出现，并形成了一定的社会影响力：它们均推动了社会工作事业的积极发展。

对社会工作如何界定，美国社会工作者协会（National Association of Social Workers，NASW）这样理解：社会工作是一种专业活动，用以协助个人、群体、社区去强化或恢复能力，以发挥其社会功能，并创造有助于达成其目标的社会条件。[①] 1980 年，素有“社区领袖”之称的弗里兰德

① 李夏菁：《社会工作人才队伍专业化建设探究》，《城市建设理论研究》（电子版）2011 年第 18 期。

(Friedlander)在其《社会福利导论》(*Introduction to Social Welfare*)一书中强调：社会工作是一种专业服务，也是一种专业助人的过程。[1]

关于社会工作的内涵已有众多学者进行相关研究，它的社会功能有整合社会资源，协调社会关系，预防和解决社会问题，其最终的目的是促进社会和谐。同时，社会工作秉承着“助人自助”的宗旨，遵循着专业伦理和规范，它是社会建设的重要组成部分。

社会工作是以利他主义价值观为指导，以科学知识为基础，运用科学方法帮助他人的服务活动。[2] 社会工作对开展社区服务具有积极的作用，在完善社会功能的同时，也提高了社会福利水平，以及受众社会生活素质，这些因素共同作用，促进了个人与社会的和谐，以及社会的稳定与发展。其更多的积极效应体现在解决社会问题，帮助社会上的弱势群体，减轻经济困难造成的负面影响。

公益慈善事业是中国特色社会主义事业和社会保障体系的重要组成部分，也是中国传统文化和社会主义核心价值观的重要构成部分。

改革开放促使我国经济迅速发展，但资源投放的不均衡也使得我国各类社会问题不断涌现。[3] 政府在判断社会发展基本形势的基础上顺应时代变化，提出了“小政府，大社会”的目标，这就将公益慈善事业放在了现代化建设的战略性位置。1912 年，北京社会实进会的成立应当是中国社会工作的起点，它起源于慈善救助的专业社会工作，产生了一些“异化”，并且超越了慈善救助的服务领域。社会工作与公益慈善的不同点在于前者致力于提供专业的服务，而后者则转向动员公众参与慈善事业。

社会工作属于公益慈善领域的一个板块，由于其具有一定的边缘性，同时带有公益慈善的特性，受众的关注度比较小，在制度的建立方面还不够完

---

① 参见“弗里兰德”词条，https：//baike. so. com/doc/25845781 –26991423. html。

② 柳拯、黄胜伟、刘东升：《中国社会工作本土化发展现状与前景》，《广东工业大学学报》2012 年第 4 期，第 6 页。

③ 卢磊：《我国公益慈善事业发展的基本现状与趋势研判》，《中国社会组织》2017 年第 15 期，第 57 ~59 页。

善，因此社会工作在开展的过程中容易出现无法解决的问题。而《慈善法》的出现就很好地解决了这些问题，并在一定程度上推动了社会工作的规模化、专业化、职业化和规范化。

《慈善法》的出台使得社会工作有法可依，有利于发挥社会工作教育公众、影响社会的作用，推动社会工作机构参与社会治理。其中“直接登记制度、公募资格开放、税收优惠获取、免税资格公平化、信息公开规范运作、国家金融政策支持以及教育宣传”等条文对社会工作具有促进作用。①

《慈善法》的出台同时也将社会工作领域曾经没有解决的问题曝光，这对我国社会工作的开展具有良好的导向作用，并且在问题解决之后能更好地完善自身的发展。在《慈善法》出台的制度环境下，向市场学习，努力提高机构效率，走规模化、集约化、专业化、职业化、规范化发展道路，实现依法规制、依法管理、依法监督，最终促进整个社会工作行业的健康发展。

三　广州社会工作力量参与公益慈善态势研究

（一）社会工作与“广州经验”

目前，广州社会工作领域范围比较广，其中最具有代表性的是家庭综合服务中心。广州市政府对家庭综合服务中心模式的探索始于20世纪90年代，引用学习了香港专业的社会工作理念和服务方法，并于2007年开始探索政府购买社工服务项目，广州市海珠区政府作为试验点率先启动该项目。

家庭综合服务中心是指在街道设置的一个服务平台，接受区（县级市）

① 《中华人民共和国慈善法》，中国政府网，2016年3月19日，http：//www.gov.cn/zhengce/2016－03/19/content_ 5055467.htm。

民政部门的业务指导。家庭综合服务中心的服务范围一般比较广泛，主要包括家庭服务、青少年服务、长者服务等。家庭综合服务中心由政府购买社会服务，由民办社会工作服务机构承接运营，根据区域服务需求实际情况，以家庭、青少年、长者等重点群体的服务为核心，科学设置服务项目，面向全体社区居民提供专业、综合、优质的社会服务。[①]

2008 年 12 月，国务院颁布《珠江三角洲地区改革发展规划纲要（2008～2020)》，赋予了珠江三角洲地区“先行先试”、进一步完善社会管理制度和创新社会管理方式的新使命。[②] 从广州市政府在全市大力推行家庭综合服务中心，到 20 条街道开设了家庭综合服务中心的试点，再到全市 131 条街道均建成家庭综合服务中心，其间不过 4 年的时间，足见这种措施在社会上产生了一定的影响力。家庭综合服务中心顺应政策支持和发展社会服务的方式，其数量由 2014 年的 170 个增加到 2016 年的 188 个，并且这一数据还在不断增加。

（二）广州社会工作力量的现状分析

中国的社会工作体系，有自己的特征和属性，其植根于悠久的历史文化土壤，而非对西方社会工作模式的简单复制。在建设和谐社会的背景下，它对中国社会工作的开展具有现实指导意义。对广州来说，最具有代表性的是家庭综合服务中心的建立。其已经成为社会工作本土化探索的新模式，形成了一种“嵌入—融入—共生”的发展路径，随着广州市各区家庭综合服务中心的成立，这一模式也成为国内社会工作本土化的“广州经验”。

1. 家庭综合服务中心成为广州社会工作本土化探索的新模式

《广州市社会组织发展报告（2017)》指出，截至 2017 年 12 月底，广州市共登记注册社会组织 7594 家，其中社会团体 3016 家、民办非企业单位

① 参见互动百科，https：//dwz. cn/Sj6Wf9e7。

② 张晓琴：《广州社区综合服务中心的发展及经验探析》，《广州城市职业学院学报》2011 年第 4 期，第 60～64 页。

4536家、基金会42家。①

针对家庭综合服务中心，政府和专家依据现有的发展情况，摸索出适合本土化发展的路径。广州市的家庭综合服务中心主要以政府购买服务的形式为主，致力于实现普惠性的社会服务。家庭综合服务中心作为社区服务系统中新生的部分，要嵌入原有社会系统需要两者之间的磨合。2006年10月，中共十六届六中全会通过的《中共中央关于构建社会主义和谐社会若干重大问题的决定》提出要“建设宏大的社会工作人才队伍”，这为国内社会工作的发展带来了新的刺激点和有利的政策支持。

《关于印发广州市街道社区综合服务中心试点建设期间三个规范的规定》提出社区或者街道家庭综合服务中心是面向整个社区的，主要服务是满足家庭的需求，通过专业的社会工作方法，解决矛盾纠纷，最终促进社区的和谐发展。随着平台的落地和推广，家庭综合服务中心的影响力越来越深远。

家庭综合服务中心的尝试是从广州市老人院与荔湾区逢源街道办事处开始的。本报告以荔湾区逢源街道办事处为例，讲述家庭综合服务中心是怎样融入社区的。逢源街的服务团队成立于1997年。2010年，逢源街家庭综合服务中心正式成立，同时也开创了广州和香港合作的先河。服务团队的成员来自各个领域，既有社工，又有心理咨询师、康复师等。服务团队与街道办事处保持紧密沟通，共同解决社区问题。社工是驻扎在社区里的，与居民之间的距离最近，也是最熟悉社区的团体。对于低保、低收入家庭，社工会定期上门进行探访，了解他们有哪些困难需要帮助，通过这样定期的探访，社工与低保、低收入家庭建立了深度的服务关系，帮助他们链接了社会资源。

在广州，这样的家庭综合服务中心有很多，它们在建设和谐社区方面做出了巨大的贡献，助推着社会治理方式的转变。广州社会工作者用专业服务解决社区公共问题，全市家庭综合服务中心每年为将近300万人次提供服务。社工以

① 广州社会组织研究院、广州市社会组织联合会编《广州市社会组织发展报告（2017）》，中国社会出版社，2017。

专业的方式做着社会工作，在维护社区和谐稳定方面的作用是不可替代的。

2. 制度环境不断完善

2018 年 5 月 30 日，广州市第十五届人民代表大会常务委员会第十四次会议通过的《广州市社会工作服务条例》①，于 2019 年 1 月 1 日正式施行。该条例的颁布对广州市社会工作来说具有良好的推动作用，同时能够对社会工作进行更好的行为约束。

从国家与社会关系的角度来说，社会工作和公益慈善的合流是必然的。在合流趋势下，我们看到了他们在实务方面是一种共生的发展关系，特别是在广州，社会工作跟公益慈善的结合应该说在全国是领先的。在 2013 年广州市慈善项目推介会上，60% 以上的都是社工机构。他们到推介会来开展慈善募捐活动，这得益于广州市最早开放了公募资格。同时，广州的社工机构得到的政府购买服务的资金也比较多。

3. 建立更加良好的社会环境

社会工作服务领域比较广泛，从社会福利到社区建设，从慈善事业到教育辅导都属于其服务领域，而且随着社会的不断发展，其服务领域也在不断扩大。因为其所解决的问题都是社会基层的问题，这对城市的发展以及社会的稳定来说具有良好的促进作用。受到经济环境和文化环境的有利影响，广州的社会工作参与度比较高，社工人数也在逐年增加，这些因素共同作用促进了社会更为良性的发展。

社会工作来源于西方，在中国本土化发展的过程中难免有一些水土不服，甚至会产生负面效应，广州本土的社会工作发展也不例外，主要体现在以下几点。

（1）社会工作发展以政府为主导，社会参与相对不足，对政府的依赖性较强。社会工作由于其独特性，在一开始就被打上了政府的印记。虽然政府对中国社会工作的本土化发展有积极的推动作用，但是也大大消解了社会

---

① 《广州市社会工作服务条例》，广州市人民政府网站，2018 年 9 月 4 日，http://www.gz.gov.cn/gzgov/snzc/201809/b2d69d3844ec4a3ba6cbcd50dd9e1f0d.shtml。

组织自身发育的动力和社会成员参与的主动性。不管是广州还是全国其他城市，都存在这种情况，而“去政府化”对当下还不够稳定的社会组织来说难度较大。

（2）尽管当前社会工作在广州形势良好，但是社会工作的职业性质和专业特征依旧不明显。《社会工作专业人才队伍建设中长期规划（2011～2020年）》对社会工作专业人才进行了定义，提出其主要是指具有一定社会工作专业知识和技能，在社会福利、社会救助、扶贫济困、慈善事业、社区建设、群众文化等领域直接提供社会服务的专门人员。从以上社会工作专业人才的定义中可以看出，它所涉及的领域和范围是十分广泛的，所需要的人才有较高的专业性，目前在这方面依旧有很多的社会工作参与者没有达到。

（3）社会工作发展具有失衡性。主要是地区之间发展不平衡，在当前的环境中，政府的重视与支持对加快本土社会工作发展具有重要推动作用。但也要看到，有的地方不顾自身发展条件和能力盲目发展所谓的“社会工作”。失衡性的表现之一就是城乡之间发展的不均衡，广州不同的区域在社会工作方面发展进程不一样，中心城区因为经济和文化较发达，社会工作开展情况比较好，但是周边地区甚至偏远地区开展的社会工作服务水平非常有限。

（三）未来广州社会工作发展趋势分析

1. 加强社会工作和开展公益慈善专业教育并行

公益慈善领域的专业人才一直都是紧缺的，特别是专职人员一直达不到供求平衡的状态。社会工作是一个强调实践性和应用性的专业，需要大量的实践训练和公益情怀培育，而这一点恰恰与以实践操作见长的职业教育相符。

社会教育主要是针对社会公众进行的社会知晓度宣传和认同培养。提高专业服务的及时性和有效性，通过满足公众个性化服务需求，兼顾传统社会问题与现代社会问题的综合解决，不断提高社会公众对社会工作的认同感和满意度，巩固社会工作专业地位。

2. 广州社会组织与社会工作的融合将逐步加强

社会组织与社会工作的融合将逐步加强，并且两者之间的协作性随着时间的推移也变得更好。社工服务机构是近年来增速最快的社会组织类型之一，社会工作专业人才培养规模化的趋势越来越明显。“而社会工作专业人才进入社会组织不仅有助于相对缓解社会组织专业人才短缺的问题，而且有助于社会组织和公益慈善事业的专业化和职业化。”① 社会组织和社会工作两者有序、有效结合，将会对广州市社会服务专业化和社会治理创新产生重要影响。

3. 家庭综合服务中心等社会工作服务机构成为主流并发挥着重要作用

从2008年到现在，家庭综合服务中心已经是广州各区最有影响力的名片之一，并且能够在社区服务过程中，调解各种矛盾，创建和谐社区。这些社会工作的经验共同凝聚成本土化发展的“广州经验”，这种模式也成为全国各地社会工作的主流模式。不同于北京、上海、深圳等地的社会组织管理模式，广州的模式与香港模式比较类似，这种模式植根于本土的发展土壤，并且日益成为社会发展的主流。

四　总结

2016年8月，中共中央办公厅、国务院办公厅共同发布的《关于改革社会组织管理制度促进社会组织健康有序发展的意见》明确提出，“把社会组织人才工作纳入国家人才工作体系”，慈善组织是社会组织的重要组成部分，这一规定有助于公益慈善人才的社会认可和职业发展。2016年9月1日，《慈善法》正式实施，这标志着我国公益慈善事业进入了法治时代。近两年，广州市专业社会工作人才队伍规模可观，且呈逐年大幅增长之势。

---

① 卢磊：《我国公益慈善事业发展的基本现状与趋势研判》，《中国社会组织》2017年第15期，第57~59页。

我国正处于社会转型的关键期，在这个过程中，社会矛盾与社会风险也会应运而生。当前我国的社会福利体系与社会保障体系还不完善且难以全面应对社会问题与满足社会需要。慈善事业与社会工作有不可忽视和不可替代的作用，构建和加强两者之间的紧密联系对广州的社会工作和公益慈善事业的发展具有重大作用和积极意义。家庭综合服务中心的出现，有力地调和了社区矛盾，为创建和谐社区发挥着重要作用。在未来几年，家庭综合服务中心的影响力将更加深远，而社会工作力量将以不同的形式参与到公益慈善的发展中，并且形成自身特性。

B.6
广州社会力量参与精准扶贫的专题报告

冯雨露　武 琼*

摘　要： 当前，社会力量已经成为推进精准扶贫的一支重要生力军，广泛动员并高效引导社会力量参与到扶贫开发中来，可以实现贫困户、政府部门、企事业单位、社会组织多赢的局面。近年来，广州市在组织社会扶贫工作中，充分调动企业、个人和社会组织的积极性，引导社会力量积极参与扶贫攻坚工作，不断拓展和丰富具有广州特色的慈善扶贫领域和方式，不断开创扶贫济困新局面。当前，广州的社会力量扶贫渐渐抛弃了基础设施建设和给钱给物的直接帮扶方式，开始逐步扩展到产业发展帮扶、教育扶贫、健康扶贫、转移就业脱贫、增强贫困户自身能力等多个方面和方式。与其他地区相比，广州在以下三个方面具有独特的优势：社会力量广泛参与到精准扶贫工作中；社会力量在精准扶贫方面的投入持续增长；社会力量参与精准扶贫的方式多样化。

关键词： 精准扶贫　社会力量　企业　社会组织

消除贫困，实现共同富裕，是社会主义的本质要求，也是实现中华民族伟大复兴中国梦的内在要求。在党的十九大报告中，习近平总书记明确指

---

* 冯雨露，商道纵横华南合伙人，资深企业社会责任管理专家；武琼，商道纵横企业社会责任咨询顾问。

出，“让贫困人口和贫困地区同全国一道进入全面小康社会是我们党的庄严承诺”，“要动员全党全国全社会力量，坚持精准扶贫、精准脱贫”，“做到脱真贫、真脱贫”。其中，社会力量扶贫是新时代精准扶贫、精准脱贫战略部署的重要内容，已被列入“十三五”脱贫攻坚规划，这是基于社会力量参与精准扶贫的良好实践，也是逐步解决当前我们所面临的扶贫困境，促进社会力量持续参与和发展的需要。

近年来，在政府各相关部门的持续引导和积极鼓励下，我国社会力量对精准扶贫的重视程度和参与力度均持续增强，社会力量参与下的精准扶贫正逐步向纵深推进。而广东在此方面早已做出尝试，并取得良好的效果。经国务院批准，广东省从 2010 年开始，将每年 6 月 30 日定为“广东扶贫济困日”。2010 年至 2017 年，广东扶贫济困日募资超过 100 亿元，其中广州市募资 27.23 亿元，是珠三角地区最大的慈善资金集散平台。近年来，广州市积极贯彻落实各项扶贫工作要求，大力号召和引导社会各界实施精准扶贫，不断拓展和丰富具有广州特色的慈善扶贫领域和方式，不断开创扶贫济困新局面。

一　社会力量参与精准扶贫的意义

（一）广州市参与精准扶贫的社会力量类别分析与介绍

广州市参与精准扶贫的社会力量主要由企业、社会组织和个人三大部分组成，这三大社会力量参与扶贫各有其明显的优势。比如，由于企业在市场竞争方面的优势，企业作为主体参与的扶贫项目具有市场反应灵敏、注重效率、技术性强、扶贫规模效用显著等特点；社会组织由于具有分布广泛、专业性强等特点，其参与的扶贫项目具有覆盖面广、针对性强、扶贫方式多元等特点；个人参与扶贫，则可有效吸收社会闲置资金，并因主体庞大而形成扶危济困的“燎原之势”。在多年的实践中，广州越来越多的社会力量以其特有的方式逐步参与到扶贫事业中来。而广州社会力量除参与频次和力度不断增加外，范围也更为广泛，方式也更加多元，并在参与扶贫方面积累了丰富的经验。

（二）重要意义

从我国多年精准扶贫的实践和经验可以发现，社会力量已经成为推进精准扶贫的一支重要生力军，广泛动员并高效引导社会力量参与到扶贫开发中来，可以实现贫困户、政府部门、企事业单位、社会组织多赢的局面。首先，社会力量扶贫有助于补齐政府扶贫的“短板”。当前以政府为扶贫主体的模式面临“钱从哪里来”“钱花到哪里去”的双重困境。社会力量参与进来后，有效缓解了这两大难题，特别是社会力量通过产业扶贫、教育扶贫等方式，从根本上解决贫困户的贫困问题。其次，社会力量扶贫有助于释放经济发展的潜能。鼓励和引导更多民营企业到贫困地区投资创业，由被动“输血”变为主动“造血”，既可帮助贫困人口提高收入，也可实现企业发展的战略延伸和可持续，释放贫困地区的市场潜力，形成新的经济增长点。最后，社会力量扶贫有助于形成促进社会和谐的合力。广泛动员社会各界参与精准扶贫，有利于促进不同社会群体和阶层的沟通交流，降低社会结构变动期的隐患，强化社会共同认知，促进社会和谐稳定。

二　广州社会力量参与精准扶贫工作的现状

广州有深厚的慈善传统文化。近年来，广州市采取多项措施和行动，积极引导社会力量参与扶贫开发，取得了良好的成效。自 2010 年广东扶贫济困日活动开展以来，广州市开展了扶贫济困日、慈善项目推介会、“羊城慈善为民”行动系列等形式多样的慈善募捐活动。2010～2017 年，广州市共筹集扶贫款物 27.23 亿元，其中 2017 年的广东扶贫济困日活动暨深化“羊城慈善为民”行动共筹集款物 5.45 亿元。[①] 2017 年筹集的款物主要用于广州市对口帮扶梅州市、清远市贫困村精准脱贫任务，以及广州市扶老、助

① 广州市民政局：《广州市 2017 年广东扶贫济困日活动暨深化“羊城慈善为民”行动启动》，广州慈善信息发布平台，2017 年 7 月 3 日，http://www.gzmz.gov.cn/gzmzj/cstpxw/201707/daf29634b374420d864437ac14084039.shtml。

残、救孤、济困等惠及民生的慈善项目，有效发挥广州社会力量在脱贫攻坚中的作用。

近年来，广州企业投身精准扶贫的热情持续高涨。企业扶贫济困的力量在2017年度广州慈善榜上有了更直观的体现，广州“慈善捐赠榜”上榜302家单位，捐赠超过1000万元的企业有10家。2017年6月30日，广州市启动了2017年广东扶贫济困日活动暨深化“羊城慈善为民”行动。活动当天，来自星河湾集团、圣丰集团、广汽集团等180多名爱心代表上台认捐。参与活动的企业代表纷纷表示，他们将积极发扬中华民族扶贫济困、乐善好施的传统美德，充分响应政府号召，争做脱贫攻坚的参与者和践行者。

2017年，在社会力量参与下，广州市扶贫攻坚投入持续增加，取得了突出的成绩和效果。在对口帮扶毕节市、黔南州过程中，广州市在2017年全年共投入帮扶资金32.39亿元，其中社会帮扶资金达30.13亿元。相关统计显示，广州市各级政府部门共引导135家企业到广州对口帮扶地区投资了476个项目，投资金额达26.69亿元，预计可带动105184人脱贫，其中就业脱贫10111人，通过利益联结机制脱贫95073人。[①]

三　广州社会力量参与精准扶贫的方式及特色

近年来，广州社会力量参与精准扶贫的方式逐渐趋于多样性和多元化。当前，广州社会力量扶贫渐渐抛弃了基础设施建设和给钱给物的直接帮扶方式，开始逐步扩展到产业发展帮扶、教育扶贫、健康扶贫、转移就业脱贫、增强贫困户自身发展能力等多个方面和方式。甚至，有些贫困地区的相关政府部门还联合贫困户、广州企业、社会组织等多方力量通过成立专业合作社的方式，为贫困户发家致富提供专业技能、就业平台和资金保障，助力当地

① 耿旭静、邓宇晨、叶卡斯：《【新时代新气象新作为】千亿元资金助乡村振兴》，东方网，2018年3月2日，http://xinwen.eastday.com/a/180302073307042-2.html。

贫困人口脱贫。多元化的扶贫方式为贫困户和贫困地区提供了更多的扶贫选择，同时也带来了良好的脱贫效果。

（一）产业发展扶贫

产业发展扶贫是建立长效脱贫机制的有效途径。产业发展扶贫是指以市场为导向，以经济效益为中心，以产业发展为杠杆的扶贫开发过程。产业发展扶贫是一种内生发展机制，目的在于促进贫困个体（家庭）与贫困区域协同发展，根植发展基因，激活发展动力，阻断贫困发生的动因。国务院《“十三五”脱贫攻坚规划》将产业发展扶贫分为：农林产业扶贫、旅游扶贫、电商扶贫、资产收益扶贫和科技扶贫。其中，广州社会组织参与较多的是农林产业扶贫、旅游扶贫和电商扶贫。

1. 农林产业扶贫

近年来，广州各方力量积极参与和推动贵州毕节、黔南（广州市对口帮扶地区）农特产品进企业、进市场、进都市、进社区。例如，广州市农业局协助毕节、黔南在广州江南市场、流花展览中心、芳村市场设立了农产品展销窗口。广州市国资委先后 4 次组织超过 20 家广州企业到毕节、黔南进行考察和对接，并促成广州酒家集团利口福食品有限公司与毕节市黔峰源贸易有限公司签订 2600 万元的农产品采购协议。广州市侨联发动广州侨资企业家在黔南州贵定县建成“领略中国”黔南农特优产品大数据电商平台。广州胜佳超市与毕节市农特产品区域公共品牌——“乌蒙山宝·毕节珍好”签订协议，毕节市特色优质农产品可进驻广州胜佳超市 79 个营业网点，预计年销售额可达 6000 万元。①

案例 1 广东天农食品有限公司（以下简称“天农公司”）总部位于广东清远市，是一家专注于优质家禽产品产业化生产经营的大型高科技股份制企业。从成立开始，天农公司就秉承“经营天下农产品，助天下农民获利”

① 广州市协作办公室：《加强穗黔优势互补聚焦脱贫实现共赢——广州市开展东西部扶贫协作工作的经验和做法》，广东省扶贫信息网，2017 年 7 月 3 日，http：//www. gdfp. gov. cn/gzdt/fpjb/201707/t20170703_ 849934. htm。

的精神，积极参与扶贫开发工作，通过以“公司+家庭农场”的模式发展肉禽代养户，已在清远市和佛山市三水区等地设立超过10个服务站。经过多年实践，天农公司摸索出了具有天农特色的养殖合作模式，该模式可有效地解决肉禽养殖户在饲养过程中出现的各类市场风险与养殖风险问题，包括资金短缺、养殖技术不成熟、检验检疫、养殖过程监测、销售困难等。该模式每年带动超过4000个养殖户实现增收致富，每户年均增收超2万元，可有效解决超2万人的就业问题。此外，天农公司还打通了清远鸡“从源头到餐桌”的养殖营销全产业链，为来自广东清远、四川、湖南等地的900多个农民工创造了就业机会，这些农民工从天农公司获得的稳定收入成为其所在家庭的支柱收入。2017年，天农公司继续加大在精准扶贫方面的投入，投资5亿元在贵州省黔南州长顺县建设了“长顺县绿壳蛋扶贫产业园”，形成集保种选育、养殖、生产、加工、销售于一体的全产业链，预计年产值可达28亿元。扶贫产业园建成后，当地贫困户和农户在天农公司的带动下，可通过土地流转出租、土地入股分红、参加养殖劳动等多种方式增收，预计可帮助黔南州1.1万贫困人口实现脱贫。

案例2 2017年12月，广州王老吉大健康产业有限公司（以下简称“王老吉”）在广州（梅州）产业转移工业园投资建设的梅州原液提取基地正式开工，该基地预计2019年完工，建成之后将是全球产量最大的凉茶原液提取基地，不仅能够提升凉茶产能，还能带动梅州地区经济发展。王老吉积极响应广州市对口梅州市帮扶政策，经过前期调研发现梅州当地丰富的植物原料资源和优越的生态环境，可为凉茶原料提供便利和品质保障。为此，王老吉投资近4亿元在梅州建设原液提取基地，这是广药王老吉大健康产业园第一期项目。该基地包括王老吉凉茶原液提取项目、原料战略储备项目、物流中心项目、王老吉植物饮料研发中心项目4个在建项目，建成后将成为全球规模最大、自动化技术水平领先的凉茶原液提取基地。基地投入使用后，将为王老吉在全国范围的灌装生产厂提供原液，预计日提取药材达60吨以上，产值规模约6.5亿元。此外，基地投产后将为梅州提供超过400个工作岗位。后期还将通过采取公司、基地、农户相结合的模式，建设规范化管理的仙草种植基地，推动梅州地区中药材产业化进程，促进当地经济发展。

2. 旅游扶贫

广州市在对口帮扶贵州毕节和黔南的过程中发现，两地自然环境优越，旅游资源丰富，适于发展旅游产业。为此，广州市相关部门采取多项措施加大对两地旅游产业的扶持力度，使之逐步发展成为当地的支柱产业。在相关部门的协调下，南方航空公司从 2017 年 3 月起，增加了广州至毕节、黔南的航次。此外，广州、毕节、黔南三地还共同策划了“百企千团十万老广游毕节、黔南”系列活动，广州首发团于 2016 年 12 月前往毕节、黔南。广州市各方力量通过采取多项措施大力宣传毕节、黔南的旅游资源，推动了广州与毕节、黔南旅游资源的优势互补和旅游行业的合作共赢。据不完全统计，2017 年 1 月至 6 月，广东游客到毕节旅游的人数达到 96.38 万人次，同比增长超过 3 倍，为毕节旅游产业的快速发展注入了新动力。

案例 广州广之旅国际旅行社股份有限公司（以下简称“广之旅”）是华南地区规模最大、实力最强、美誉度最高的旅行社。近年来，广之旅响应号召，充分利用自己的资源优势，积极助力贵州毕节、黔南旅游产业发展。2017 年 4 月 18 日，广之旅首次组织了 200 多名“老广”游客乘坐动车前往贵州毕节百里杜鹃赏花。此外，广之旅在 2017 年先后打造了 4 月杜鹃花海、5 月“海上花开”威宁草海赏花、避暑游、“智趣营”亲子游等一系列主题旅游产品，这些产品在受到广大游客喜爱的同时，也大力宣传了贵州毕节、黔南旅游资源。据统计，2017 年，通过广之旅至贵州毕节旅游的游客人数同比增长 5 倍。据统计，2017 年春节期间，广东游客到贵州毕节、黔南旅游的人数同比分别增长 34% 和 53.3%。

3. 电商扶贫

近年来，广州不断创新扶贫模式，致力于通过“互联网 + 大数据”的电商扶贫模式实现贫困户精准脱贫。例如，广州引入科技人才为黔南州贵定县打造了“领略中国农村电商扶贫大数据中心”。通过在贫困户家门口设置专属二维码，对每个贫困户建立生产数据、消费数据，采用区块链技术打造绿色农产品供应链大数据创新平台。当地每个农户都得以入驻电商平台，各类农产品实现未种先售，线上预订。与此同时，在对口帮扶的一线城市，采用大数据结对，实现了“单位对村寨”“个人对贫困户”的消费扶贫。目前，黔南州贵定县 9374 户 30097 人的贫困信息全部录入平台运作系统，实现扫码就能扶贫。2017 年，“领略中国农村电商扶贫大数据中心”通过平台实现交易 479.6 万元，带动贫困户脱贫增收，有效实现平台与贫困户链接、企业与贫困户链接，以销促产、以销定产。[①]

案例 近两年，电商扶贫在促进贫困群众脱贫和贫困地区发展方面取得了显著成效。作为中国第三大电商平台的唯品会信息科技有限公司（以下简称“唯品会”），积极响应国家电商扶贫的号召，充分发挥自身在运营能力和会员基数等方面的优势，开通了特色电商精准扶贫频道——“唯爱工坊”，通过为贫困生产者的产品提供免费的流量和成熟的电商运营，实现精准扶贫的可持续发展。“唯爱工坊”于 2017 年 5 月底启动，是唯品会独家打造的特色电商扶贫平台，通过发挥电商平台优势汇集社会各界资源，发掘并打造消费者喜爱的优质非遗时尚产品。“唯爱工坊”通过行业联合指导、非遗人才培养、非遗时尚产品打造、电商公益售卖等举措，推动非遗现代生活化、时尚商品化和发展可持续化，并实现对手艺人的帮扶。“唯爱工坊”通过推动产业发展、开展技能培训等多样化方式，以“电商 + 非遗 + 扶贫”的非遗扶贫新经济模式，实现非遗精准扶贫。“唯爱工坊”项目开展以来，已踏访 12 个省份，在全国 6 个省份捐建了 10 家“唯爱 · 妈妈制造合作社”，成功开展 10 期专场，上线 27 种非遗技艺产品，精准对接 14 个国家级贫困县。截至 2018 年底，“唯爱工坊”带来近 1500 万元的劳动收入，直接帮助超过 5000 名贫困妇女增收。

---

① 刘冠南：《“互联网 + 扶贫”路上的广州作为》，《南方日报》2018 年 10 月 18 日，第 GC01 版。

（二）转移就业脱贫

转移就业是促进贫困人口脱贫的重要途径，被称为脱贫攻坚的“金钥匙”。转移就业脱贫主要是从组织开展职业培训和促进转移就业等方面采取措施和行动，以促进贫困人口实现脱贫。转移就业脱贫包括大力开展职业培训、促进稳定就业和转移就业。

在广州市相关部门的组织与号召下，多家爱心企业充分发挥自身优势，积极参与转移就业扶贫。2017 年，广州市人社局联合毕节、黔南人社部门举办了 2017 年“春风行动”暨“广黔劳务协作红棉计划”首场招聘会、“就业扶贫、同步小康”现场 + 网络招聘会、农村劳动力及高校毕业生专场招聘会等活动，广州和毕节、黔南的近 300 家企业参加了这些活动，提供就业岗位超过 2 万个，超过 5000 人达成就业意向，其中各类就业困难人员约 1500 人。2017 年，中国南方人才市场先后在贵州毕节和黔南建立了分市场，来自广州的 10 多家企业计划在 2017 年为两地解决不少于 3000 人的转移就业问题。现在，中国南方人才市场毕节分市场已经挂牌，向当地贫困家庭劳动力提供了广州市 100 多家企业的 3106 个用工岗位。[1]

案例 1 广州江南果菜批发市场经营管理有限公司（以下简称“广州江南市场”）是当前广州市最具规模的果菜批发市场。广州江南市场通过前期考察论证后，于 2016 年底在毕节市赫章县注册成立了新公司，致力于开展马铃薯、菜心、萝卜等农产品的良种培育、基地种植及加工销售等业务，带动当地村民增收脱贫。截至 2017 年，广州江南市场已种植马铃薯 6000 余亩，项目涉及赫章县 5 个乡镇的 13 个村，覆盖贫困户 1700 个，贫困人口 7310 人。在赫章县取得良好成效后，2017 年，广州江南市场持续发力，又在毕节其他 4 个贫困县分别成立公司。2017 年底，广州江南市场在威宁县投资建设的“多品类农产品产业核心种植示范基地”已投

① 广州市协作办公室：《加强穗黔优势互补 聚焦脱贫实现共赢——广州市开展东西部扶贫协作工作的经验和做法》，广东省扶贫信息网，2017 年 7 月 3 日，http：//www.gdfp.gov.cn/gzdt/fpjb/201707/t20170703_ 849934.htm。

产，当季试种菜心、萝卜等30多个品种，效果非常好，进一步坚定了企业在毕节大规模种植高山冷凉蔬菜的信心。此外，为推动当地物流运输行业的发展，广州江南市场计划在毕节建立“中央大厨房”西南地区物流配送中心，计划投资1亿元，建成后预计可带动约1万人实现转移就业脱贫。

案例2 广州港集团有限公司（以下简称“广州港集团”）高度重视并积极推进精准扶贫工作。经过多次深入调研，广州港集团于2017年与贵州毕节职业技术学院签订合作协议，成立毕节职业技术学院“广州港集团班”，通过充分发挥自身资源和技术优势，以及将劳务就业和教育帮扶相结合的方式，有效推进帮扶工作的实施。“广州港集团班”是广州和毕节两地在校企合作方面的一次重要尝试，专门致力于面向港口培养实用型技能人才。进入该班级的学生学习期间可享受学费减免、生活补助等扶贫政策，此外，广州港集团还设立专门的奖学金，用于奖励和资助表现优异的学生。按照相关培养计划，学生前两年在毕节职业技术学院进行理论学习，第三年到广州港技工学校进行实操培训，如果毕业后考核合格，则由广州港集团优先招聘到港口就业。2017年10月，“广州港集团班”正式开班，班上56名学生全部来自毕节各县（区）的贫困家庭，并且均已通过广州港集团对港口大型机械司机任职身体条件的测评。

（三）教育扶贫

扶贫必扶智，教育扶贫是脱贫攻坚治本之策。教育扶贫以提高贫困人口基本文化素质和贫困家庭劳动力技能为主抓手，瞄准教育最薄弱领域，阻断贫困的代际传递。教育扶贫包含多种方式，如提升基础教育水平、降低贫困家庭就学负担、加快发展职业教育、提高高等教育服务能力。

案例1 自2011年起，李锦记结合自身酱料业务，融合企业“发扬中华优秀饮食文化”使命，启动李锦记希望厨师项目，资助处于困境中并热爱中餐烹饪的青年学习烹饪技能。李锦记希望厨师项目全额资助有志青年进入国家正规职业高中进行中餐烹饪专业学习，此外还为学生发放生活补助和寒暑假往返交通补贴。除资助学生学习外，李锦记还为学生融入学习和生活提供持续的关爱，如联合学校组织各种课外活动，针对学生的种种心理不适进行心理疏导等。同时，李锦记还利用自身优势资源培育希望厨师的综合素质，积极组织学生参加各类餐饮活动，为其提供登台展示技能的机会，针对已经毕业的学生开展李锦记希望厨师俱乐部活动等。李锦记希望厨师项目聚焦初中毕业适龄困难青年群体，开展“精准扶贫”工作，至2017年7月已有贵州、甘肃、四川、云南、陕西、广西、内蒙古等18个省份的超过440名热爱中餐烹饪的青年从中受益。从2017年下半年开始，李锦记继续在全国资助100名符合条件的有志青年圆厨师梦，入读北京和成都希望厨师班。

案例2 广州立白企业集团有限公司（以下简称“立白集团”）是国内日化龙头企业，总部位于广州市。作为一家具有社会责任感的民营企业，立白集团除长期致力于扶困助学、关爱留守儿童、关心弱势群体等公益事业外，还响应国家的号召，积极参与到扶贫开发工作中。2010年至2017年，立白集团连续8年支持“广东扶贫济困日”活动，累计捐款7600万元。近年来，立白集团在改善偏远地区儿童的教育环境方面持续投入。2010年至2015年，立白集团相继为偏远地区儿童教育事业投入了超过1亿元。除了直接的资金捐助，立白集团还支持员工志愿者多次深入广西、四川、贵州等偏远地区的贫困学校，为当地的孩子们解决学习中的困难。从2011年9月起，立白集团连续多年在广西南宁、柳州、桂林、玉林等14个地级市的边远地区开展爱心助学活动。针对每所学校的不同需求，立白集团的员工志愿者们为孩子们提供各项帮助，如打井、修葺教室、建立图书馆、捐赠课桌椅和书籍文具、提供助学基金等。由于连续多年在广西开展助学活动，立白集团积累了丰富的项目经验，近两年更是将教育扶贫延伸到广东、四川等偏远地区的学校。除鼓励志愿者到贫困地区开展爱心助学活动外，立白集团还携手广东省教育基金会完善偏远地区学校的硬件设施建设，为其建造爱心图书室，现已为揭阳市40所偏远地区小学捐赠了“立白爱心图书室”。

（四）健康扶贫

疾病导致贫穷，贫穷加剧疾病，如此形成了疾病和贫穷的恶性循环，严重阻碍了贫困群众的脱贫和贫困地区的发展。统计数据显示，目前我国7000多万贫困群众中，“因病致贫、因病返贫”的占比超过40%，涉及1200多万个家庭。[①] 因此，健康扶贫是打赢脱贫攻坚战的重要保障。健康扶贫主要包括提升医疗卫生服务能力、提高医疗保障水平、加强疾病预防控制和公共卫生。

案例1 2017年，为救助贫困肿瘤患者，广东省扶贫办、广东省红十字会、广州复大肿瘤医院联合开展的“关爱肿瘤患者”项目落地廉江市，廉江市成为该项目首批重点帮扶地区。据了解，广州复大肿瘤医院在广东省红十字会设立复大博爱基金，计划三年内捐资1000万元用于开展贫困癌症患者救助工作。该项目将以清远英德、揭阳揭西、湛江廉江、梅州兴宁等经济欠发达地区为重点，并为相对贫困人口建档立卡。

案例2 广州金域医学检验集团股份有限公司（以下简称“金域医学”）总部位于广州国际生物岛，主要从事第三方医学检验及病理诊断业务，即向各类医疗机构提供医学检验及病理诊断外包服务。近年来，金域医学依托自身在医疗健康产业方面的技术、资源、平台及网络优势，通过提供多种专业化服务，以促进“健康中国”建设、医疗资源均等化为立足点，围绕健康扶贫领域，不断加大精准扶贫投入，积极有序开展扶贫工作。2017年，金域医学精准扶贫投入达592.62万元。金域医学将服务网络进一步延伸至县乡、社区，为基层医疗机构提供具有国际水平的医学检验技术和服务。截至2017年12月31日，金域医学已在所有西部省份开展了医疗检验和病理诊断外包服务，实现了绝大部分基层地区的网络服务覆盖。2017年，金域医学在全国34个贫困县投入511.75万元设立合作共建医学实验室，重

---

① 《广州中医药大学赴英德龙华村开展医疗精准扶贫调研活动》，清远市扶贫信息网，2018年8月6日，http://www.gdqy.gov.cn/qyfpb/fpdt/201808/3e4429631e004226806b7d9bd535b397.shtml。

点在医学实验室标准化管理、检验和病理人员专业技术水平、检验和病理诊断服务等方面进行精准帮扶，切实让高端医学检验和病理诊断资源惠及贫困地区人群，助力健康中国和人民健康事业顺利推进。此外，金域医学每年开展数千场面向基层医疗机构临床、检验和病理专业人员的学术交流和技术培训，其中近三成来自西部省份及贫困地区的基层医疗机构。这在一定程度上，为国家分级诊疗战略的实施，在人才储备上做了积极的努力。

（五）生态保护扶贫

生态保护扶贫是指处理好生态保护与扶贫开发的关系，加强贫困地区生态环境保护与治理修复，提升贫困地区可持续发展能力。通过逐步加大对贫困地区和贫困人口的生态保护补偿，使贫困人口通过参与生态保护实现就业脱贫。生态保护扶贫包括加大生态保护修复力度、建立健全生态保护补偿机制。

案例　近年来，随着经济的发展和国民环境意识的提高，生态环境保护已经成为全社会关注的议题，广州企业也不例外。其中，广汽集团的多个投资企业，如广汽乘用车、广汽本田、广汽丰田等开展了多种多样的自然环境保护志愿活动。三江源是我国生物多样性保护优先区之一。早在 2016 年，广汽乘用车就与三江源国家公园管理局、世界自然基金会（WWF）签署了战略合作框架协议，加入我国首个国家公园建设计划，成为中国首个参与国家公园建设的社会化企业。2017 年，广汽乘用车又发起了“保护三江源，共建国家公园——广汽传祺‘护源有我’湿地使者行动”，通过提供广汽传祺产品作为项目及巡护用车，并先后分批组织员工志愿者、供应商志愿者和媒体志愿者奔赴三江源保护区，进行野外观察、环境保护教育、捐赠巡护物资等志愿服务工作，从源头实地践行守护使命。

多年来，广汽本田积极参与内蒙古植树活动，2017 年已是其第十年参与内蒙古植树活动。参与活动十年来，广汽本田联合 Honda 在华关联企业在内蒙古兴和县进行植树活动，绿化面积累计达 1.45 万亩，每年可减少 2000 多吨碳排放，显著改善了当地的生态环境。十年的坚持，体现了其改善当地生态环境的决心。广汽本田希望通过自身行动呼吁社会各界共同铸造绿色未来，最终实现“让孩子的天空更蔚蓝”的企业环保愿景。

2017 年，广汽丰田正式启动“云南云龙自然保护项目”，项目内容涵盖多重效益森林恢复、科研监测、社区发展及自然教育四大领域。同时，广汽丰田以“自然教育”为重点，首创“自然情景学堂”模式，面向公众开展环保读书会、环保分享会等活动，通过阅读、思想分享等方式，搭建起连接公众与自然的桥梁，让更多人了解自然、关注环保，共同促进人与自然和谐共处。

（六）兜底保障

兜底保障是指对农村低保、特困人员实施救助供养，并为农村“三留守”人员和残疾人提供关爱服务。兜底保障包括健全社会救助体系、逐步提高贫困地区基本养老保障水平、健全“三留守”人员和残疾人关爱服务体系。

案例 1　“广发希望慈善基金”由广发银行与中国青少年发展基金会共同成立，长期关注贫困儿童的健康和教育问题。自基金成立至 2017 年 12 月，广发希望慈善基金累积捐赠金额近 6000 万元，其中直接为超过 1.5 万名寒门学子提供了助学金，其捐助建设的快乐亲情屋、希望厨房、电子图书室等项目改善了超过 15 万名学生的学习和生活条件。广发希望慈善基金长期关注留守儿童的身心健康发展，推出的“广发快乐亲情屋”项目，为留守儿童送去了图书、预装教学视频电脑设备，特制的多媒体教室可以让留守儿童与在外地的父母进行视频通话。截至 2017 年 12 月，该项目已在甘肃、辽宁、云南、陕西、湖南等省建成 70 间亲情屋，帮助 5000 多名留守儿童实现与父母视频通话的愿望，在留守儿童和父母之间搭起沟通的桥梁。此外，广发希望慈善基金还致力于改善贫困地区儿童的饮食条件，于 2010 年启动了“希望厨房”项目，为山区贫困学校配置标准化厨房，每个希望厨房都配套了和面机、蒸饭车、消毒柜等设备。该项目启动至今，共建成 400 多间希望厨房，每间希望厨房可解决 300 名儿童的吃饭问题，随着该项目的持续建设，越来越多的贫困儿童感受到家一样的温暖。

案例 2 2012 年，广州市荔湾区萤火虫社会工作服务中心登记成立，致力于为社区困难学生、山区留守儿童以及山区学校提供援助服务，并于 2014 年开始在广州市增城区派潭镇七境村实施“红种子的力量——城乡困难群体互助帮扶计划”（以下简称“红种子城乡互助计划”）项目。红种子城乡互助计划项目通过建设萤火虫慈善农园、“幸福小屋”留守儿童教育基地和长者饭堂，让七境村的贫困农户、留守儿童和留守老人三个群体受益。其中，萤火虫慈善农园主要用于帮扶七境村村民，通过向困难农户租用土地为其提供稳定的租金收入，并为有劳动能力的农民提供工作岗位让其通过劳动获得报酬等，当前，已有超过 70 位村民从中获益。“幸福小屋”留守儿童教育基地以爱国主义教育展览基地为依托，广泛动员社会资源和义工力量，组织暑期支教活动，促进乡村留守儿童及其家庭的服务和教育，积极营造农村社区生态文明。长者饭堂致力于解决七境村空巢老人的一日三餐问题，为独居老人提供免费午餐。作为广州首个农村长者饭堂，七境村长者饭堂于 2017 年 3 月正式试运营，每周一至周五为老人提供两肉一菜一汤的免费午餐，至今已有 33 位高龄独居老人直接获益。红种子城乡互助计划项目的负责人表示，今后将更注重构建城乡互动互助平台，实现持续性帮扶，探索出一条社会组织参与农村扶贫的新路子。

四　广州社会力量参与精准扶贫的经验总结

综上所述，广州市社会力量在参与精准扶贫的工作中积累了丰富的经验，并取得了良好的脱贫效果。对广州市社会力量参与精准扶贫工作进行经验总结可以发现，与其他地区相比，广州在以下三个方面具有独特的优势。

第一，广州市社会力量广泛参与到精准扶贫工作中。例如，在 2017 年度广州慈善榜中共有 302 家单位上榜；在 2017 年广东扶贫济困日活动暨深化“羊城慈善为民”行动启动仪式当天，有超过 180 名爱心企业代表捐款；

2017 年，在广州市各级政府部门引导下，共有 135 家企业到广州对口帮扶地进行项目投资；2017 年，广州市成立创建全国“慈善之城”联盟，首批成员单位 144 家，涵盖企业、慈善组织、行业协会商会、学校、媒体等。这些数据都说明，广州市企业、社会组织、爱心市民等社会力量在精准扶贫工作中的广泛参与，这是与广州市具有良好的慈善文化底蕴以及广州市相关部门的积极鼓励和引导分不开的。

第二，广州市社会力量在精准扶贫方面的投入持续增长。从扶贫物资的投入来看，自 2010 年设立“广东扶贫济困日”以来，广州市各方力量捐赠扶贫款物的年度总额逐年递增，到 2017 年捐赠款物达 5. 45 亿元。从扶贫资源的投入来看，广州的企业和社会组织逐步抛弃以往的给钱给物的简单模式，开始针对贫困地区的优势和资源特色，以及贫困家庭的致贫特点等制定综合、有效的扶贫方案，这种深度参与需要投入更多的人力、资金、技术等资源。

第三，广州市社会力量参与精准扶贫的模式多样化。近年来，广州市社会力量结合自身的资源优势以及贫困地区的致贫原因，持续探索和创新扶贫模式，取得了良好的脱贫效果。例如，同样是农林产业脱贫，天农公司和王老吉选择了截然不同的扶贫模式，天农公司通过“公司 + 家庭农场”的养殖合作模式带动农民增收致富，而王老吉则是通过在梅州建设原液提取基地带动当地的经济发展，这两种扶贫模式均效果显著。因此，多样化的扶贫模式可以为贫困户和贫困地区提供更多的脱贫选择，有利于从根本上解决贫困地区的贫困问题。

当前，我国脱贫攻坚任务依然艰巨繁重，截至 2017 年底，我国贫困人口仍有 3046 万人。从剩余贫困人口的构成上看，很多是残疾人、孤寡老人、长期患病者等特殊贫困群体以及教育文化水平低、缺乏技能、内生动力不足的贫困群众，脱贫攻坚面临的挑战仍然十分严峻。因此，广州市社会力量应当在广州市相关部门的组织下，保持当前的工作优势，持续加大精准扶贫参与力度，探索切实解决贫困地区贫困问题的模式，并总结模式和经验向深度贫困地区推广，为打赢脱贫攻坚战贡献力量！

五 结语

当前，政府、企业、社会组织三方扶贫力量虽在各自的轨道上做出了难能可贵的努力，但在宏观层面上，三方力量仍未能产生足够的化学反应，我国的扶贫攻坚事业仍有提升的空间。现代的扶贫事业，承载着“为天地立心，为生民立命”的使命，我们期待看到，政府与社会力量联动能为这项事业注入新的活力，带来新的可能。

B.7
广州公益传播的年度观察

黎宇琳　蓝广雨*

摘　要： 2017年，广州公益慈善传播的生态从“分散发声期”向“平台构建期”过渡，此前主要依靠“草根”力量、传播力度弱、范围窄、随机性强的状况发生了明显转变，如今“政府搭台，民间唱戏，联合发声”的格局逐渐形成。本文通过对2017年北京路上演公益慈善嘉年华、“长者饭堂”H5刷屏羊城、《善城》杂志的创刊等广州公益传播重要事件的梳理，试图展现2017年广州公益慈善行业从业界走向普通市民、从线下到线上、从零散传播到集中输出的转变轨迹，浅析当前移动互联网发展以及政策与社会环境对公益传播产生的巨大革新与深刻影响。这种影响尤其体现在，2017年广州公益慈善行业开始有了一个“主轴”——创建“慈善之城”。

关键词： 公益传播　广州慈善　传播方式

2017年，是《中华人民共和国慈善法》（以下简称《慈善法》）实施的第一个完整的年份，也是公益传播发展进入一个全新阶段的一年。于广州而言，2017年是有转折意义的一年，因为在这一年，广州提出创建全国“慈善之城”，计划用四年的时间，把广州建设成为引领国内慈善事业，并在国

* 黎宇琳，“公益资本论”创始人，《善城》杂志执行主编；蓝广雨，“公益资本论”首席记者。

际上有重要影响力的“慈善之城”。这样的全局性安排为广州公益慈善生态带来了深远的影响与多方面的变化，广州公益传播的生态从“分散发声期”向“平台构建期”过渡，此前主要依靠“草根”力量，传播力度弱、范围窄、随机性强的状况发生了明显转变，如今“政府搭台，民间唱戏，联合发声”的格局逐渐形成。

具体来说可分为以下几个方面。第一，在线下方面，面向普通市民的大型公益慈善活动明显增多。比如 2017 年 7 月在北京路商业步行街举行的公益慈善嘉年华活动、2017 年 9 月的“乐善骑”广京慈善行活动、2017 年 12 月《财富》全球论坛中 1263 名志愿者的行动等。第二，在线上方面，基于“联合劝募”理念，活用新媒体工具联合造势的网络宣传策划明显增多。比如 2017 年 10 月，一款名为《父母老了，每天一顿热饭，交给我们》的创意 H5 页面在广州市民的朋友圈中“刷屏”；2017 年 9 月，多家机构在“9・9”公益日前夕发起“全城义转”。第三，传播的内容升级，渠道拓宽。比如，2017 年 3 月，《善城》杂志创刊，微信公众号同步上线；2017 年，《信息时报》力推“一个故事温暖一座城”活动，联合大批媒体为公益机构做宣传。

随着传播资源层级的大幅提升，传播形式、内容、渠道不断丰富与升级，有一些传统的劝募方式正在瓦解，也有一些传统的劝募方式得到发展，公益传播是整个公益生态发生转变的结果，这种结果也反过来刺激着生态的再一步进化，传播环境与传播方式的转变倒逼各家公益机构、各个公益行动走向领域细分化和专业化，并重新思考自身在新生态中的位置。本文通过对 2017 年广州公益传播重要事件的梳理，试图展现 2017 年广州公益慈善行业的转变轨迹，并浅析当前移动互联网发展以及政策与社会环境对公益传播产生的巨大革新与深刻影响。

一　大型线下公益慈善活动增多，公益慈善走向普通市民

慈善事业虽在广州有悠久的传统，但现代公益理念的兴起，也不过是最

近10年间的事情。广州公益事业发展的节奏与全国基本同步，受2008年汶川地震的启蒙，在这10年间，许多民间公益组织自发地成长起来。但不同于全国的情况是，广州虽为一线城市，却是一个有市民社会传统和“草根”气质的城市，不同于北京、上海、深圳，广州本土的公益行动者在起步时并无太多背景，也缺乏可供运作的资本，不少本土机构在经济上颇有些捉襟见肘，专职人员不多，传播经费紧张，无力举办大型宣传活动，即使有，也以成本较低的线上动员为主。广州的公益氛围在全国难得一见，但这种浓厚的氛围，多存在于公益圈，普通市民对其主张知之甚少，谈不上有多深厚的“群众基础”。2017年，这一情况开始发生转变。随着《慈善法》的全面实施，广州市政府将创建“慈善之城”写进政府工作报告，公益慈善的理念正式成为主流，资源、渠道、关注度也随之水涨船高。我们观察到，大型线下公益慈善活动明显增多了。

（一）北京路上演慈善嘉年华

2017年7月22日至23日，广州最繁华的商业步行街——北京路，成了“慈善一条街”，第二届北京路公益慈善嘉年华活动举行，多家公益组织在繁华的商业街摆摊义卖，并发动沿街企业和商铺通过慈善促销以及爱心捐赠来支持慈善事业，将慈善与商业有机结合，让公益慈善更多地走进市民经济生活。

北京路公益慈善嘉年华活动由政府搭台，民间慈善唱戏。在公益慈善嘉年华活动现场，除了北京路的商铺和企业外，还有20多家广州本土的主流公益组织现场摆摊进行展示和义卖。致力于救助重症儿童的广州市海珠区碧心公益服务中心是其中一家，他们在北京路核心区摆摊义卖，为机构宣传筹款，为重症患者筹款。其间，他们义卖手工艺品筹得了1000多元善款，机构官微也新增200多名粉丝，总干事觉得大有收获，因为“微信平时的增长都是个位数”。

北京路一带是广州老城区的中心，有珠三角腹地最活跃的商业氛围。据统计，北京路商业步行街日均人流量达到50万人次。公益慈善嘉年华活动期间，商家和市民的捐款，主要流向北京路慈善基金，这是广州市慈善会旗下的一只专项基金，于活动首日揭牌成立，两天内获得了北京路沿线企业、商家、机构和市民的近30万元捐款。

（二）“乐善骑”的行动传播

2017年9月，一支爱心骑行队从广州出发，骑行到北京，沿途宣传“善城广州”和“做快乐善良骑行人”的理念。骑行队由广州本土知名公益人王卫带领，他们于9月5日从广州塔出发，途经长沙、武汉、郑州、石家庄，除了传播广州慈善理念外，还借助广益联募平台联合当地慈善组织对儿童救助与服务类项目进行众筹，让更多需要帮助的人得到帮助。

广京慈善行是“乐善骑”的一个重要组成部分。“乐善骑”活动已经举办至第四年，往届的“乐善骑”，突出儿童救助服务主题，为广州市慈善会“爱蕾行动”困境儿童专项救助筹款。广州市慈善会设立了“乐善骑”基金，所有活动所筹款项均将进入“乐善骑”基金。在9月3日骑行结束后，参与“乐善骑”活动的公益机构可以在广益联募平台发布儿童救助精准服务项目，进行为期3个月的筹款，在此期间，公益组织可广泛发动社会大众在线捐款。

事实上，最近几年运动慈善在广州开始流行，并逐渐形成了广马慈善、“阅动羊城”大型公益徒步以及“乐善骑”等运动慈善品牌。广州市慈善会相关负责人表示，慈善加运动，不仅能够传播慈善文化，还能倡导公众以运动的方式，身体力行参与公益，并鼓励身边的亲朋好友关注和支持公益，以期营造人人参与的慈善氛围。

（三）《财富》全球论坛中的广州志愿行动

2017年12月初举行的《财富》全球论坛中，1263名广州志愿者参与了志愿服务。这些志愿者被称作“小青穗”，提供了会务与礼宾、新闻宣传、商务服务、酒店与参观、交通保障、安全保障等服务。据统计，12月4

日至8日，志愿者累计上岗达3350人次①，让中外嘉宾感受到了广州的志愿服务。

广州是一座“志愿之城”，市民热心参与志愿服务。自1987年建立“中学生心声热线”至今，广州志愿服务的发展历程已达30余年，在春运、花市、广州马拉松、广交会等民生与经济活动中常常能见到广州志愿者的身影。

目前，广州正在推动志愿服务队伍专业化、项目多元化、阵地规范化、经验理论化。有专家认为，借助《财富》全球论坛的契机，广州志愿者得以学习和了解国际志愿服务经验，有助于提升专业水平。与此同时，借鉴《财富》全球论坛的筹备经验，广州志愿组织可以举办国际志愿服务交流与论坛活动，扩大广州志愿服务的影响力。

二　移动互联网下传播创新与联合劝募

早在2011年微博兴起之际，人们就在热议移动互联网对市民行为的深层次影响，以及公益慈善应如何赶上这趟快车。时隔7年，人们仍在讨论如何更好地利用移动互联网推广公益理念，但已跟当年处于完全不同的深度。如今，无论是单纯使用微信、微博或是其他新兴的社交媒体工具，在传播中总有力不从心之感。移动互联网兴起之时的一条简单的募捐信息就能带来大量关注的情况有了根本性转变，网络“流量”的格局已经完全不一样了。大约在2016年之后，人们发觉新注册的社交媒体号逐渐难以获得期待的流量，若无特殊事件，粉丝的增长极为缓慢。在公益慈善领域，则表现为小机构难以通过网络募集更多的善款，起步早、底蕴厚的大机构呈现“赢者通吃”的态势。在这一背景下，广州公益慈善领域出现了两个传播趋势：一是革新传播方式，效法商业公司活用新媒体营销；二是联合劝募。联合劝募

① 符畅：《“小青穗”“小蛮腰”热情服务〈财富〉全球论坛，展现广州志愿者风采》，金羊网，2017年12月10日，http://news.ycwb.com/2017-12/10/content_25771810.htm。

的理念在更早时便已出现，但在易于获得“流量”时期，各家机构联手的意愿不强，在进入移动互联网时代之后，合作共赢的案例才开始更多地出现。

（一）“长者饭堂”H5刷屏羊城

2017 年 10 月底，一款名为《父母老了，每天一顿热饭，交给我们》的创意 H5 页面在广州市民的朋友圈中“刷屏”。这是由广州市慈善会策划的“长者饭堂——微微一‘孝’暖羊城”主题活动，吸引了近 1 万人次参与，为长者饭堂筹集善款近 10 万元。

该活动通过“网民任意捐款 + 广州市慈善会配捐”的形式，在广州市内的 11 个长者饭堂为老人们送上平均标准为 8 元的爱心午餐，符合条件的老人预约名额后即可在 11 个长者饭堂免费享有一周的爱心午餐。通过 H5 页面进入募捐平台后，网友可以为老人的爱心午餐“买单”，捐款额从 1 分到 5 元不等，额度大小由平台随机分配，每一份午餐的剩余费用则由广州市慈善会配捐，以市民的“一分”关爱激活爱心池配捐。

一分钱也能做公益，因而该 H5 页面引发了不少市民的共鸣，他们纷纷慷慨解囊，在广州市慈善会运营的广益联募平台上，捐款记录显示不少爱心人士为项目捐赠了 50 元、100 元、500 元不等的善款。在移动互联网时代下，这一创意 H5 页面通过微信朋友圈这一渠道，借助社群动员聚合了更多力量，提高了公益项目的资源动员能力，有效地发挥了社会关系网络中强大的人际传播能力，带来捐助人数的增长，并通过配捐的形式撬动了更多市民的参与。

（二）“全城义转”迎战“9·9”公益日

2017 年 9 月 5 日，“全城义转”“9·9”公益日联合劝募新闻发布会在广州塔举行，近百名公益组织、媒体和企业的代表倡导公众和企业在 9 月 7 日至 9 日参与“全城义转”，以个人或团队名义发起“一起捐”，为公益组织发声，吸引市民参与捐款。

“全城义转”由近30家机构和媒体联合发起，包括广州社会组织学院、爱德基金会和腾讯大粤网等，活动通过开展公益筹资培训、倡导更换“全城义转”微信专属爱心头像并发起“一起捐”、链接行业商会和爱心企业进行配捐，帮助广州30个公益项目在“9·9”公益日期间筹集更多捐款。①

过去几年，广州先后出现“全城义剪”“全城义载”等项目。“全城义转”发起方负责人表示，公益组织参与联合劝募抱团发声，一方面更容易叠加彼此的公信力和影响力，另一方面有助于为公众增加认识公益、参与公益的渠道，拉近公众与公益机构的距离，帮助公益项目更好地筹款。

三　传播内容升级，渠道拓宽，广州理念对外输出

由于缺钱缺人，广州“草根”公益机构在传播过程中往往没有专业力量介入，不少机构的传播负责人并非专职，或由项目负责人兼任，或由副秘书长、副总干事操持，其传播内容缺少打磨，投放渠道偏窄，创意策划不足。口碑好、底蕴厚的公益机构，尚可以借助广州本土媒体众多的独特资源获得传播机会，而大部分草根机构在传播上只能勉力而为。因此，2010年至2016年，广州公益慈善事业事实上处于行动力强、传播力弱，机构活跃度高、区域品牌存在感低的情况。但在进入2017年后，这种情况有了明显改观，《善城》的创刊，使得广州公益慈善事业又有了一个新的宣传阵地，同时各家媒体与公益慈善的探索也逐渐深入，有了更具影响力的策划。

（一）《善城》杂志的创刊

2017年初，广州发布创建“慈善之城”的行动方案，提出要出版一本慈善刊物，见证并记录广州公益慈善的发展历程。《善城》杂志应运而生，

① 《今天，我们一起在广州塔换“全城义转”头像》，CSR环球网，2017年9月7日，http：//www.csrworld.cn/article-6585-1.html。

以“城市慈善的引领者”为定位，每季度出版一期，梳理公益慈善领域发生的重大事件，成为广州公益慈善事业的一个重要宣传阵地。

2017 年 3 月，创刊号系统梳理广州如何创建“慈善之城”；6 月，在广东扶贫济困日来临之际，重点关注政府与社会如何合作推动精准扶贫；9 月，全面展示广州如何借助公益慈善嘉年华活动打造“商都善城”；12 月，梳理年度十大公益事件，对广州公益慈善事业进行系统而全面的观察。《善城》杂志持续推出优质的报道内容，被人民网、新华公益、《公益时报》等国内媒体转载，向全国展示广州在公益慈善领域的探索和思考。

中国慈善联合会时任副会长兼秘书长王爱平认为，《善城》杂志是广州慈善事业重要的信息窗口、历史承载和传播平台，“希望广州以此为根据地，激发全国城市慈善事业的热情与活力”。①

（二）“一个故事温暖一座城”

2017 年元旦，“一个故事温暖一座城”广州公益创意市集在维多利广场举行，现场设置了公益市集和公益拍卖等环节，让公益组织现场摆摊向爱心市民和爱心企业进行义卖、义拍，当日所筹善款将全部用来支持“母乳爱·让世界听到爱”公益项目。

“一个故事温暖一座城”由广州市慈善会、阿里巴巴天天正能量、《信息时报》社、中央人民广播电台华夏之声《公益华夏》、广东广播电视台新闻广播《大爱有声公益中国》、广东广播电视台南方卫视《人间真情》联合多家媒体于 2016 年 9 月发起，希望通过媒体定期报道公益组织的故事，让更多市民了解广州的公益组织，继而支持公益、参与公益。

该活动每月举行一次，遴选一家公益组织作为宣传对象，为其品牌项目举办落地活动，多家发起媒体则挖掘公益组织背后的故事，并进行同步报道和宣传。2017 年，该活动先后为“母乳爱”“绿芽”“满天星”“一公斤盒子”等 13 家公益组织进行了宣传报道。

① 王爱平：《布局慈善之城，广州正当其时》，《善城》2017 年第 1 期，第 3 页。

据统计，“一个故事温暖一座城”已举办超19场线下活动，线上线下吸引1200多万人次参与，150万人次观看直播，阅读传播率超900万人次。

四 联合传播、共建品牌，集合影响力

广州慈善组织目前有三大不足：资源不足、能力不足和影响力不足。这三个不足互为因果，但影响力不足是最致命的。更重要的是，广州慈善组织正是因为影响力不足，满足不了企业和捐赠者的需求，得不到资源方的关注与配合，所以才吸引不到更多的资源。

想要打破这一局面，广州需要在各个方面、各个维度把稀缺的影响力集合起来、组织起来。国际上有个比较学术化的名称，叫“集合影响力”（collective impact）。

关于“集合影响力”，国务院参事、友成基金会副理事长汤敏有个通俗的解释——公益新木桶理论。与传统木桶理论把一个机构或个人看成一个木桶不一样，公益新木桶理论把每一个公益机构看成一块木板。这是因为单个公益机构的资源和能力有限，与想解决的问题相比不是一个数量级的，也就是说，靠哪一块单独的木板都盛不了水。然而，如果把这么多一块一块的公益木板有机地组合起来，就有可能成为一只能够盛水的新木桶。

“集合影响力”强调每个公益机构都应该把自己的最强项拿出去跟别的机构合作，大家把自己最长的那块板拿出来拼成一个大木桶。简单来说，公益机构只有联合起来，才能干大事。

如何把“集合影响力”的理念应用到广州的公益传播中呢？笔者认为可以从以下几点着手。一是策划大规模、跨行业、跨部门的大型事件。比如说，广州市慈善会牵头的“北京路公益慈善嘉年华”就是一次不错的试验，在这个事件中，不仅数量众多的公益组织可以在同一时段对同一品牌进行传播上的发力，也易于联动包括媒体、街道办、北京路商家等各种社会资源。二是只有在一个或几个平台型、枢纽型机构的精心协调下，原本属性不同的木板才有可能被组装成一个木桶，这一点非常重要。三是做基于理念认同的

顶层设计，项目设计要有足够的包容性，能兼顾各方利益。要做到这一点，需要协调者更多从公益慈善的客观基本伦理出发考虑问题。根据以往的经验，居高临下“运动式”的动员效果往往不尽如人意。

五　结语

回顾2017年，总体而言，广州公益传播的发展令人印象深刻。广州公益行业有了一个发展的“主轴”——创建“慈善之城”。特别值得记录的是，公益慈善的基本理念从边缘群体、小众群体走向了广大市民，面对互联网创新以及市民的消费升级，广州的公益慈善事业并未落后，而是紧跟时代的发展坚定前行。“指尖公益”“市民公益”开始逐渐摆脱传统意义上的捐钱捐物，开始结合人的日常行动，成了一种新的生活方式。这是最好的时代，如何让新注入的慈善资源、传播资源成为撬动更多社会资源的杠杆，如何在有“强中心”“指挥棒”的情况下保持民间组织的活力，需要广州公益慈善领域的从业者们去探索一条前人未曾走过的道路。无论政策如何变化、技术如何革新，“让广州变得更好”应是广州公益传播秉持不变的主旋律。

专 题 篇

Thematic Reports

B.8
新时代公益慈善组织党建引领与服务创新

郑佳斯*

摘 要： 改革开放以来，作为联结国家与社会的“第三种力量”，以公益慈善组织为代表的社会组织发展迅速，影响力日益扩大，成为社会治理的重要主体。在这种背景下，加强对公益慈善组织的规范指导，激发其发挥积极作用，强化公益慈善组织党建工作成为新时代的新要求和新任务。作为广东省的省会，广州市近年来对公益慈善组织党建工作的投入令人瞩目，包括实施“六个一”工程，即建立一套基础台账、抓住一个“牛鼻子”、设立一所党校、开展一项试点工作、完善一项作用发挥机制和强化一系列督促检查。广

* 郑佳斯，中共广东省委党校（广东行政学院）副教授。

州市在公益慈善组织党建方面积累了丰富的经验，探索出了一条符合本土实际的“1+N+X”的党建管理体系，切实为公益慈善组织党建工作提供了政治保障、组织保障、资源保障和动力保障等，实现了党建工作的常态化和制度化。下一步，广州市的公益慈善组织要继续丰富党建活动，探索多层面、多渠道的党建资源保障机制，建立工作经验交流的长效机制，加强公益慈善组织党建工作理论和实务研究。

关键词： 广州　公益慈善组织　党建

一　引言

改革开放40年来，中国逐渐由原来的“总体性社会”① 向分化性社会转变，在“后单位体制”下，社会服务的供给主体开始由原来的单位组织向社会组织转移。作为一种联结国家与社会的新制度性机制，社会组织应运而生。尤其是随着经济的发展和社会的进步，公益慈善组织呈现蓬勃发展的繁荣景象。《中华人民共和国慈善法》对慈善组织的定义是“依法成立、符合本法规定，以面向社会开展慈善活动为宗旨的非营利性组织，慈善组织可以采取基金会、社会团体、社会服务机构等组织形式”。② 作为联结国家与社会的“第三种力量”，以公益慈善组织为代表的社会组织在国民经济社会生活中扮演越来越重要的角色，影响力日益扩大。根据《广州市社会组织发展报告（2017）》，截至2017年12月底，广州市共登记注册社会组织

① 孙立平：《转型与断裂：改革以来中国社会结构的变迁》，清华大学出版社，2004，第1页。

② 公益慈善组织属于社会组织的范畴，目前在政策文件和官方的统计口径上一般以“社会组织”为准，因而本文的论述主要以“社会组织”为准。

7594家，其中社会团体3016家、民办非企业单位4536家、基金会42家。2012年以来，广州市社会组织保持稳步增长态势，数量年均增长9.7%。[①]以公益慈善组织为代表的社会组织数量的急剧增长，在为政府治理提供能力补充的同时，也给政府治理体系带来了一定的挑战。在实践中，各类公益慈善组织领域分布广、类型多、组织架构不一、发展状况参差不齐，呈现“多、小、散、杂”的现象，难以充分发挥作用，甚至有部分公益慈善组织存在运营乱象，产生负面作用。因而，要打造新时代共建共治共享的社会治理格局，需要加强对公益慈善组织的规范引导，激励其发挥积极作用，而公益慈善组织党建成为不可或缺的工作重心。正如习近平总书记所言：“社会组织面大量广，加强社会组织党的建设十分重要。”公益慈善组织是党的基层组织建设的重要领域，也是新兴领域和薄弱领域。加强公益慈善组织的党建工作具有重要现实意义。一方面，公益慈善组织种类繁多，由于各类组织水平参差不齐，容易在方向上有所迷失，党建是引导其朝着正确方向健康发展的关键途径。加强公益慈善组织党建工作，有助于推动其积极参与公共服务、社会治理和社会事业等领域的工作，促进公益慈善组织在国家治理体系和治理能力现代化进程中更好地发挥作用。另一方面，公益慈善组织覆盖范围和覆盖人群广泛，是新形势下党和政府联系服务群众的重要载体，因而加强公益慈善组织党建工作，也有利于扩大党的群众基础，夯实党的执政基础。

关于如何对公益慈善组织进行有效的规范管理以及如何做好党建工作，中央的政策文件早已予以充分的关注。2012年，中共十八大提出，要“加大非公有制经济组织、社会组织党建工作力度”。2015年底，中共中央办公厅印发了《关于加强社会组织党的建设工作的意见（试行）》，明确了社会组织党组织发挥政治核心作用的功能定位，以及社会组织党建工作的要求，提出要“推进社会组织党的组织和党的工作有效覆盖”。2016年，中共中央办公厅、国务院办公厅印发了《关于改革社会组织管理制度促进社会组织

① 符畅、梁艺凌、刘杰：《从孵化“红种子”到长成“红树林”》，《羊城晚报》2018年5月21日，第A05G版。

健康有序发展的意见》，进一步为全面加强社会组织党建工作指明了方向、提出了要求。这些政策文件为公益慈善组织党建工作注入了强劲的工作动力。

近年来，广州市着力于以党建工作新业绩推进公益慈善组织健康有序发展，坚持党建引领，按照“有序放开、有效监管、有力扶持、有固党建”的工作思路，在党组织建设、党员队伍培育、党建阵地设置，以及党建管理和服务等党建工作上“精准发力”，形成较为系统化、体系化的公益慈善组织党建工作机制。2016 年，中央组织部《组工信息》、广东省委组织部《广东组工信息》相继对广州市社会组织党建工作的经验做法进行刊发。

二 广州公益慈善组织党建工作的基本情况

作为改革开放的前沿阵地，广州市致力于打造“慈善之城”，公益慈善组织的规模和数量均居于全国前列，较早就开始对公益慈善组织的党建工作进行整体的布局和安排。早在 1994 年，广州市委就印发了《关于加强私营企业党的工作的意见（试行）》，提出要“采取切实措施，抓紧组建私营企业协会党组织”。[①] 1996 年 4 月，广州市率先成立了全国第一个私营企业协会党委，统一管理全市私营企业党员，开拓了党建工作的新领域。[②] 2010 年 2 月，广州市正式成立了中共广州市社会组织工作委员会（2012 年更名为“社会组织党委”），并要求各区、县对应成立社会组织党工委，初步在全市搭建起了社会组织党建工作的管理机制。2013 年 6 月，广州市成立了“两新”组织党工委，专门负责社会组织党建工作。[③] 党的十八大以来，广州市把社会组织党建工作作为社会组织管理工作和基层党建工作的重点，列入

---

① 《印发〈关于加强私营企业党的工作的意见（试行）〉的通知》，穗字〔1994〕17 号。

② 马健、王红：《探索私营企业党建工作新路子》，南方网，2002 年 8 月 22 日，http://news.southcn.com/gdnews/hotspot/ssdjgzms/gzmszll/200210190391.htm。

③ 广州市社会组织管理局：《广州着力构建社会组织党建工作体系引领社会组织健康发展》，《中国社会组织》2016 年第 2 期，第 46 页。

广州民政“17551”工作目标、年度重点工作和局领导重点推进工作清单。近年来，广州市进一步结合工作实际，坚持问题导向，以“六个一”工程为抓手①，提倡“党建”和“公益”的有机结合，强化公益慈善组织的党组织建设，推进党建工作有效贯穿于社会组织的组织生活和业务活动中，实现全面党建引领。截至2017年底，广州市社会组织党委管理党组织120多个、党员500余名，党的工作覆盖率100%，党的组织覆盖率超过86%。②

（一）建立一套基础台账

为实时掌握公益慈善组织党组织的动态变化情况，广州市印发了《关于建立社会组织党建工作台账和定期报送制度的通知》，并建立了“底数清、情况明，动态管理、定期更新”的工作台账和定期报送制度。③ 对此，广州市在社会组织信息网中专设了党建统计模块，利用大数据技术，实时收集、更新和统计公益慈善组织党组织和党员情况的基础数据，以准确掌握情况，掌握工作重点、难点，有的放矢。

（二）抓住一个“牛鼻子”

公益慈善组织的党组织负责人对党建工作具有关键性作用。在以往的工作实践中，社会组织只需要将党组织候选人情况向上级党组织汇报，由上级党组织在文件上做出审批即可，要求相对宽松和简单。为进一步强化对以公益慈善组织为代表的社会组织党组织负责人的规范管理，广州市于2016年制定印发了《广州市社会组织党组织负责人任职管理办法

① 下文关于“六个一”工程的描述参见王福军《广州积极实施“六个一”工程，推进基层社会组织党建工作》，《中国社会组织》2017年第24期，第23页；广东省民政厅《广东民政系统“党建+”推动基层党建与社会组织互动共进》，《大社会》2017年第12期，第20~22页。

② 广州市社会组织党委：《实施广州市社会组织党建“红苗工程”》，广州党建研究网，2018年10月16日，http：//www.gzswdx.gov.cn/gzdjyjw/djpp/shoulunps/201810/t20181016_54400.htm。

③ 麦婉华：《广州探索创新社会组织党建工作》，《小康》2017年第29期，第58~59页。

（试行）》，明确了公益慈善组织党组织负责人的任职要求和条件、产生程序、工作职责以及换届流程等，并规定了上级党组织应对社会组织党组织负责人候选人进行考察。考察主要采取现场考察的形式，即由上级党组织详细了解社会组织党组织负责人初步人选的群众基础和工作成效等情况，在广泛听取意见的基础上，给予把关和指导，并出具意见，以此评选出公益慈善组织党组织负责人，打造政治过硬、本领高强的先进公益慈善组织党组织。

（三）设立一所党校

为加强对公益慈善组织党员的教育培训，建设党员理论学习园地，2016年7月广州市民政局会同广州市委党校，设立了广州市社会组织党委党校，并印发了《中共广州市社会组织委员会党校管理办法（试行）》，依托党校进行公益慈善组织的党建工作培训和党员教育管理工作。培训的内容主要包括，宣传党的方针政策文件，组织学习习近平总书记系列重要讲话精神和治国理政新理念新思想新战略，以及对广东工作的重要批示精神，介绍党组织的职责作用、设立方式等，在巩固党员的基础党务知识的同时，也能够有效地提升党员的党性修养。除了较为常态化的培训之外，党校还致力于在理论和实务上为公益慈善组织开展党建工作提供指引，如编写《社会组织党的建设》教材等。

（四）开展一项试点工作

针对以公益慈善组织为代表的社会组织从业人员流动大、变动快的特点，广州市积极探索“行业协会商会＋会员单位”的行业党建模式和“三先三后”（先覆盖后组建、先联合后独立、先内部后会员）的“大党建”工作模式，以有效地整合党建工作，实现党组织成规模、成体系建设和党的工作全领域覆盖。其中，一项重要的试点工作是于2017年3月成立了广州市首个社会组织综合性党委，即广州市社会组织联合会党委。它的成立，既减轻了广州市社会组织党委的工作压力，也有利于更直接更细致地指导会员单位的党建工作，有利于将党建工作与日常的业务活动结合起来，推动党建工作的实质性落地，扩大党在公益慈善组织的影响力。

（五）完善一个作用发挥机制

为更好地激励公益慈善组织党员发挥先锋模范作用，充分发挥公益慈善组织党组织的战斗堡垒功能，广州市积极选树公益慈善组织党建工作典型，总结公益慈善组织党建工作经验，并挖掘具有正能量和起榜样作用的公益慈善组织党员代表。同时，注重推荐党组织和党员参与各类评先评优工作，一批公益慈善组织和从业人员分获“道德模范”“广州好人”“广东好人”“中国好人”“三八红旗手”“三八红旗集体”“巾帼文明岗”“青年文明号”等荣誉称号。据统计，两年来广州市在社会组织中共评选出36个党建工作示范点、40个优秀党组织、85名优秀党员和85名优秀党务工作者。其中，公益慈善组织的数量均超过一半。[①]

（六）强化一系列督促检查

广州市注重对公益慈善组织常态化党建工作的规范管理，对于在工作台账中发现的问题，如联合党支部覆盖范围过广过宽，符合组建党组织条件但仍未设立党组织，个别党组织隶属关系不明等情况，安排专人跟进，并对问题进行归类汇总，采取分类定向施策、各个击破的策略手段进行整改，使整体的公益慈善组织党建工作着力点清晰，有条不紊。例如，针对党组织生活不规范的问题，编制公益慈善组织党支部组织生活工作指引，制发党支部工作（活动）记录本，并采取书面检查、现场检查等形式对落实情况进行监督检查；对日常工作中党组织作用发挥不明显的，进行限期整改；对未按期进行换届的市本级公益慈善组织党组织，通过挂点监督等形式跟进整改工作。

---

① 《我市积极实施“六个一”工程，推进基层社会组织党建工作》，广州市党员教育网，2017年10月27日，http：//gz. gdycjy. gov. cn/article_ view. aspx？ _ n = 16286&_ c = 52。

三　广州公益慈善组织党建的经验做法

（一）构建“1+N+X”的党建管理体系，为党建工作提供政治保障

为进一步理顺党建工作管理体系，充分落实公益慈善组织党建责任，广州探索出了一条符合本土实际的“1+N+X”的党建管理体系，即市“两新”组织党工委、市社会组织党委、各区社会组织党委、相关业务主管（指导）单位各司其职的社会组织党建工作体系，为公益慈善组织的党建工作提供了强有力的政治保障。其中，市“两新”组织党工委对全市社会组织的党建工作进行统一领导；市社会组织党委负责指导各区社会组织和市直单位对口管理的社会组织的党建工作，领导全市行业协会及无业务主管单位的社会组织的党建工作；各区社会组织党委的工作职责与市社会组织党委相对应，负责领导和指导辖区下一级社会组织的党建工作；相关业务主管（指导）单位负责指导业务对口管理的社会组织的党建工作。[①]

（二）推进党的组织和工作“两个有效覆盖”，为党建工作提供组织保障

一是推进党的组织有效覆盖。广州市明确规定，公益慈善组织正式党员达到3人以上就要建立党组织，不足3人的则按照“地域相邻、行业相近、便于活动”的原则，设立联合党支部，实现党的组织有效覆盖。主要做法包括以行业协会（商会）、异地商会等为纽带的党建工作模式，以及“挂靠”于公益慈善组织邻近地域的园区、楼宇或所属街道、社区党组织的区域化党建模式。二是推动党的工作全覆盖。广州市将党建工作作为培训重点纳入公益慈善组织培训体系，将公益慈善组织党建内容纳入社会组织培训班、社会组

① 广州市民政局：《广州市社会组织党建工作情况》（内部研究报告），2018年5月。

织讲坛、“航标”计划、社会组织年会等的培训内容，引导公益慈善组织从理论和实务上都坚持党的领导。三是建立同步关联机制。将公益慈善组织党建工作融入注册登记、年度报告、等级评估、换届选举、重大事项报告、监督检查、注销撤销等组织运行和发展的各个环节，纳入前置掌握、关联限制和考核指标范围，实行“全程同步关联”。以等级评估为例，在整个社会组织评估指标体系里面，除宗教类社会组织外，其他社会组织的党建工作占了50分的分值，如果没有建立党组织，就无法获得5A的评估等级。①

（三）加大党建资源投入，强化党组织阵地建设，为党建工作提供资源保障

针对大部分公益慈善组织人力、场地和资金等资源贫乏的情况，广州市积极加大党建工作资源的配套投入，为公益慈善组织党组织的“孵化”、日常运营和党建活动提供支持。首先，在党建工作经费保障上，早在2013年，广州市就印发了《关于建立广州市非公有制经济组织和社会组织党建工作经费保障机制的实施意见》，要求采取“财政拨款、党费支持、企业自筹、社会帮扶”的方法，落实党员活动经费、党务工作者工作津贴和党组织启动经费。与此同时，广州市在社会组织公益创投项目中探索“党建+公益”的模式，公益慈善组织可以通过将党建与公益项目结合的形式，获得创投资金。其次，在人力资源保障上，近年来广州市通过政府购买服务（岗位）和岗位补贴的方式，积极为市和各区公益慈善组织党委以及公益慈善组织配备党建指导员，为公益慈善组织提供党建业务指导。② 最后，在活动阵地保障上，广州市主要采取阵地共建共享的方式：一是可以与行政办公场所共建共用，提高活动阵地使用效率；二是可以与街道党员服务站和社区党员之家共建共享。③

① 广州市民政局：《广州市社会组织党建工作情况》（内部研究报告），2018年5月。

② 广州市社会组织管理局：《广州着力构建社会组织党建工作体系引领社会组织健康发展》，《中国社会组织》2016年第2期，第47~48页。

③ 广州市社会组织管理局：《广州着力构建社会组织党建工作体系引领社会组织健康发展》，《中国社会组织》2016年第2期，第47~48页。

（四）拓展党组织和党员“两个作用”发挥途径，为党建工作提供常态化保障

一是注重发挥公益慈善组织党组织的政治核心作用。推动公益慈善组织将党的建设写入章程，有效保障党组织在公益慈善组织中的作用。明确要求党组织书记参加或列席管理层会议，参与重大决策。二是注重发挥公益慈善组织党员的先锋模范作用。积极引导公益慈善组织党员“亮身份、争先锋、比奉献”，强调公益慈善组织党组织和党员要主动承担社会责任，尤其是面对“急难险重”任务更要敢于作为。大力推行党员志愿公益行动，组建广州市社会组织党员志愿服务队，组织开展清明志愿服务、“学雷锋”月志愿服务等活动。发动党组织和党员参与扶贫济困日活动和对梅州、清远、毕节等地的精准扶贫工作。三是注重建立直接联系和示范带动工作机制。建立联系指导制度，目前约 50 家公益慈善组织党组织与部分市直机关党组织结成对子，实现机关党组织与公益慈善组织党组织资源“共享”、党员“联学”、组织生活“联过”、活动阵地“联建”、发展思路“联谋”。①

（五）创新党建形式，发掘党建“领头羊”，为党建工作提供动力保障

为推动公益慈善组织党建工作向纵深发展，打造公益慈善组织党建工作品牌，广州市积极深入各类公益慈善组织，发掘党建工作“领头羊”，以此进行品牌打造和经验推广，为党建工作持续发展提供动力保障。

其中，广州市法泽城市与公益研究中心就是公益慈善组织领域的一只“领头羊”，其亮点工作是规范对流动党员的管理。法泽城市与公益研究中心的服务地点位于三元里街道，该街道在城镇化进程中逐渐确立了皮具、化妆品和印刷业三大支柱产业，这三大产业由外来人口所主导，有 2000 多名流动党员。为了有效地管理这些流动党员，为其做好服务工作，法泽城市与

---

① 广州市民政局：《广州市社会组织党建工作情况》（内部研究报告），2018 年 5 月。

公益研究中心在协助党组织建立、党员学习和社区参与等方面进行了努力。一是在流动党员党组织建立方面，2016 年 4 月，三元里街道建立了三元里来穗人员党支部，法泽城市与公益研究中心理事长吴治平当选为党支部书记；2017 年 7 月，又在此基础上成立了三元里来穗人员党总支部，下设 4 个来穗人员党支部，就此破解了来穗流动党员找不到党组织、不知道到哪里交党费的问题。二是在党员的组织学习方面，法泽城市与公益研究中心依托社区大学和融合学堂，搭建了来穗流动党员社区教育基地，为其学习提供便利。三是在流动党员参与社区公共事务方面，来穗人员成立了志愿服务队，组织流动党员参与社区治理和日常环境整治等，为流动党员参与社区公共事务提供渠道，促进他们在参与社区公共事务中逐渐提升对社区的认同感和归属感。[①]

四　进一步推进公益慈善组织党建的思考

随着经济社会的发展，政府积极推动职能转变，公益慈善组织的活动空间逐渐增大，规模逐渐扩大，业务范围也不断扩展。但与此同时，作为新兴的组织主体，大部分公益慈善组织依然处于发展的初级阶段，在价值理念、成员架构、组织运作和资源保障等方面尚显不足，因此需要进一步强化党建工作对公益慈善组织的引领作用。

（一）推动党建活动丰富化，促使公益慈善组织党组织充分发挥作用

目前，一些公益慈善组织党组织的作用发挥得依然不够明显，主要体现在三个方面：一是部分公益慈善组织将党建与业务活动截然分开，未能结合自身业务特点开展党建工作，导致党建工作缺乏载体；二是部分公益慈善组织未形成常态化的党建工作机制，党组织活动相对缺乏，且内容单一，难以调动党员参与的积极性；三是公益慈善组织党组织党员以流动党员为主，流

① 广州市民政局：《党建工作“催化”社会组织新活力》，2017 年 12 月 1 日。

动性较大，党组织负责人多为兼职，由于缺乏工作经验或工作精力投入不足，对党组织的管理不到位，导致党组织作用虚化。

要解决公益慈善组织党组织弱化、虚化、边缘化的问题，促使公益慈善组织党组织充分发挥作用，首先，应引导其将党建工作与业务活动有机结合起来，积极围绕公益慈善组织的业务特点和党员的专长，在业务活动中渗透党建精神，同时借助党建工作提升业务水平，确保活动方向正确，符合群众的利益和需求，服务于社会；其次，针对党组织活动内容缺乏的情况，应该积极探索“互联网＋党建”模式，依托微信、微博等现代传媒载体，创新党建活动的内容和形式，提升党建活动的趣味性和可行性；最后，针对公益慈善组织党员组织关系复杂、流动性大，党组织负责人多为兼职的情况，应为公益慈善组织派驻党建指导员，并定期对党组织负责人进行培训，提升其党建工作的理论和业务水平。

（二）推动党建基础保障常态化，破解“发展不力”的问题

公益慈善组织普遍面临党建资源不足的问题，缺乏必要的人力、物力、经费和制度保障。首先，大部分公益慈善组织规模较小，有很强的临时性和松散性，缺乏专业的组织人才和有效的激励机制，无暇顾及党建工作。其次，作为非营利组织，大部分公益慈善组织专业性不足，难以动员各种社会资源，在经费来源上高度依赖公共财政，不少公益慈善组织没有专门的党建活动阵地，甚至没有专门的经费。最后，由于缺乏针对公益慈善组织党组织长远发展的制度层面的规范和制约，公益慈善组织党建工作得不到有效的指导和监督，正向功能得不到充分发挥。党建资源的不足，在一定程度上导致公益慈善组织的党建工作流于形式、不够深入。

对此，要探索多层面、多渠道的党建资源保障机制，消除公益慈善组织党建工作的后顾之忧。一方面，在党建经费保障和活动阵地上，要进行资源链接和共享，如通过与街道、社区等周边党群活动中心共享资源的方式开展党组织活动，解决活动场地问题，又如鼓励公益慈善组织积极主动链接社区和服务辖区的企业资源，拓展资金筹集渠道，提升自我造血能力。与此同

时，将公益慈善组织党建经费纳入财政预算，设立专项资金，为公益慈善组织党建工作提供活动经费补助、工作经费补助等专项资金扶持，确保公益慈善组织党建工作在新时期创新发展。另一方面，在制度资源上，加强政府与公益慈善组织之间的有效沟通，为公益慈善组织的党建工作提供政策支持，探索实用便捷的党组织形式，为公益慈善组织的党建工作提供保障。尤其要建立公益慈善组织党组织和党员队伍建设的激励机制，发挥优秀公益慈善组织党组织的先锋模范作用。

（三）建立经验交流长效机制，加强公益慈善组织党建工作理论和实务研究

公益慈善组织党建整体上还处于起步阶段，大部分公益慈善组织是通过联合组建方式来实现党的组织和工作覆盖，在组织和人员保障、活动经费落实、工作开展等方面还存在很多问题。随着公益慈善组织数量的高速增长，现有的公益慈善组织党建工作体制机制以及工作力量配备，难以跟上形势的发展，未来公益慈善组织党建工作全覆盖任务依然艰巨。在新形势和新任务下，要进一步加强公益慈善组织党建工作经验交流，吸取各地较为典型的经验做法，将其汇编成册，在交流中取长补短，合力推进对公益慈善组织党建工作的理论和实务研究。[①] 与此同时，要整体考虑公益慈善组织党组织管理体制所面临的新问题，深入走访公益慈善组织，分类施策并进行推广，进一步研究推动公益慈善组织党建工作的新机制新方法。

五　总结

“党政军民学，东西南北中，党是领导一切的。”坚持和巩固公益慈善组织党组织的战斗堡垒和核心引领作用，不仅有助于推进公益慈善组织的健

---

① 李艳丽、张军文：《立足实际，追求实效：广州社会组织党建工作开展研究》，百姓中国周刊网，2017 年 6 月 28 日，http：//xn－－fiqz7g67bsydx1ed00d. com/list. asp？ id＝7299。

康有序发展，也是推动构建共建共治共享社会治理新格局的必要之举。作为全国公益慈善组织党建工作起步较早的城市，广州扎实推进公益慈善组织党建工作的落地，为公益慈善组织党建工作提供政治、组织和资源保障，一系列党建工作的成效颇为显著。当然，整体而言，现阶段公益慈善组织普遍规模较小、能力较弱、资源拓展能力不足、自我管理能力较差，党建工作对公益慈善组织的现有执行能力来说具有一定的挑战。[①] 因此，要深入推进党建工作，还需要形成合力，政府需要为公益慈善组织提供必要的党建资源，而公益慈善组织也要善于将党建工作与业务活动结合起来，加强组织建设，提升组织能力，将党建真正融入组织的成长和发展当中，形成良好循环。

① 葛亮：《制度环境与社会组织党建的动力机制研究——以 Z 市雪菜饼协会为个案》，《社会主义研究》2008 年第 1 期，第 105 页。

B.9

广州市慈善医疗救助发展探索

郑子殷*

摘　要： 广州市慈善医疗救助作为政府医疗救助的补充，从2010年开始了初步探索，如今已形成具有广州特色的慈善医疗救助模式，其中有不少对模式探索的思考以及可供借鉴的经验。本文以广州市慈善医疗发展的两份重要文件作为重要节点，分析广州市慈善医疗救助发展历程中的特点，并通过对历年慈善医疗救助数据的分析，呈现广州市慈善医疗救助发展的趋势。一方面，通过对广州市各慈善组织对慈善医疗救助的资源分析，了解到广州市慈善组织等社会力量是广州市慈善医疗救助的重要组成部分；另一方面，通过对广州市慈善医疗救助的案例分析，展示了广州市慈善医疗救助的成效。然而，广州市慈善医疗救助仍存在一些问题，大病患者由于缺乏有效信息难以找到匹配自身的救助资源，而且公益慈善组织之间缺乏有效的沟通机制，极大降低了救助效率。通过多年的探索，广州市已经找到可以解决这些问题的路径，即需要整合政府医疗救助资源与公益组织救助项目，共享救助资源和信息，并推动各方机构实施联合救助，建立完整救助链条。

关键词： 慈善　慈善医疗　医疗救助

* 郑子殷，广州市政协委员，广州市海珠区碧心公益服务中心理事长。

一　广州市慈善医疗救助发展历程

慈善医疗救助是慈善事业的重要组成部分，主要是指通过社会上的各种慈善行为，对患病或者遭遇意外伤害而又没有经济能力进行治疗的贫困人群，实施帮助或经济支持，它是政府医疗救助的补充。2009 年，广州市政府为进一步增强广大市民的慈善意识，凝聚社会力量，整合慈善资源，培育慈善品牌，推动慈善事业发展，举办了首个“广州慈善日”活动。该活动为面临重大疾病医疗的困难家庭及突发灾害等的应急救助筹集善款 1.0451 亿元。2010 年 9 月，为规范善款的管理和使用，切实做好慈善医疗和应急救助工作，广州市颁布实施了《广州市慈善医疗和应急救助试行办法》。由此，广州市慈善医疗救助快速发展之路正式开启。

2010 年颁布的《广州市慈善医疗和应急救助试行办法》，明确了广州市慈善医疗救助的原则、负责部门、审批流程以及办法的有效期等基本内容；在资助的细则上，详细列明实施主体、救助对象、救助标准以及救助金的来源和管理（见表 1），并详细列明了救助申请所需资料（见表 2），这有助于市、区（县级市）慈善会开展慈善医疗救助工作，便于救助对象明确申请的资料及手续，同时有助于广州市的慈善医疗救助工作。此办法有一大亮点，就是救助对象除了广州市户籍人员外，还包括外来务工人员和在本市就读的外地户籍大、中专学生，此举首次将外来务工人员列入慈善医疗救助范围，扩大了慈善医疗救助对象的范围，并沿用至今。

表 1　2010 年《广州市慈善医疗和应急救助试行办法》主要内容

实施主体	市、区（县级市）慈善会
救助对象	1. 本市户籍人员 2. 正在本市工作并在本市连续缴纳两年以上社会养老保险的外来务工人员 3. 正在本市就读的外地户籍大、中专学生
救助标准	1. 慈善医疗救助标准：每个救助对象不超过 30000 元/慈善救助年度 2. 慈善应急救助标准：按申请人在本市共同生活的家庭人数，每人累计发放不超过灾害发生地 3 个月的城镇最低生活保障金或一次性医疗救助金不超过 20000 元

续表

实施主体	市、区(县级市)慈善会
救助金来源	1. 社会捐款 2. 福利彩票公益金资助 3. 可以用于慈善医疗和应急救助的其他资金
救助金管理	市、区(县级市)慈善会专户管理、滚存使用

表2　2010年《广州市慈善医疗和应急救助试行办法》救助申请所需资料

所需资料	本地户籍人员	外来务工人员	外地户籍大、中专学生
《慈善医疗救助申请表》	户籍所在街道(镇)民政部门加具意见	工作单位所在街道(镇)民政部门加具意见	学校所在街道(镇)民政部门加具意见
身份证明文件	家庭户口簿、身份证原件及复印件(家属代为申请的,应提供家属本人身份证原件、复印件)	身份证、在本市的居住证原件及复印件	身份证、学生证原件及复印件
疾病诊断证明	区(镇)一级以上医院出具的疾病诊断证明		
申请人账户	申请人(或家属)开户银行卡卡号及银行卡复印件		
医疗收费票据	诊治医院医疗收费发票原件或经有关部门盖章确认的发票复印件		
社保缴纳证明	—	连续两年在本市缴纳社会养老保险金的缴纳证明	—
就医困难证明	—	工作单位开具的就医困难证明	就读学校出具的就医困难证明

从表2可以看出,《慈善医疗救助申请表》是申请广州市慈善医疗救助的必要资料,此资料需加具所在街道（镇）民政部门的意见,这说明基层民政部门在一线的信息核查中发挥着极为重要的作用。在外来务工人员提供的资料中,明确表明了需要连续两年在本市缴纳社会养老保险金的缴纳证明及工作单位开具的就医困难证明；在外地户籍大、中专学生的资

料中，明确表明了需要就读学校出具的就医困难证明。从所需资料可获知，在救助申请上，由于工作单位和学校更了解申请人的经济状况，其出具的证明有助于慈善会更清楚地了解申请人的情况，保证救助金使用的有效性。

经过三年的试用，广州市民政局、广州市慈善会对2010年颁布施行的《广州市慈善医疗和应急救助试行办法》进行了修订完善。2014年4月1日，《广州市慈善医疗和应急救助实施办法》印发实施，有效期为三年。2014年修订的条文中，删除了第十五条第一段“市慈善会在收到区（县级市）报送的申请人资料，经审核合格后5个工作日内，对申请救助对象进行评估，提出救助意见，报市慈善会秘书长或会长审批”，增加了第二十二条“各区（县级市）慈善会可根据当地实际情况，在本《办法》的基础上制定具体实施办法”。从这两处修改可发现，各区（县级市）慈善会被赋予了更大的自由裁量权，简化了慈善救助审批的流程，从而提升了申请者获得慈善医疗救助资金的效率。

2014年出台的《广州市慈善医疗和应急救助实施办法》有效期即将到期。广州市民政局根据新时期慈善医疗救助和应急救助工作的现状，进一步规范慈善医疗救助和应急救助工作，于2018年根据实际情况制定出台了《广州市慈善医疗救助和应急救助实施办法》。此办法提高了救助标准，并结合新时代的手段，利用广益联募平台，为困难群众申请医疗救助提供便利，并完善沟通机制、联动机制，从制度上鼓励多方社会力量加入，促使广州市慈善医疗救助制度日趋完善。

综上所述，从2010年《广州市慈善医疗和应急救助试行办法》的颁布施行到2014年《广州市慈善医疗和应急救助实施办法》的完善修订，再到2018年《广州市慈善医疗救助和应急救助实施办法》的修订出台，可以看出广州在慈善医疗救助的发展中有如下特点：一是救助对象范围广，2010年广州就将来穗务工人员纳入慈善医疗救助体系，走在了全国前列；二是审批资料及流程清晰简明，2010年和2014年出台的两份文件都清晰列明了申请所需的资料及流程，从修订内容上更可以看出，基层组织在慈善医疗救助的审批中作用日益明显，提高了审批的效率；三是与时俱进，一方面利用互联网便民利民，在“互联网 +”的新时期，根据实际情况修订办法，以顺应时代趋势，另一方面根据广州市的经济发展情况，提升救助额度，保障困难群众的基本需求。

二 广州市慈善医疗救助历年数据分析

从 2010 年《广州市慈善医疗和应急救助试行办法》颁布实施开始，截至 2017 年 12 月，慈善医疗救助 4484 人次，救助金额为 28753381.77 元，应急救助 351 人次，应急救助金额为 3240865.23 元。从图 1 可以看出 2012 ~2013 年为广州市慈善医疗及应急救助申请的高峰，从 2014 年开始平稳下降。由此可见，2010 年《广州市慈善医疗和应急救助试行办法》的颁布与实施，促进了慈善医疗和应急救助体系的完善，从而促进了 2010 ~2013 年相关数据的稳步增长。

从图 1 还可以看出，2014 ~2017 年，广州市慈善医疗救助的人次及金额逐渐下降。主要原因有两个：一是因为在 2013 年前后，广州市先后颁布实施了《广州市重特大疾病医疗救助试行办法》《广州市困难群众重大疾病

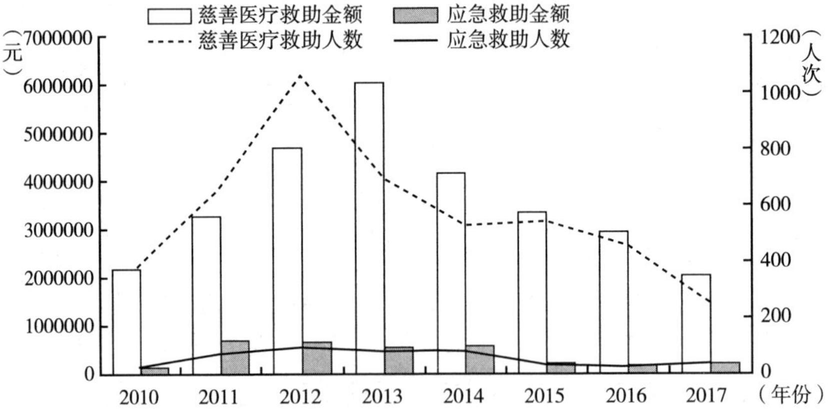

图 1 2010 ~2017 年广州市慈善医疗及应急救助人数与金额

数据来源：广州市慈善会提供。

商业保险医疗救助实施办法》等惠及困难群众的政策，在政府医疗救助的大力支持下，困难群众对慈善医疗救助的需求从2014年开始逐步下降；二是因为2014年后广州市内的公益慈善组织不断增多，广州市重疾慈善救助资源不断增多，因此群众可以有多个公益慈善组织作为选择。

从图2可以看出，慈善医疗救助人数最高的地区为荔湾区，达到1237人次，慈善医疗救助金额最高的地区为增城区，达到4716806.44元，救助金额最少的地区为白云区，救助金额为552515.43元。应急救助人数最高的地区为花都区，达到106人次，应急救助金额最高的地区为增城区，达到480997元，应急救助人数及救助金额最少的地区为越秀区，救助人数为8人次，救助金额为82509.62元。

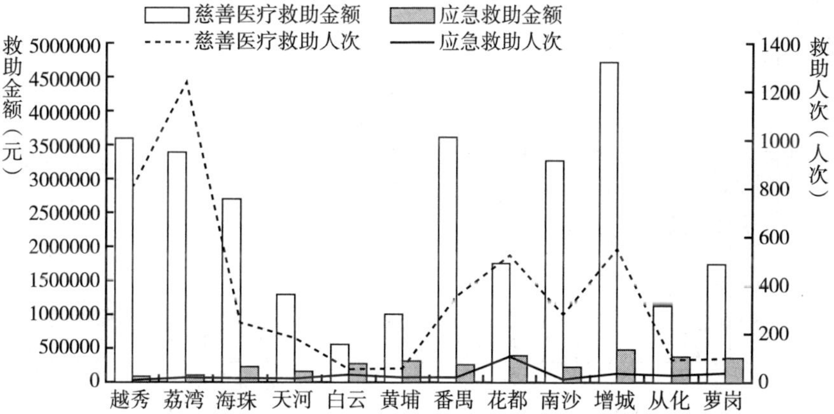

图2　2010～2017年广州市各区慈善医疗及应急救助人次与金额

数据来源：广州市慈善会提供。

三　广州各公益慈善组织医疗救助发展现状

2008年汶川地震后各地慈善组织如雨后春笋般生长，广州市也不例外。2012年5月，《广州市募捐条例》的实施，对社会组织开放了公募资格，提高了社会组织募捐的能力。2015 年《广州市社会组织管理办法》实施，其中的多种鼓励及便利措施促进了广州市社会组织的发展。因此，不少提供重症救助的社会组织相继成立，广州市各慈善医疗救助工作发展日趋迅猛。据碧心公益服务中心统计，广州市共有 45 家慈善医疗救助机构，可为各种救助对象提供有针对性的支持，具体情况如下。

从图 3 可以看出，在能够提供慈善医疗救助的机构中基金会数量最多，其次为慈善会、社会服务机构、医院以及红十字会。由此可见，广州的慈善医疗救助资源较为多元化。大部分慈善医疗救助机构的救助对象以儿童和青少年为主。其中，成年人的比例是 36%，儿童和青少年的为 64%。

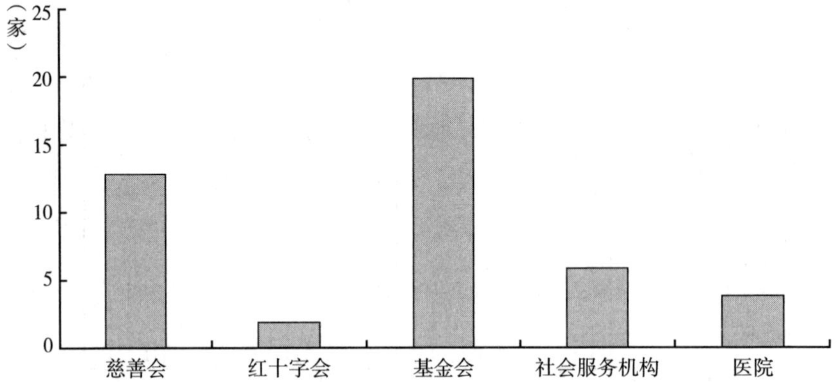

图 3　广州市慈善医疗救助机构各类型数量

数据来源：广州市海珠区碧心公益服务中心提供。

广州市慈善医疗救助的病种类型具有多样性。从图 4 可以看出，不限病种的救助比例为 39%，心脏病为 17%，白血病为 13%，血液病为 12%，其余的救助病种包括肿瘤、肝病、早产儿、唇腭裂、脊椎侧弯、尘肺病等。可以看出慈善救助机构救助病种以不限病种、心脏病、白血病、血液病为主。

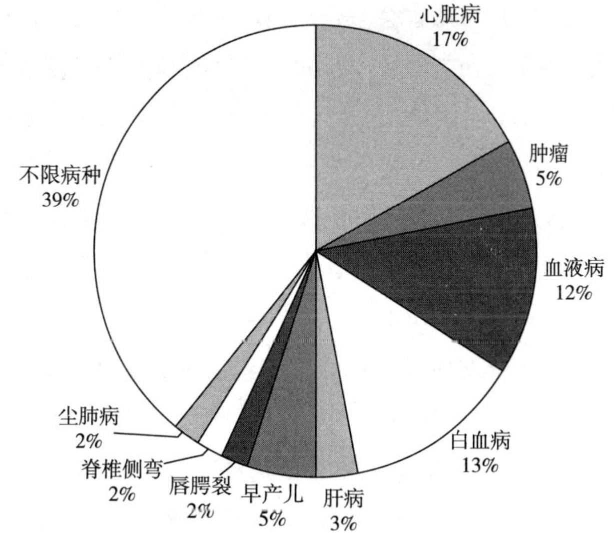

图4 广州市慈善医疗救助病种类型及占比

数据来源：广州市海珠区碧心公益服务中心提供。

四 慈善医疗救助项目案例

为了更好地展现广州市的慈善医疗救助，本文以广州市慈善会、广东公益恤孤助学促进会、广州市海珠区碧心公益服务中心运作的三个项目作为案例，分析了广州市慈善医疗救助的特色及模式。

（一）救助前置——广州市慈善会开展肺癌早筛项目

广州市慈善会除开展慈善医疗救助及各专项救助之外，还积极致力于推动大病的预防和筛查。其开展的“爱肺计划”项目，通过肺癌免费筛查，早诊早治，防止及减少晚期肺癌的发生。

据统计，我国肺癌发病率及病死率居恶性肿瘤首位，广州居民肺癌发病率超全国平均水平。肺癌的治愈率分期而异，早期肺癌治愈率在70%以上，中晚期则不到30%，而且越往后，治疗费用越高。

一方面，广州市慈善会联合广州医科大学附属第一医院在全市为50岁以上低保、低收入、“五保”人员进行早期肺癌免费筛查活动。截至目前，共安排7批次191名困难人员接受免费筛查。对于筛查结果异常的人员，由广州医科大学附属第一医院免费为其提供医疗指导，并做好后续服务，由广州市慈善会按现行医疗救助政策做好困难人员医疗救助工作。另一方面，该项目在越秀区人民街、北京路、光塔路、珠光街4条街道开展50～74岁肺癌高危人群筛查试点工作。

传统的大病救助项目，救助对象普遍为已患病人员，存在治疗费用高昂、治疗效果不理想等问题。广州市慈善会的“爱肺计划”项目，把慈善救助前置，早发现早治疗，对潜在帮扶对象而言大大提高了其疾病的治愈率，也降低了其治疗费用，从而从源头上减少因病致贫、因病返贫现象的发生。

（二）聚焦救助——广东公益恤孤助学促进会开展重症贫童救助项目

全面保障儿童的身心健康，是国家一系列保障制度的重点，也牵动着大众的心，因此儿童是大病慈善救助的重点和热点。

广东公益恤孤助学促进会自2012年起与新闻媒体、医院携手合作，开展了“重症贫童救助”项目，探索慈善救助的有效实施方法，集合多方社会资源救助贫困重症儿童。该项目形成了协同合作、资源相补、各有侧重的救助机制，制定了按急需、适度、及时、不介入医疗业务的救助原则，救助款直接汇付到医院账户，对重症贫童实施救助。

该项目主要针对贫困家庭未成年子女（18岁以下）中罹患白血病、先心病、地贫、恶性肿瘤等疾病的人群；一般由合作媒体或合作医院经过调查核实后推荐；救助金额为每名病童不超过3万元。

为确保救助对象的真实性，救助对象先经媒体报道或合作医院推荐，再经广东公益恤孤助学促进会核实，然后在每周一研究病童救助的例会上讨论审议。该项目至今已救助重症病童1964名，发放救助款2930.86万元。广东公益恤孤助学促进会针对贫困重症患儿开展的此项目，救助灵活、覆盖面广、适度及时，有效地帮助了在穗就医的贫困重病儿童。

（三）精细化救助——碧心公益服务中心开展贫困白血病儿童救助

由于大病病种种类繁多，每项病种的治疗方案、治疗费用、患者需求都存在较大差异。如何解决每个群体的具体需求，针对不同病患制定更专业化的服务，是公益慈善组织面临的挑战。如儿童癌症、血液类疾病，具有治疗周期长、治疗效果不确定、治疗费用高等特点，其引发的儿童心理、康复后的社会融入、家长面临的经济和精神双重压力等问题，给公益慈善组织的服务提出了更高的要求。

广州市海珠区碧心公益服务中心开展的“让爱告白——白血病儿童救助”项目，针对白血病儿童、患儿家庭设计了一系列救助和支持服务，尝试针对患儿治疗的不同需求，制定帮扶方案。

据统计，全国每年新增的白血病儿童约有15000名。广州因为聚集了丰富的医疗资源，以及白血病治疗水平处于领先地位，所以吸引了华南地区甚至全国各地的白血病患儿到广州治疗。据统计，每年在广州治疗的白血病患儿有1000多名。所幸通过系统规范化治疗，儿童白血病的治愈率已超过80%。

为了不让贫困白血病儿童家庭因对疾病的认识不清、高昂的治疗费用而耽误治疗甚至放弃治疗，碧心公益服务中心从2015年起开展了“让爱告白——贫困白血病儿童救助”项目，通过提供经济援助（筹款支持）、家庭综合支持服务，协助贫困白血病儿童有尊严地获得及时规范化治疗，让患儿及其家长集中精力科学乐观地面对治疗的每一个阶段。

该项目针对在广州治疗的、年龄在16周岁以下的贫困白血病患儿。在经济援助部分，为化疗阶段患儿资助1万元；为移植阶段患儿资助2万元。在家庭综合支持服务部分，为患儿家庭做救助资源的整合，以减轻家长压力，并在医院病区开展绘画、阅读、心理辅导等陪伴服务，改善患儿治疗心理，从而提高患儿治疗效果。目前该项目与广州10家公立医院的儿童血液肿瘤科展开合作，已累计直接救助贫困白血病儿童475名，支出救助金额700多万元。同时，开展病区服务陪伴活动300多场，服务2000多个患儿家庭。

五　慈善医疗救助存在的问题及其解决路径

（一）存在的问题

广州具有丰富的医疗资源，吸引了许多异地就医人员，他们有多元的服务需求。但因为条件有限，大病患者难以找到匹配自身条件的救助资源。越是贫困的家庭信息接收越不全面，对救助资源越不了解，因此容易陷入求助无门的困境或者采用不正确、极端的求助方式。

在公益慈善组织方面，虽然广州已有45家机构开展了各种类型的大病救助项目，但救助需求量仍远远不能得到满足。大部分公益组织独立运作，缺乏有效的沟通机制，容易引发其中一些救助病种、个案资源不足，而另一些救助病种、个案重复等情况。

因此，对于大病患者来讲，一方面其自身难以找到匹配的救助资源；另一方面，因为公益慈善组织独立运作，大病患者需联系不同的社会机构，准备不同的资料，极大降低了救助效率。

（二）解决路径

1. 有效整合政府救助资源与公益组织救助项目，共享救助资源

各个机构开放各自的救助资源和信息，并建立统一的资源共享平台。由专业社工、志愿者为陷入困境的病患家庭，提供相关医疗知识、援助信息咨询，协助其获取来自政府、公益组织的资助，防止其陷入茫然无措的境地，延误治疗甚至放弃治疗。

2. 推动各方机构的联合救助，建立完整救助链条

在有限的资源下，政府、公益慈善组织、社工机构、媒体、医院等各方角色联合起来，加强协作，建立联合救助网络，集中各方力量为大病患者提供救助和服务。如公益慈善组织提供资金或专业服务，媒体发挥传播优势，医院提供专业治疗技术，爱心企业和个人捐赠善款等。

3. 对特殊个案进行联合救助

以白血病患儿为例，一个白血病患儿的治疗费用为 20 万元，医保报销和自筹 15 万元，仍存在 5 万元的资金缺口。在联合救助模式下，跟进机构可以将该个案推荐给与其建立合作关系的其他救助机构，其他救助机构不需要再进行详细的探访核实和多方求证，这样不仅提高了各机构的救助效率，也为患儿家庭提供了便利。

六　慈善医疗救助完整链条的探索——筹建大病慈善医疗救助平台

为解决上述问题，建议联合各基金会、社工机构、医院、媒体等机构共同成立大病慈善医疗救助平台。广州市慈善会和碧心公益服务中心拟筹建的“珠珠救助平台”即是对此探索的尝试。据悉，珠珠救助平台是大病患者和公益组织、媒体、医院之间的桥梁，有需要的大病患者只需拨打热线求助，平台就会尽可能地为患者提供匹配的公益组织、媒体、医院等资源，协助其获取社会的帮助。

珠珠救助平台还拟搭建一个联盟，成员有医院、慈善组织、媒体、企业等各方角色，发挥各方力量，从而打造“政府医疗救助 + 专业的慈善组织服务 + 大型医院医疗技术 + 爱心企业和社会互助”的慈善医疗救助模式。

一是与政府医疗救助紧密衔接，及时判断求助人是否符合政府医疗救助条件，确保符合条件的求助人将享受到政府医疗救助。二是联合十余家公立医院，为求助人提供治疗方案、治疗费用评估、专业的医疗技术支持。三是联合 30 余家救助型和服务型的公益慈善组织，为大病患者家庭提供救助咨询指引、救助资金申请、心理辅导、资源链接等专业慈善服务。四是联合爱心企业，为大病患者家庭提供资金和药品援助。五是利用广益联募平台为大病患者提供互联网求助渠道，求助人可通过该平台发起求助，寻求社会捐款。

珠珠救助平台，尝试打通大病救助链条上的每个环节，让政府、医院、慈善组织、爱心企业、社会公众等多方资源互相联动，达到协同救助、精准对接的目的。站在公益慈善组织的角度，有助于从各自提供服务转变为协同救助，信息共享，资源互补；站在大病患者的角度，有助于从逐家求助转变为通过一个平台，就可以了解并接受服务，实现精准链接；站在广州医疗慈善救助发展的角度，可进一步鼓励多方社会力量加入慈善救助的行列，扩展广州市慈善医疗救助的资金来源，进一步提升广州市慈善医疗救助的精准性和有效性。

B.10
广州慈善家庭创建与全民慈善参与路径探索

黎 静 冯敏仪*

摘 要： 家庭环境在很大程度上影响着个人的慈善行为，家庭在推动慈善事业发展方面发挥着重要作用。总体来看，我国的慈善参与程度较低，一部分原因是慈善教育的不足。随着“慈善之城”的大力建设，广州市积极尝试以各种新模式、新理念吸引公众的广泛参与，比如开展“慈善为民月”“慈善家庭评选”等活动，使慈善文化进入家庭、学校和社区。广州市全民参与慈善的氛围日益浓厚，逐步探索出一条全民慈善参与的路径。

关键词： 家庭慈善 全民慈善 慈善教育

一 家庭慈善与慈善教育

在传统的观念中，慈善是富人的特权，当前的慈善事业已经进入新的发展阶段，慈善参与的主体趋于多元，慈善参与模式从富人慈善过渡到全民慈善。随着慈善理念的逐渐普及，全民参与慈善的热情日益高涨，普通市民成为推动慈善发展的重要力量。互联网技术的进步也为个人参与慈善提供了便

---

* 黎静，广州市社会创新中心研究员；冯敏仪，中山大学传播与设计学院在读研究生。

捷的渠道，与此同时，已经有大量新的组织和新的方法出现，把慈善事业带入了全民参与的时代。

（一）家庭慈善

家是最小国，国是千万家。家庭是一个复杂且紧密结合的社会单元，融洽的家庭关系如同社会的黏合剂，是社会和谐发展的重要基石。慈善文化在中国有悠久的历史，乐善好施、扶贫济困是中华民族的传统美德。《礼记》中提道："故人不独亲其亲，不独子其子；使老有所终，壮有所用，幼有所长，矜寡孤独废疾者皆有所养。"[①] 这句话体现的"大同"的社会理想，可以说是中国人慈善观念的雏形。家庭是个人和社会的分界点，慈善所指的是爱家人以外的人，而不是仅奉养自己的父母或者养育自己的孩子。

家庭环境与慈善行为有密不可分的关系。Brooks 发现，为人父母比独身主义者更为慷慨，孩子的数量越多，家庭捐赠的可能性越大。因此，他认为家庭在很大程度上促进了慈善的发展。[②] 家庭慈善事业的迅速发展和妇女在慈善事业中的重要性日益增加是慈善发展的两大趋势。[③]

家庭在推动慈善事业发展方面发挥着重要作用，也从慈善事业中获得了许多好处：为家庭中的个人提供施展技能的机会；传递了家庭价值观，培养了后辈的领导能力、创新能力和责任感；当家庭作为一个追求共同目标的整体时，提升了家庭凝聚力。慈善事业也成为家庭社会资本的一个关键部分，可以为家庭成员和社会提供多重利益。Hughes 认为家庭慈善是对家庭"社会资本"的一种投资，是延续家庭财富的一种方式。[④] 家庭慈善是一个跨代

---

① 出自《礼记·礼运·大同篇》。

② Brooks, Arthur C., *Who Really Cares: The Surprising Truth about Compassionate Conservatism*, Basic Books (AZ), 2007.

③ Remmer, Ellen E., "The Dynamics of Women and Family Philanthropy," *New Directions for Philanthropic Fundraising*, 2005 (50): 81-94.

④ Hughes Jr., James, E., *Family Wealth: Keeping It in the Family—How Family Members and Their Advisers Preserve Human, Intellectual, and Financial Assets for Generations*, Bloomberg Press, 2004, p. 139.

慈善（multigenerational philanthropy）行为，并不只是年轻一代旁观长辈参与慈善，而是整个家庭通力合作参与到慈善事业中，因而产生了跨代凝聚力，在一定程度上能够打破家庭代际隔阂，同时为年轻一代树立社会价值观，提高他们对社会问题和需求的认识。①

在西方的话语体系下，家庭慈善行为通常与慈善信托、家族基金会联系起来，典型的家族基金会如洛克菲勒基金会、卡耐基基金会、塞奇基金会、比尔及梅琳达·盖茨基金会等。由于西方国家在慈善捐赠方面减免了很多税收，慈善捐款能够为纳税人节省大量税收，特别是富人的遗产税，因而家庭慈善捐赠通常被认为是家族企业的专利。然而，慈善并不只是富人的专利，对于所有家庭来说，无论贫富，参与慈善并没有特定的形式。

朱健刚和刘艺非从家庭禀赋、社会结构的角度出发，利用2012年“中国劳动力动态抽样调查（家庭卷）”中的家庭捐赠调查数据，对国内城乡居民家庭慈善捐赠情况进行分析，得出的结论是中国家庭捐赠的参与度整体不高。他们认为：在家庭禀赋因素中，家庭收入、教育程度与劳动力数量的增加能提高家庭捐赠的参与积极性及额度，但教育程度的提高并没有扩大收入对捐赠的促进效应；在社会结构因素中，有成员在单位体制内工作的家庭有更高的捐赠积极性和额度。② 教育一直被证明是影响捐赠和志愿行为的重要因素，无论是在捐赠倾向方面，还是在捐赠的金钱和时间方面。但如果将社会资本考虑在内，教育的直接影响要小得多③，社会资本是影响个人参与的重要因素，拥有更多网络社会资本的个人倾向于更多地支持慈善事业。

---

① Jennifer Wegbreit, Deborah Dauber & Ali Sirkus Brody, "Mitigating Challenges in Multigenerational Giving," *Standford Social Innovation Review*, 2018 (27), https://ssir.org/articles/entry/mitigating_challenges_in_multigenerational_giving.

② 朱健刚、刘艺非：《中国家庭捐赠规模及影响因素探析》，《中国人口科学》2017年第1期，第47~58页。

③ Brown, Eleanor & James M. Ferris, "Social Capital and Philanthropy: An Analysis of the Impact of Social Capital on Individual Giving and Volunteering," *Nonprofit and Voluntary Sector Quarterly*, 2007 (36): 85-99.

（二）慈善教育

除了前述提到的社会资本以外，影响个人参与慈善事业的因素还有很多，大体来说可以分为内部因素和外部因素。其中，内部因素包括个人的意愿动机、宗教背景、对慈善事业的认可、社会责任感等；外部因素包括社会道德水平、教育、政策宣传、社会资本等。城市慈善文化的营造有助于提升市民的道德水平，而市民道德水平的提升会在慈善参与行为中有所体现。市民参与慈善的热情并不是与生俱来的，大多数时候需要后天的培育，因而营造良好的慈善氛围离不开宣传和教育。

由于中国的慈善事业在20世纪90年代初才逐步恢复建立，慈善事业的发展基础薄弱，民众对慈善事业的了解较少，有不少人将慈善与社会福利、社会保障、社会工作等概念混淆。尤其是在郭美美事件、明星诈捐等负面新闻曝光后，国内的慈善事业面临信任危机，很多人对慈善产生了偏见。这一方面是因为法律制度滞后缺失，产生了漏洞，使民众失去了信任；另一方面是由于慈善教育长期以来被忽视，人们对慈善的性质、慈善法律政策、慈善参与途径知之甚少，甚至对慈善产生了误解。

我国慈善观念滞后，在一定程度上是因为法制、环境、组织等方面存在问题，但更为根本的问题是慈善意识教育的缺位。[①] 慈善事业发展极大程度上取决于民众慈善意识的高低，慈善教育能够让民众对慈善形成正确的认知，培养市民的慈善理念，调动慈善参与的积极性。慈善教育，具体而言可以包括慈善法律普及宣传、慈善的历史发展脉络、现代慈善的发展趋势、个人参与慈善的行为规范等。加强慈善教育，需要从家庭教育、学校教育、社区教育、媒体宣传等多个方面入手。慈善教育是一个综合的体系，离不开家庭、学校、社会、政府的通力合作。董向梅认为，对于普通民众而言，开展慈善教育最为有效的方式是大力推动慈善宣传，纠正民众

① 陈东利：《青少年慈善意识培养与校园慈善文化建设》，《河北工程大学学报》（社会科学版）2012年第3期，第116～119页。

对慈善的错误认知。[1] 随着新媒体时代的到来，慈善宣传利用新媒体技术平台，以更加快速、高效、准确的方式向大众传递慈善文化，呈现慈善的新动态和新发展，让普通市民接受与时俱进的现代慈善理念。

家庭是教育最基础的场所，父母是孩子慈善理念的启蒙者，家庭的慈善氛围会对孩子的慈善理念产生潜移默化的影响。如果孩子能够感受到父母的仁慈和爱心，在心中种下善良的种子，有助于早期慈善观的奠定和社会责任感的提升。父母与子女一同参加志愿服务，除了对亲子关系有所改善之外，也能让孩子体会到志愿服务的意义和乐趣，使其在服务中学习及建立正确的人生观。学校是慈善教育的主体场所，学校教育是慈善教育的主要载体，但目前学校在青少年慈善意识培育方面相对不足，学校的教育体系中并无慈善文化培养体系。慈善是文明素养的一部分，慈善教育是道德教育的重要部分，但慈善意识培养在学生德育中处于被忽视的位置。

二　全民慈善参与模式

全民慈善与富人慈善相比，更加强调慈善参与主体的广泛性、民间性、平民化。全民慈善的主要特点有两个：一是全民慈善的参与主体是普通民众；二是慈善参与的方式既包括金钱、物质的捐赠，也包括志愿服务、时间和技能等。

根据《中国慈善发展报告（2018）》的数据[2]，2016 年，企业捐赠额占全国捐赠总额的 65.2%，是国内慈善捐赠的主要力量，而个人捐赠额占 21.09%。根据英国慈善援助基金会（Charities Aid Foundation，CAF）2017

① 董向梅：《教育与当代德国民众慈善理念的培养》，硕士学位论文，曲阜师范大学，2014，第 9 页。

② 宋宗合：《2016～2017 年度中国慈善捐赠报告》，载杨团主编《慈善蓝皮书：中国慈善发展报告（2018）》，社会科学文献出版社，2018，第 28～29 页。

年发布的全球慷慨指数①，在参与调查的139个国家和地区中，中国排在倒数第二位，排在前十的国家依次是缅甸、印度尼西亚、肯尼亚、新西兰、美国、澳大利亚、加拿大、爱尔兰、阿联酋、荷兰。报告依据帮助陌生人、捐款和志愿服务时间三项指标对不同的国家和地区进行测量，中国的慷慨程度为14%，而慷慨程度最高的缅甸为55%。由于中国的人口基数较大，在帮助陌生人的指标上，中国以3.4亿人的总量排在第二位，仅次于印度；在捐赠总人数方面，中国以9100万人排在第四位；参与志愿服务的人数为6700万人，也是全球第四。但从参与率方面来看，中国民众参与慈善的占比较低，慈善捐款率仅为8%。

可见，虽然中国在总量上占据优势，但是整体而言，慈善在普通民众中的普及率并不高，形成全民参与慈善的局面还有漫长的道路要走。现代慈善事业捐赠的特征是以个人（家庭）捐赠为主体、以馈赠与基金会捐赠为辅助、以企业捐赠为补充。② 显然，我国目前尚未达到全民慈善的发展水平，仍停留在初步发展的阶段。

（一）香港模式：义工运动蔚成风气

香港是亚洲地区慈善事业的前沿阵地，慈善的基因注入城市发展的血液中，香港民众素来乐善好施，全民慈善的风气弥漫全港。香港作为一个国际化大都会，虽然也存在人际关系冷漠、贫富差距悬殊等城市通病，但是慈善使香港成为一个充满温情和关怀的社会。形成全民慈善的风气，有赖于政府、热心人士和社会组织的长期推动，使慈善理念深入人心。无论来自哪一个阶层，香港的市民都乐于通过志愿服务积极参与慈善和服务社会。目前，在香港740多万人口里，活跃着超过130万的注册义工，在2017年提供了超过2600万小时的公益服务。③

① CAF World Giving Index 2017，https：//www. cafonline. org/docs/default - source/about - us - publications/cafworldgivingindex2017_ 2167a_ web_ 210917. pdf？sfvrsn = ed1dac40_ 10.

② 陈为智：《平民慈善发展困境的社会学解析》，《社会福利》（理论版）2012年第5期，第29~31页。

③ 参见香港义工运动官网，https：//www. volunteering - hk. org/tc/aboutvs/vs_ intro/vs_ stat。

香港的社会福利署自1998年起推动了一项覆盖整个香港地区的“义工运动”，鼓励各类团体及公众人士积极参与义工服务。该项计划致力于建立一个互相关怀的社区，促进社会共融；鼓励市民发挥个人潜能，从而肯定自我价值；发挥社会人士的才能及开发社区资源；加强市民对香港的归属感。为此，社会福利署成立了“推广义工服务督导委员会”，制定长远的整体推广策略，其工作包括：推广义务工作精神，把义务工作的概念活泼化、趣味化和多元化，从而推动义工服务成为一种社会风气和市民日常生活的一部分；加强宣传工作，让更多市民认识义工对社会做出的贡献；争取更多不同阶层和行业支持及参与“义工运动”。社会福利署义务工作统筹课免费为“义工运动”的参与机构提供推广义工服务的相关宣传资料，编印《义工服务记录册》《义务工作训练光盘》、制定供机构参考的《义工服务参考指引》、举办义工服务讲座、提供服务机会及相关信息、免费借出宣传物品、开通义工服务专线、透过各区办事处协助安排义工服务机会。

香港的“义工运动”开展了20年，总体分为三个层次。第一层次是单次性的义务工作，第二层次是持续性的义务工作项目，两者已在香港发展得相当成熟。在这个基础之上，社会福利署推广义工服务督导委员会自2011年起推行第三层次的义务工作，鼓励义工把义务工作的精神及核心价值融入日常生活，使义务工作成为一种生活方式。与此同时，鼓励参与者不仅去帮助他人，还可与服务对象一同成长，令彼此的生活都变得更加精彩及富有意义。

社会福利署推广义工服务督导委员会于2008年度起，举办了着重服务内容和质素的“最佳家庭义工表扬计划”，鼓励家庭成员一起参与义务工作，促进彼此的沟通和扶持。借由嘉许有杰出表现而又对社会有贡献的家庭义工团队，感染更多家庭一同支持“义工运动”，加入家庭义工的行列。“义工运动”的参与机构也发起了不少亲子慈善活动，比如香港基督教服务处发起了“希望小天使”——亲子义工及月捐计划。[①] 该项目通过多元活动

① 参见香港基督教服务处官网，http：//www. hkcs. org/tc/angelofhope。

推行生命教育，帮助儿童建立良好的品格及价值观，提升正向思维与判断能力，并且借着参与义工活动，增进亲子关系及社交技巧。项目的对象是 2 岁或以上的儿童，鼓励儿童参与的义工服务，如探访、卖旗及手工制作等。亲子家庭还可参与小额慈善月捐计划，每月定额捐款 50 元港币，倡导儿童与家长各捐一半，共同参与。

社会福利署数据显示，截至 2017 年底已有 558425 名 13 ~ 25 岁的青少年投身义务工作，12 岁或以下的有 107984 人。[①] 香港的教育，鼓励学生从小进行服务学习（service learning），通过亲身的体验及提供义工服务，更加深入地体会社会的问题。1981 年，义务工作发展局将“寓服务于学习”引入香港，结合社会服务和学校课程，为学生及教师举办讲座、研讨会和工作坊，出版手册和教师用书，以及资助各项计划。多数学校把服务学习作为一项重要的教学工作，并且和慈善组织合作举办了各种各样的服务活动，让学生在学习的同时能利用自己所学的知识回馈社会。其中有部分学校申请津贴，如优质教育基金，去帮助教师推行服务学习。学校组织或提供的服务学习活动种类繁多，如探访长者、病童等。有些学校甚至安排学生到内地服务及进行交流。一些学校设有亲子义工计划，邀请家长加入义工队，让家长与年纪较小的学生一同参与义工服务。

街头筹款“卖旗”可以说是有香港特色的慈善活动，每逢周六的“卖旗日”，义工会在街头拿着筹款箱向公众筹款。筹款的对象是香港市民，市民捐款后会获得一枚旗子贴纸，可以将其贴在身上，以资识别。对于捐款者而言，小小的旗子是其参与慈善的象征。“卖旗日”的义工主力是中小学生，也有家长陪同参与劝募工作，慈善的种子就在这样的活动中播撒开来。

（二）广州模式：创新全民慈善参与平台

近年来，广州市在慈善创新方面努力探索，开展了形式多样的慈善项目和慈善活动，将慈善融入市民日常生活，争取动员更多民众参与慈善活动，

---

① 参见香港义工运动官网，https：//www. volunteering - hk. org/tc/aboutvs/vs_ intro/vs_ stat。

这些新型的慈善方式有“慈善+运动”、爱心微基金、网络筹款、慈善读本、慈善歌曲、慈善地标等。

2015年1月，广州市慈善会开始推行个人设立冠名基金，个人设立冠名基金时，启动资金只需100元，每年注入资金不低于500元，保底资金为100元。个人冠名基金具有设立门槛低、程序便捷、项目自主、管理规范，且不收取基金管理费等特点。个人冠名基金设在广州市慈善会的基本账户下，设立专项科目，实行专项管理，专款专用，善款用于实施双方协议规定的慈善项目。个人冠名基金旨在打造“全透明”“人人可参与”的慈善募捐活动模式。广州市慈善会已设立的个人冠名基金用途广泛，涵盖困境儿童救助、贫困学生教育、慈善医疗救助、先天性心脏病儿童救助等。截至2017年12月，在广州市慈善会设立的个人冠名基金有448个，共筹集资金105.8354万元。

截至2017年底，作为民政部指定的互联网募捐信息平台之一的广益联募，与138家公益慈善组织建立了合作关系，支持其开展募捐活动，上线项目数量达326个，累计募集善款达3.38亿元，捐款人数近18.5万人次，极大地推动了广州地区慈善事业发展，畅通了全民参与慈善的渠道。市民可以随时随地通过微信支付、网络捐赠等方式支持慈善组织开展项目募捐。

近几年来，广州市促进慈善活动与各个领域相融合，“慈善+运动”系列活动成效尤为明显，成为广州市大型的慈善众筹活动平台。广州国际马拉松融入慈善元素，设立了“为爱奔跑”慈善方阵，所募集善款全部用于广州市慈善会救助困境儿童的“爱蕾行动”；“为爱行走”主题围绕儿童阅读，以为儿童阅读公益项目筹款为目标，致力于推动儿童阅读公益领域的发展；“福彩杯乐善骑”以骑行的方式，为儿童救助服务筹集善款，广泛发动公众参与公益慈善事业。

打造全民慈善的城市生态，离不开各社会主体的参与：政府为市民参与慈善活动搭建了便利的平台，媒体在慈善理念、慈善项目推介过程中向社会传递了正能量，爱心企业注入慈善资源，慈善组织提供了灵活多样的慈善项目，市民奉献爱心、积极参与各类慈善活动（见图1）。广州市努力推动人人参与慈善的目标落实，打造慈善可持续发展模式，构筑健康的慈善生态圈。

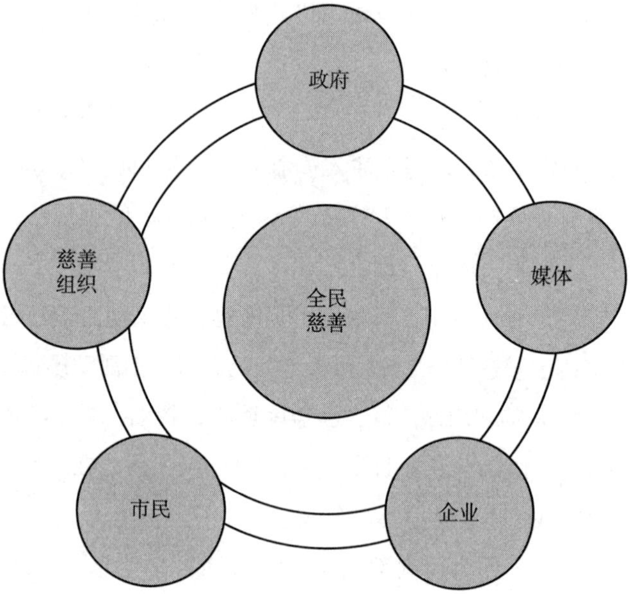

图1 广州市全民慈善生态

三 慈善为民，爱传万家：广州市慈善家庭氛围营造

2017 年，广州市全面启动了创建“慈善之城”的工作，对 2017 年至 2020 年的发展计划做出了全面的部署和细致的谋划。在宏观层面，计划出台多项慈善政策、建设慈善地标来完善慈善发展环境；在微观层面，把工作重点放在推动慈善进入家庭、社区和学校，深入推动慈善文化走进千家万户，融入市民的日常生活，营造全民参与慈善的氛围。

广州市有良好的慈善文化基础，近年来不断涌现出一批批慈善人士，既有乐善好施的企业家，也有公益慈善的从业者，以及广大的市民群众。他们在积极投身公益慈善的过程中，不断带动身边的亲朋好友一同参与慈善。为了更加广泛地动员大众参与慈善，更好地助力“慈善之城”创建，广州市计划挖掘家庭参与慈善的先进代表，拟开展寻找“慈善家庭”的活动，充分发挥慈善榜样的引领作用。

以往的慈善激励和回馈制度多以表彰先进个人、企业、单位为主，而广州市则希望通过嘉许有杰出表现的家庭对慈善事业的贡献，激发家庭参与慈善的热情，鼓励更多家庭成员参与志愿服务和慈善活动，合力创建“慈善之城”。早在2013年，广州市妇联就开启了“美好家庭”的创建工作。在2016年，广州市积极响应中央文明办举办的第一届全国文明家庭推荐评选工作。广州市在开展这些工作的过程中积累了丰富的经验，为“慈善家庭”评选工作的开展打下了良好的基础。

广州市计划在2018年通过推荐自荐、专业评审、公众投票的方式，在全市范围内寻找100个“优秀慈善家庭”，并发现10个“最美慈善家庭”。“慈善家庭”的评选标准分为两大类，即核心指标和基础指标，共计8项评选标准（见表1）。核心指标包括捐赠捐献、热心慈善、乐于公益、友爱互助；基础指标包括爱国守法、遵善守礼、敬业诚信、向善家风。核心指标重点体现了“慈善家庭”要求具备的重要内涵，均是慈善事业的要义。基础指标的制定参考了《全国文明家庭评选标准和评选办法》中的“爱国守法”“遵德守礼”“敬业诚信”“家风淳朴”，在“文明家庭”的标准中有针对性地纳入“善”元素的要求。

表1　广州市“慈善家庭”评选标准

一级指标	二级指标	具体要求
核心指标	捐赠捐献	家庭成员富有爱心，积极参与慈善捐赠活动，每年家庭捐赠款物较多，社会影响力较大，获得过慈善捐赠表彰者优先
	热心慈善	家庭成员对推动广州市慈善事业发展有突出贡献，社会公认度较高；以家庭慈善行为感召社会，发动更多的社会家庭成员参与慈善活动
	乐于公益	家庭成员有较强的奉献意识和助人精神，积极参加志愿服务、无偿献血、捐献造血干细胞、社区服务等公益活动
	友爱互助	积极参加邻里守望、扶贫济困、生态环保、养老助残、法律援助、文化体育等各类慈善服务活动；热情关心特殊困难人员，参加结对帮扶等活动，为他们排忧解难

续表

一级指标	二级指标	具体要求
基础指标	爱国守法	家庭成员拥护中国共产党的领导，爱国爱社会主义，维护国家利益和民族尊严；自觉遵循党和国家的方针政策，在《中华人民共和国慈善法》及其配套政策等法律规章方面能做到学法、尊法、守法、用法，自觉履行法定义务、社会责任和家庭责任
	遵善守礼	注重社会公德、职业道德、家庭美德、个人品德养成；善待他人、关心他人、帮助他人；遵守公共秩序和规则，在工作生活、社会交往、公共场所、网络空间等各个方面能积极扶贫济困、慈善为民
	敬业诚信	家庭成员爱岗敬业、忠于职守、勤勉为民、甘于奉献、诚实劳动、真诚做人、守信做事，传承以信笃行、以诚兴业的优良品德；家庭成员如从事公益慈善工作的，能在工作中立足岗位践行诚信规范
	向善家风	弘扬乐善好施、扶贫济困、尊老爱幼、扶弱助残等中华优秀传统美德，教育引导子女崇德向善，培养传承积德行善好家风，注重家庭慈善文化建设，家庭成员积极参与各类公益慈善活动

下一步，广州市将探索建立寻找“慈善家庭”长效机制，创新举措、畅通渠道、加大宣传，通过寻找“慈善家庭”活动的开展，讲好慈善故事、传递慈善声音、营造慈善氛围，让寻找“慈善家庭”成为慈善工作的一种常态，让争做“慈善家庭”成为所有家庭的向往和追求，为营造共建共治共享的社会治理格局做出积极贡献。

四　未来展望及建议

（一）倡导家庭队伍参加慈善活动

可以将慈善活动作为家庭教育的一部分，家长在实现言传身教的同时，能够有效增进亲子关系。越来越多的广州家长与孩子一同参加慈善活动，在一些慈善活动中不乏以家庭为单位的志愿者身影。广州市的慈善家庭评选活动极大地推动了全城的慈善氛围，优秀慈善家庭作为榜样，向社会各界展示了广州市全民慈善的强大力量。在未来举办的慈善活动中，广州市应该大力倡导家庭队伍的加入，把亲子参与纳入慈善活动的设计中，创造亲子慈善参与机会，鼓励慈善组织招募家庭义工队伍。

（二）加强慈善教育，将其纳入学校德育教学

广州市在2017年启动了“校园慈善文化行”的活动，在学生群体中大力推广慈善文化，推行“慈善读本进校园”等活动，以培养学生的慈善意识。广州市公益慈善联合会与羊城公益文化传播中心共同研发制作了广州市首套慈善读本——《童心善本系列丛书》。丛书围绕“善言善行、义工服务、陪伴成长、社区服务、爱护环境”五大主题，融合广府文化和日常生活，以慈善理念为主题，对小学生进行慈善文化科普教育。在此基础上，开展“读一本慈善书，上一堂慈善课，做一件慈善事”的系列活动。除了普及读本之外，更重要的是要和慈善活动相配合，只停留在文本层面有可能流于形式，所以要让学生在服务中进行学习，培养学生的慈善意识，使其对慈善事业有所了解，真正学会关怀他人。

（三）推动慈善参与生活化和日常化

一个成熟发展的慈善体系是以普通百姓作为主要参与力量的，慈善参与应该日常化并内化为个人的自觉行为。国内大多数慈善组织的资金来源主要依靠“9·9”公益日活动。短短三天筹集接下来一年的资金，这样短暂的运动式筹款并不能持久，不利于慈善组织的持续发展。为此，慈善组织应该重视公众月捐，与捐赠人维持良好的关系，培养捐赠人定期捐款的习惯。实际上，当前很多慈善活动都是追求单次效益，缺乏长远的规划，导致公众的慈善体验往往是浅尝辄止，难以养成慈善习惯。社区慈善是广州的一大特色，社区社会组织的迅速发展使慈善逐步走进社区。社区慈善融入居民的日常生活中，居民利用自己的技能和专长参与志愿服务，进而回馈社区，形成社区慈善的良性循环。

（四）发展崭新的慈善参与模式

以往，市民参与慈善的热情较低，很大程度上是因为慈善活动的形式陈旧单一，难以吸引青年主流人群。近年来，广州市举办的慈善活动别出心裁，紧跟现代都市的潮流，各类慈善活动融合了运动、民俗、艺术等元素，市民参与慈善活动的方式趋于多元。一方面，得益于广州市慈善组织不遗余力地推出优质、创新及有趣味性的慈善项目，众多市民在享受到参与慈善的乐趣的同时，能够为社会贡献力量。另一方面，广州市不断拓宽公众参与慈善渠道，大力建设慈善广场、慈善街道、慈善社区等慈善标志，构建了一个完备的慈善服务体系。

（五）引导市民参与慈善监督

善款的公开透明可以说是公众参与慈善的信心来源，也是慈善事业的基本要求。一旦慈善组织出现腐败丑闻，不仅行业的公信力会大打折扣，民众的参与热情也会降至冰点。慈善的廉洁不能只靠行业自律和政府监管来维持，还需要公众的监督。但由于目前慈善组织的信息公开程度较低，公众获取财务报告的难度较大，普遍缺乏监督的方式和渠道。为了破解公众监督慈善较为被动的局面，广州市在 2017 年开展了“慈善之城·尽善净行”行动，致力于打造城市的廉洁慈善品牌，提出把每年的中华慈善日（9 月 5 日）作为广州慈善公众开放日，鼓励慈善组织向公众开放，并组织人大代表、政协委员、公众参观慈善组织，让慈善组织主动“晒账单”，充分建立了市民参与慈善的信心。

B.11

发展新时代广州特色的公益拍卖新模式

林朝晖*

摘　要： 公益拍卖以其特有的公开、透明、广泛的交易特点，在协助慈善组织、其他社会组织和个人筹集善款方面受到社会欢迎；同时，也因其有拍前策划、拍卖师一对多公开叫价的方式，起到了现场气氛的渲染烘托作用，对参与拍卖活动的各方有一定的宣传效果，从而达到慈善文化和品牌传播的效应。目前，广州的公益慈善拍卖还处于初级阶段，存在一些亟待解决的问题：法律意识有待增强，专业水平有待提高，公益拍卖的形式和拍品有待丰富。在新时代新常态的今天，广州拍卖行业又将如何跟上善城广州的发展步伐，再次走在全国前列？笔者从分析目前广州公益拍卖现状入手，介绍广东华友拍卖行有限公司在公益拍卖方面的探索与实践，探讨如何用专业化公开拍卖的形式筹集善款，同时传播公益慈善文化，助力品牌传播。广东华友拍卖行有限公司创新拍卖策划和专业服务，丰富公益活动形式，提供“网络＋实体”多样化服务，推动公益拍卖与商业的合作，并依法依规开展公益拍卖。

关键词： 公益　慈善　拍卖

---

* 林朝晖，广东省社会组织总会副会长，公益慈善专业工作委员会主任，广东华友拍卖行有限公司董事长。

一 引言

随着全球化进程加速、互联网兴起，中国已从总体社会步入了多元社会，政府、市场、社会公益三方面从不同角度治理、改变转型中的中国，其中，公益慈善正发挥着越来越大的积极作用。一方面，《中华人民共和国慈善法》（以下简称《慈善法》）的颁布实施体现了中国社会的进步，使慈善有法可依。另一方面，《慈善法》的实践也带动了其他社会治理领域的变革，从而使政府、市场和社会组织形成跨界融合，实现多元共治的社会新格局。

除了政府层面，公益的市场化和社会化将是未来几年公益慈善事业的重要话题和实践方向，公益慈善生态系统中将会出现一系列支持性机构，共同打造更全面更系统的公益生态。其中，公益慈善筹款方式的多样化、市场化是一个值得探索的方面，让专业的服务机构通过有偿服务，协助慈善组织合法合规地筹集更多善款，是一个值得推广的做法，这里面包括了公益慈善捐赠物资的募集、评估、变现，筹款活动设计策划、咨询、执行等。

对于捐赠物资的募集，以前国内大多停留在救灾应急物资层面，对非灾期捐赠物资的筹集和变现缺乏开发、利用，甚至存在大量救灾物资不能切合实际使用需要的浪费现象，这也是国内与国际公益慈善发达国家在做法上有差距的一个重要体现。所以，常态化开发募集捐赠物资是新时期公益慈善筹款的一个重要话题。首先，捐赠物资征集方向应多样化，包括各种实用物资和无形资产；其次，用公开的方式变现，让更多人参与到竞买中，筹集更多的善款。而拍卖，是最好的变现交易方式。

近年来，拍卖以其公开、公平、公正、价高者得的交易特点，逐渐成为世界上应用较广的交易方式。新中国的拍卖行业恢复于 1986 年。1996 年 7 月 5 日，全国人大常委会颁发了《中华人民共和国拍卖法》（以下简称《拍卖法》）；1997 年，全国第一批执业拍卖师通过考试走上拍卖台。十多年来，国家针对拍卖行业陆续出台了若干个标准化制度文件，可以说，中国的拍卖业无论是在国家立法方面，还是行业规范、标准化操作方面都走在国际同行的前列。在过去的三十多年中，缉私罚没物资拍卖，司法拍卖和国企改制、金融不良资产拍卖，为社会主义经济建设发挥了一定的积极作用。

2016年《慈善法》颁布实施，其中有三处提到了拍卖，不仅鼓励用拍卖的方式筹集善款，也明确了拍卖作为慈善组织筹款的方式之一，可以在筹集到的资金中扣除合理成本。这也是国家肯定和鼓励慈善活动运用拍卖这种专业服务方式的信号。《慈善法》规范了不同性质的慈善组织募捐的范围，包括面向社会公众的公开募捐和面向特定对象的定向募捐。在公益拍卖活动中，慈善组织是活动的主体。拍卖机构用拍卖的方式协助慈善组织募捐，其法律角色是专业服务商，其行为受《拍卖法》的约束。所以，公益拍卖中拍卖的角色定位是商业行为。拍卖以商业行为的角色参与公益，与公益共同组成一个完整的公益拍卖有机体。

新时代下，拍卖行业如何创新进取，发挥行业优势，服务于公益活动，如何与社会组织一起，营造公益慈善土壤和生态圈，并发挥宣传优势，打造正能量、快乐奉献的氛围，努力发挥其在满足人民群众日益增长的美好生活需要中的独特作用，是我们近年来探索的公益范畴内的工作内容。

二　广州公益拍卖现状

公益慈善组织通过组织公益活动筹集善款，帮扶有需要的困难群体，是值得提倡的公益慈善行为，其中公益拍卖是非常好的形式。在国际上，拍卖是公益慈善事业比较发达的国家采取的一种特别重要的筹款手段。如美国法律鼓励非货币捐赠，并有拍卖免税优惠，通过公益拍卖筹集善款是美国慈善机构非常重要的一个募资渠道。而且，参加公益拍卖会也是民众喜爱的一种重要社交活动。以这种拍卖的方式传播慈善文化，也是美国公益慈善事业发达的原因之一。但是，目前广州的公益拍卖还处于初级阶段，拍卖的意识，拍品的来源、种类，拍卖的策划服务水平等都还与国际水平有较大差距，存在一些亟待解决的问题。

（一）法律意识有待增强

《慈善法》是个分水岭，把没有法律法规规范的慈善活动和依法行善区别开来。《慈善法》颁布实施前，任何社团、企业、个人都可以用“公开叫价”的方式出售物资筹集资金，国家没有对资质、面向群体、资金使用等方面的要求和规范，很多所谓的慈善拍卖鱼目混珠，监管也存在很多漏洞。《慈善法》颁布实施后，所有冠以“公益拍卖”的筹款行为都必须与法律挂钩。一方面要按照《慈善法》的规定，发起拍卖征集，确定发布范围、群体对象，公开费用成本、善款去向等。另一方面必须遵守《拍卖法》等法律，规范拍卖行为、维护拍卖秩序、保护拍卖活动各方当事人的合法权益，其中包括了拍卖主持的资质条件、不同拍卖物资的拍卖手法申报、拍卖会公告、违约责任处理等。但现实中，冠以“公益”之名的很多拍卖活动实际上并没有按《慈善法》《拍卖法》等法律规定实施，比如没有发布拍卖公告，没有由有资质的拍卖企业组织或由国家注册拍卖师主持拍卖会，没有按文物拍卖审批要求报批等。不少慈善活动现场，存在明星上台主槌拍卖，假文物时有出现，“拍卖”完不履行买家责任等乱象。因此，对参与活动的各方需要进一步保障、约束、规范。

（二）专业水平有待提高

目前，我国极少有专业从事公益拍卖活动的拍卖企业，整个公益拍卖行业专业操作水平整体偏低，这也是与国际同业存在差距的地方。很多公益拍卖活动仅仅是企业、社团年会活动中的一个环节，即使是专场拍卖，也大多流于形式，作秀的成分占比偏大，缺乏专业策划、统筹组织，无法有效发动大众，同时缺乏可持续操作能力，大多是蜻蜓点水，达不到传播公益的目的。

（三）形式、手段、拍品有待丰富

公益拍卖也需要创新。以往的很多公益拍卖仅流于表面。公益是有温度的，拍卖也不是一台叫价机器，手段不能太单一，形式不能太枯燥。另外，拍品不够丰富，停留在传统的艺术品范围。其实，公益拍卖拍品可以是除了法律法规禁止交易外的任何有形、无形资产，包括各种动产、产品、物业、使用权、消费券等。以上几个方面的单一化，也是目前广州公益拍卖普遍存在的问题。

随着《慈善法》的颁发实施，广州亟须在专业化公益拍卖方面努力探索，让《慈善法》提倡的这种筹款方式成为各慈善组织筹款的补充手段，形成更全面的公益生态链。

三　探讨如何运用公益拍卖为慈善组织筹款

2002 年，广州乃至全国并没有多少案例和经验可供借鉴，广东华友拍卖行有限公司（以下简称“华友拍卖行”）结合广州的人文特点、市场需求，开始涉足公益拍卖。在《慈善法》颁布实施后，华友拍卖行通过参与全国《公益拍卖规程》的起草，赴美国参加公益拍卖专家课程的学习、交流，并在美国、国内组织了多场公益拍卖，逐渐形成一套较为成熟、专业的公益拍卖操作模式。华友拍卖行于 2016 年开始建设公益拍卖系列活动品牌——“公益同行”，弘扬、宣传公益文化，普及《慈善法》，倡导人人公益，严格按《慈善法》和《拍卖法》等法律法规开展各环节工作，协助慈善组织开展公益慈善筹款活动，取得了较好的社会效益和筹款成效。主要经验和做法如下。

（一）创新拍卖策划和专业服务

以前，拍卖行参与公益拍卖，往往只是负责现场主持，由拍卖师临场发挥。其实，专业的公益拍卖必须有专业的策划、组织和服务。2008 年，笔者曾在全国拍卖师研讨会上明确提出：拍卖师不是叫价机器。公益拍卖不能只靠情怀。拍卖机构要组织好一场公益拍卖，必须针对具体的慈善活动去深度了解、挖掘素材，根据素材去定制个性化的活动方案，进而根据方案一步步实施、调整，做好对拍卖活动所涉及各方的服务。整个工作过程需要综合传播学、组织管理学、广告营销学、美学等学科的技术，以及产品分析、谈判技巧、现场应急、物流、人际等经验要求。在这方面，我们既吸纳了国际成熟的做法，也结合了我国现阶段的特点，以经验丰富、富有创新意识的资深拍卖师为核心，组建公益拍卖专业团队，并吸纳部分志愿者，形成一个常态化的专业公益拍卖模式。

1. 统一标识和口号

为公益拍卖活动设计专用标识，用于整个活动各环节的工作、资料中，包括拍品征集公告、拍卖会资料、拍品图录、臂贴、志愿者服装等，扩大慈善行为的宣传范围。

为活动设拍卖口号。例如，“公益同行”公益拍卖活动的口号是“艺术与公益同行，公益与生活相伴”。这句话有双重意思：一是指艺术、生活与公益的关系，公益不仅是一种精神追求，也将成为一种生活习惯；二是指公益拍品种类，公益拍品不应仅停留在国内传统公益拍卖的一般标的——艺术品，还应该包括国外公益慈善拍卖通行的、包罗生活方方面面的各种产品、物资。

2. 扩大公益拍品种类

在拍品开发、募集方面，应跳出传统公益拍卖以艺术品为主的做法，引导社会爱心人士捐赠涵盖有形、无形资产方面的拍品，包括但不限于：

——有价消费券：礼品券、酒店住宿券、课程券等；

——产品、物资：车辆及其他消费品等；

——服务：专业人士服务时长；

——不动产权益：房产产权、物业租赁使用权、车辆使用权等；

——纪念品：来源清晰、有意义、有故事、呈现正能量的公众人物收藏物品等；

——艺术品：书画、珠宝、民间艺术品等；

——其他。

以上拍品种类设计扩大了中西传统公益拍卖标的种类，能比较有效地吸引新时代中国经济社会中各领域、各行业共同参与公益慈善事业。

3. 丰富公益拍卖活动形式

慈善拍卖涉及的公益方向应多样化，涵盖助学、济困、环保、恤孤、恤病等领域。应与较多的慈善组织和社会团体合作，吸引各类人群，参与人群可涵盖从幼儿园、小学生到百岁老人的各年龄段人士。例如，“小小公益拍卖师体验营”活动，面向社会招募从幼儿园到中学的青少年儿童，组织他们观摩公益拍卖，培训公益拍卖基本知识和主持技巧，由他们自发捐献简单拍品并上台主持公益拍卖，让孩子们在轻松的氛围中体验公益慈善的乐趣。通过举办“小小公益拍卖师体验营”活动，一方面广播善种，让孩子们从小接受公益慈善的熏陶；另一方面广结善缘，通过孩子们的参与带动家庭参与到公益慈善中。

4. 坚持“网络＋实体”立体多样化服务

坚持在做好公益拍卖宣传、组织竞买的线下实体服务的基础上，积极利用网络传播的优势，在国内各大成熟的网络交易平台发布公告、公开竞价，并探索建设了自有公益网站，一站式提供公益拍卖所涉及的拍品展示、竞价平台链接、咨询等服务。在拍卖形式方面，采用现场拍卖、PC 端平台拍卖、App 平台拍卖、微信拍卖等线下线上相结合的方式。

5. 坚持拍卖成本必要性原则

以前，公益拍卖都是羞于谈成本。而事实上，公益活动都是有成本的。《慈善法》第五十三条规定：“捐赠人捐赠的实物不易储存、运输或者难以直接用于慈善目的的，慈善组织可以依法拍卖或者变卖，所得收入扣除必要费用后，应当全部用于慈善目的。”这里的“必要费用”就包括公益拍卖的成本。公益拍卖的目的之一是实现公益利益最大化，专业的拍卖策划、宣传感召、动员竞买等配套服务可以为拍卖成交率、价格、宣传效应带来积极影响。坚持拍卖成本必要性原则，就是鼓励公益拍卖实施方投入更多专业技术、人力、物力，达到更好的拍卖效果，筹集更多善款。当然，控制不必要的拍卖成本也是非常有必要的，《慈善法》也要求：“慈善组织应当积极开展慈善活动，充分、高效运用慈善财产，并遵循管理费用最必要原则，厉行节约，减少不必要的开支。”所以，公益拍卖要更加注意在活动的各个环节控制成本，厉行节约，反对铺张浪费。

6. 推动公益拍卖与商业的合作

公益与商业并非矛盾对立的关系，商业可以助推公益走得更高、更远。寻求公益与商业的结合，最大限度发挥公益价值，是全球公益慈善界一直在探讨和尝试的。落到公益拍卖方面，我们会尽力让参与公益拍卖的各方在做公益的同时，把商业融入进来，让他们能够在合法合规地参与公益拍卖的过程中实现各自的需求。公益拍卖在拍品设计、征集和拍卖过程中应探索与有商业背景的捐赠人、竞买人、服务商等进行广泛的合作，如通过品牌传播、价值影响、模式推广，以及设立有底价或成交金额比例捐赠的做法，鼓励有商业背景的捐赠人多捐高品质多样化的拍品，让有商业背景的竞买人能够在做慈善的过程中提升社会美誉度，扩大品牌影响力。

（二）依法依规实施公益拍卖

严格按照《慈善法》《拍卖法》等法律法规开展公益拍卖各环节工作。

1. 做好备案工作

（1）民政部门备案。《慈善法》第二十三条规定：“慈善组织通过互联网开展公开募捐的，应当在国务院民政部门统一或者指定的慈善信息平台发布募捐信息，并可以同时在其网站发布募捐信息。”第二十四条规定：“募捐方案应当在开展募捐活动前报慈善组织登记的民政部门备案。”2016 年 8 月 31 日，民政部发布的《慈善组织公开募捐管理办法》对如何依法开展募捐活动和具体的备案手续也有相应规定。总的来讲，一是慈善组织制定募捐方案，根据以上所述规定在民政部统一指定平台“慈善中国”备案；二是获得通过后，在慈善组织自己的网站公布募捐方案；三是在慈善组织登记的民政部门备案。在此过程中，慈善拍卖是募捐的方式，慈善拍卖相关方案、信息均是公开募捐行为的一部分，因此一并在备案程序中体现。按规定，备案应在活动开展 10 日前申请，但具体操作起来，一般都是提前提交备案申请，以便留出足够的时间发动征集、动员竞买等。拍卖机构不得擅自发布慈善拍卖征集公告，因为拍卖机构不是慈善组织。但是，在慈善组织备案后，拍卖机构可以受慈善组织委托启动征集工作。2017 年，某拍卖行在为广州一慈善机构组织公益拍卖的过程中，发现该机构不仅没有到民政部门办理活动报备，而且在《慈善法》实施后也没有到民政部门办理公开募捐资格认定，该拍卖行及时提醒该机构办理了相关手续，使此次公益拍卖活动依法依规顺利举行。

（2）文物管理部门备案。我国传统的公益拍卖拍品类型为艺术品，艺术品中涉及文物的，要遵守法律法规的相关规定。我国《文物保护法》第五十六条规定："拍卖企业拍卖的文物，在拍卖前应当经省、自治区、直辖市人民政府文物行政部门审核，并报国务院文物行政部门备案。"《文物拍卖管理办法》第十二条规定："拍卖企业须在文物拍卖会举办前，将拟拍卖标的整场报省、自治区、直辖市人民政府文物行政部门审核。"公益拍卖也是拍卖的一种，不能因为是公益慈善目的就脱离了文物管理法规的约束。

（3）工商管理部门备案、备查。根据 2001 年 1 月 15 日国家工商行政管理局颁发的《拍卖监督管理办法》，各地工商管理部门均要求拍卖机构必须于拍卖前七日至拍卖后七日内到拍卖企业登记的工商管理部门进行拍卖备案。2017 年虽然放开强制备案，但仍然要求拍卖机构要做好内部档案整理，随时接受工商管理部门的核查。拍卖行每一场公益拍卖会都应按照工商管理部门的要求完成备案或备查。

2. 坚持“三公一诚”原则

公益拍卖是一种特殊的民事活动，公益拍卖除了必须遵守《慈善法》，还必须以《拍卖法》作为组织拍卖的法律依据，以公开、公平、公正、诚实信用为基本原则。

（1）刊登拍卖公告。我国《拍卖法》第四十五条规定："拍卖人应当于拍卖日七日前发布拍卖公告。"除了法定的公告刊登义务，还要有多种形式的公布、发动活动。

（2）公开竞价，价高者得。公开透明是拍卖的优势，坚持公开竞价、价高者得原则，实现公共利益最大化，是公益拍卖的主要目标。所以，按《拍卖法》规定公开展示拍卖标的、公开竞价过程、公平竞争是公益拍卖应当遵循的基本原则。在选择拍卖标的时，也要严格把关，不能因为是公益拍卖就放松对标的的审核，切实做到对参与公益拍卖的各方都负责，恪守诚实信用原则。

3. 厘清公益拍卖中的财税、票据、合同、规则问题

目前，财税部门在捐赠票据开具对象和税务抵扣实操方面还存在不足。承担公益拍卖的机构必须在委托拍卖合同条款、拍卖规则设计、票据开具等环节，与财税部门保持密切沟通，解决好捐赠人和竞买人在参与公益拍卖时涉及的财税问题，提升服务质量，不影响捐赠人和竞买人的参与热情。

习近平总书记在党的十九大报告中指出，要提高保障和改善民生水平，加强和创新社会治理，打造“共建共治共享”的新时代治理格局。引导社会组织探索合法、合理、多元的筹资渠道，调动各领域、各行业、各阶层参与公益慈善的积极性和主动性，是打造“共建共治共享”新时代治理格局的题中应有之义。公益拍卖作为一种公开透明、传播性强的筹资渠道和传播方式，应得到鼓励发展，以其专业化、规范化的服务促进公益事业的发展，注入新时代的内涵，为满足人民群众对美好生活的向往贡献一份力量。

案 例 篇

Case Studies

B.12
非遗扶贫新经济，电商扶贫新模式

唯品会公益*

摘　要： 越来越多的互联网企业参与乡村扶贫的发展工作，各大电商企业则利用自身的优势和会员基础，在企业、公众和贫困群体之间搭建扶贫平台，推动乡村经济和社会的整体发展。本文主要以唯品会电商扶贫模式以及唯品会电商公益平台“唯爱工坊”为研究对象，对项目的理念、模式、成果以及影响进行了全面梳理。本文通过探讨唯品会助推的非遗扶贫新经济如何助力我国乡村社区的可持续发展，论证分析电商在开展精准扶贫工作时的优势，以及互联网企业为扶贫带来的创新可能性，并梳理电商扶贫工作的模式

* 2011年6月，唯品会经广东省民政厅审批成立广东省唯品会慈善基金会，开创了国内电商设立慈善基金会的先河。唯品会公益主要开展公益助学、精准扶贫、女性公益、环境保护等多类公益项目，以加强企业社会责任感，提高公众慈善意识。

与方法。唯品会公益坚持以市场为导向，因地制宜，发展非遗特色时尚产业，并引入知名品牌的设计师，培育上下游龙头企业，形成“电商平台 + 入驻知名品牌 + 时尚设计师 + 龙头企业”的全产业链帮扶模式。下一步，唯品会将一如既往地投入到精准扶贫事业中，带动其他电商企业参与精准扶贫，继续深入推广和扩大现有项目，并积极探索新的扶贫项目，力求给予贫困群体更大的帮助，探索更多元化的电商扶贫方式。

关键词： 唯品会　电商扶贫　非物质文化遗产

一　电商与精准扶贫

（一）企业参与精准扶贫攻坚战

2015 年发布的《中共中央国务院关于打赢脱贫攻坚战的决定》，提出了我国脱贫攻坚的总体目标：“到 2020 年，稳定实现农村贫困人口不愁吃、不愁穿，义务教育、基本医疗和住房安全有保障；实现贫困地区农民人均可支配收入增长幅度高于全国平均水平，基本公共服务主要领域指标接近全国平均水平；确保我国现行标准下农村贫困人口实现脱贫，贫困县全部摘帽，解决区域性整体贫困。”

根据国家《“十三五”脱贫攻坚规划》的指引，国内企业参与精准扶贫主要从产业发展脱贫、转移就业脱贫、易地搬迁脱贫、教育扶贫、健康扶贫、生态保护扶贫、兜底保障、社会扶贫等方面展开。其中，以投资发展贫困地区特色产业为主的产业发展脱贫、以职业技术培训为主的转移就业脱贫、以捐建希望学校为主的教育扶贫成为大多数传统企业开展精准扶贫的方式。这些精准扶贫方式在发挥领头作用、实现巨大成效、帮助众多贫困户脱贫的同时，也在一定程度上表现出了与公众联系不够紧密、帮扶对象脱贫可持续性较难得到保证等问题。

（二）电商在精准扶贫中的优势

互联网是信息时代最重要的信息发现、搜集、处理和传播工具，与精准扶贫具有天然的契合性。习近平总书记指出："要实施网络扶贫行动，推进精准扶贫、精准脱贫，让扶贫工作随时随地、四通八达，让贫困地区群众在互联网共建共享中有更多获得感。"电商平台的出现，为网络扶贫带来了新的元素和方向，有助于从多个方面发挥产业扶贫的作用。2016 年，国务院扶贫办等 16 个部门联合出台的《关于促进电商精准扶贫的指导意见》要求："进一步创新扶贫开发体制机制，将电商扶贫纳入脱贫攻坚总体部署和工作体系，实施电商扶贫工程，推动互联网创新成果与扶贫工作深度融合，带动建档立卡贫困人口增加就业和拓宽增收渠道，加快贫困地区脱贫攻坚进程。"

首先，电商平台使贫困地区和贫困户的产品信息变得更易被市场获得，而将产地和生产者的身份认证与电商结合，能促进社会的爱心采购，直接增加生产者的收入。其次，电商平台的发展会创造新的岗位需求，如销售服务人员、物流人员，可以使原来在劳动力市场上不具有优势的群体进入市场，通过产业链的延伸和吸附，使相关产业的发展更具有包容性，惠及更多贫困人口。最后，通过将贫困户纳入电商相关产业链，可以依托互联网生成大数据，收集贫困户经营能力、服务水平、交易信用等信息，有助于金融部门根据这些信息开发具有针对性、成本相对较低的金融产品，也有助于公共部门和社会机构识别贫困户在生产经营过程中的紧迫需求。

（三）国内电商企业参与精准扶贫的现状

2017 年 12 月 3 日，第四届世界互联网大会在浙江乌镇开幕，大会举办了一场"共享红利：互联网精准扶贫"论坛。这也是世界互联网大会举办四年以来，首次围绕"互联网 + 精准扶贫"主题开设论坛，表明参与精准扶贫越来越得到互联网企业的重视，也越来越被社会及公众所关注。

在论坛上，中国扶贫基金会、阿里巴巴、京东、唯品会等18家单位与甘肃临夏州、四川凉山州昭觉县、江西省寻乌县等13个深度贫困州县签署网络扶贫结对帮扶协议，未来将重点围绕网络覆盖、农村电商、信息服务、网络扶智、网络公益五大工程开展结对帮扶项目，聚力打赢脱贫攻坚战。其中，唯品会作为重点互联网企业的代表，与国家级贫困县贵州织金县签订结对帮扶协议，扶持织金蜡染、苗绣等发展，持续推进“定制化”特色扶贫项目。

作为国内突出的电商企业，京东和中华思源工程扶贫基金会开展战略合作，在扶贫、救灾及公益慈善事业上发挥各自的资源优势，共同开展“百县千村十万户”精准扶贫工作；蚂蚁金服则是依托以为贫困户投保综合型商业保险为基础的“泗洪模式”来开展“互联网＋精准扶贫”工作。国内企业开展“互联网＋精准扶贫”工作的趋势及其优点如表1所示。

表1　国内企业开展“互联网＋精准扶贫”工作的趋势及其优点

趋势	代表企业	优点
利用电商优势和会员基础,搭建扶贫平台,连接品牌、公众与贫困群体	京东、唯品会等	有效整合多方资源、紧密联系社会公众
提供专业性产品服务,直接帮扶贫困群体	蚂蚁金服等	易于被接受、推广,复制性高
利用自身销售产品与贫困地区特色农产品的契合,提供/整合销售渠道	蒙牛、易果生鲜等	充分利用自身已有资源
利用自身技术优势,提供技术解决方案	金山云、连尚网络等	充分发挥技术优势

二　唯品会公益与精准扶贫

（一）唯品会公益简介

唯品会是电商行业系统性开展战略公益项目的先行者。2011年6月，唯品会注册成立了首个电商行业慈善基金会——广东省唯品会慈善基金会，该基金会以关爱弱势群体、致力公益事业、倡导社会责任为宗旨。

2017年，围绕“传承品质生活，提升幸福体验”的企业使命，唯品会打造了独特的电商公益模式，充分发挥公司在大数据分析技术、在线服务、3 亿会员资源以及品牌号召力方面的优势，打造可持续发展的互联网公益生态，形成了以可持续发展为核心，以跨界互联为创新引擎，以平等赋能为支点撬动大众爱心能量的公益理念。

（二）唯品会公益成果

唯品会公益核心成果如下：

——逾 1.3 亿元捐款；

——10 家“唯爱·妈妈制造合作社”；

——6 所唯品会小学；

——1 所唯品会爱心幼儿园；

——12 间山区爱心多媒体教室；

——8 万余件物资；

——受益人数超过 69 万人。

（三）唯品会公益布局

在以可持续发展、跨界互联、平等赋能为要点的公益理念引领下，唯品会公益持续关注青少年发展支持、女性赋能、精准扶贫以及互联网公益创新平台价值四大公益方向，发挥电商的资源优势，打造了“唯品会公益助学计划”、“唯爱·妈妈＋幸福赋能计划”、“唯爱工坊”、唯品会 App“我的公益”平台——三个“唯”系列旗舰项目和一条平台纽带，对不同困难群体实施精准帮扶（见图 1）。

1. “唯品会公益助学计划”

唯品会长期深耕助学事业。作为唯品会公益最早启动的板块，经过不断探索和升级迭代，“唯品会公益助学计划”突破了传统资助型助学模式的瓶颈，开创“你提名，我资助”的公益联动方式，更广泛、更精准地对接贫困学子。

“唯品会公益助学计划”逐步形成了可持续、高效、全面的综合性助学

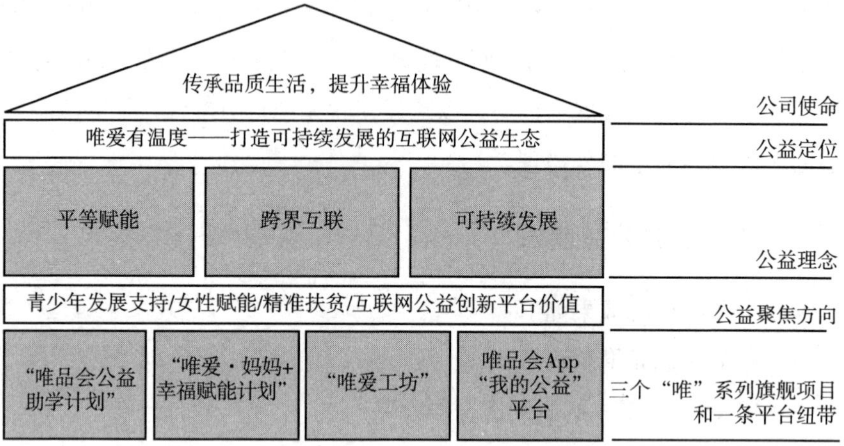

图1 唯品会公益布局

模式，帮助受助学子全面提升自我能力，实现从受助到自助再到助人的正能量循环升级。截至2017年底，唯品会公益累计帮扶3.2万名贫困学子，帮扶资金超过5000万元。未来，“唯品会公益助学计划”还将打造青少年综合发展枢纽平台，联动各方为贫困青少年的未来发展源源不断地输送正能量。

2.“唯爱·妈妈+幸福赋能计划”

唯品会3亿会员中80%以上是女性，唯品会希望能在女性发展领域肩负起赋能“她力量”的使命，开创带有唯品会特色的女性公益。唯品会公益于2017年12月启动单亲妈妈关爱项目——“唯爱·妈妈+幸福赋能计划”，并捐赠1000万元，用于支持广东省唯品会慈善基金会成立国内首个由电商成立的单亲妈妈发展专项基金——“唯爱·妈妈+专项基金”，用授人以渔的方式提升单亲妈妈生活和工作的能力。截至2017年底，唯品会公益在女性赋能方面累计投入资金超过2200万元。

3.“唯爱工坊”

“唯爱工坊”是唯品会全力打造的专注于非遗活化和传承的电商公益平台。通过行业联合指导、非遗人才培养、非遗时尚产品打造、电商公益售卖等举措，推动非遗现代生活化、时尚商品化和发展可持续化，并实现对非遗传承人的帮扶。

4. 公益生活化

唯品会致力于推动公益生活化。2016 年，唯品会 App 推出“我的公益”平台，创新打造了“运动 + 公益”爱心机制，采用“你走我捐”的模式，鼓励每一个人在享受运动乐趣的同时，让每一步都有“益”。2017 年，唯品会 App“我的公益”平台受到大众的热捧，累计转化善款 6300 万元，为唯品会公益项目提供源源不断的资金以及社会力量的支持。

（四）唯品会扶贫新模式

唯品会积极响应国家号召，充分发挥电商优势资源，通过互联网先导力量和驱动作用，深入开展精准扶贫工作。2017 年，唯品会探索出了以可持续赋能为核心，构建精准扶贫资源群聚平台，实现品质消费与精准扶贫兼得的唯品会扶贫新模式，让互联网发展成果惠及贫困群体，带动上千名建档立卡贫困户脱贫。

1. 构建精准扶贫资源群聚平台

企业在参与精准扶贫时，应从自身行业特点和资源优势出发，找准切入点。作为电商，唯品会充分发挥三大核心优势，构建精准扶贫资源群聚平台：

——强大的电商运营资源，可为扶贫产品提供产品设计、品牌塑造、品质管理、物流仓储以及销售平台的全面支持；

——互联网技术优势为在线服务及赋能支持体系提供更大可能，使其更高效地覆盖广泛的贫困群体；

——以 3 亿会员为后盾，搭建资源群聚平台，让精准扶贫具有多元化可能。

唯品会发挥自身优势并汇聚多方社会资源，建立了全方位的扶贫支撑体系，全面涵盖直接经济及物质帮扶、教育扶贫、公益产品市场孵化、综合赋能以及乡村社区共建等方面，为贫困群众提供“定制式”扶贫模式。一方面，唯品会链接3亿会员，通过“运动+公益”以及“消费即公益”的模式，为扶贫项目注入资金与力量；另一方面，唯品会撬动20000多家品牌合作伙伴的力量，搭建灵活创新的品牌公益合作联盟，为贫困群体提供多元化的专业支持。

2. 可持续赋能成就“造血”式扶贫

唯品会认为，精准扶贫的核心目标是帮助贫困群体获得可持续发展的能力，真正实现从社会扶贫到自立脱贫。因此，唯品会电商扶贫创新模式也以可持续赋能为核心，帮助贫困群众发现自己的亮点和优势，提升他们的能力。唯品会不仅希望为受助对象带去可持续的收入，更要让他们拥有一个有尊严的未来。

唯品会精准扶贫主要通过教育扶贫和产业扶贫两个抓手对贫困地区群众进行综合赋能（见图2）。以教育扶贫为例。扶贫先扶智，教育扶贫是彻底、稳定脱贫的重要推手。“唯品会公益助学计划”通过让贫寒学子继续学业，最大程度阻断贫困代际传递。《关于促进电商精准扶贫的指导意见》提出要“推动互联网创新成果与扶贫工作深度融合”。基于此，唯品会公益在2017年推出了“你提名，我资助”公益助学模式，公众可以通过唯品会App“我的公益”平台进行提名。这不仅提升了助学帮扶的精准度和广泛度，还通过健康正能量的参与方式，无缝连接公众爱心供需，提升项目的社会关注度和影响力。唯品会公益还采取互联网教育创新模式，建设了12间山区爱心多媒体教室，不仅有效引入优质教育内容与资源促进教育公平，更让偏远地区的孩子拓宽视野，接触最新的技术及发展趋势，让他们能与时俱进地规划自己的未来。

3. 品质消费与精准扶贫兼得

在电商扶贫专场上，唯品会不是简单地直接为现成商品开通销售渠道，而是发挥电商优势，把提升贫困群体的创业就业技能作为核心，打造了特色电商公益平台——“唯爱工坊”，并探索出非遗活化和品质农产两个特色扶贫板块。

以品质农产板块为例。唯品会寻找品质农产，并通过电商平台推荐给更多消费者。2017年上线的“守望乡土真味”黑土麦田专场、“美味求真之奉

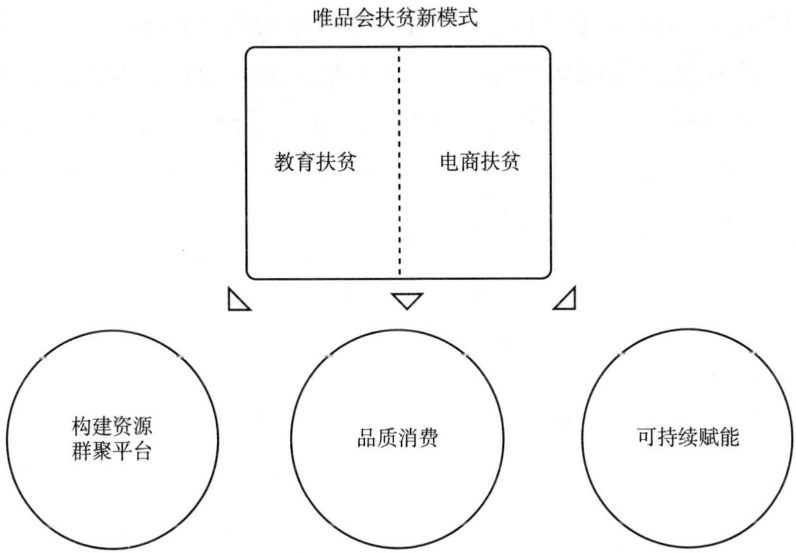

图 2　唯品会扶贫新模式

节脐橙”电商扶贫专场等，为创客、果农、经销商提供了优质平台，通过互联网将产品推向市场，带动贫困户持续增收。

三　唯品会创新电商公益平台

（一）“消费即公益”双赢公益实践的含义

在传统认知中，企业做公益的方式就是捐钱捐物，也就是“公益 = 捐赠”。在这个互联网走进千家万户，公众越来越有意愿通过各种方式参与公益以推动社会可持续发展的时代，唯品会从电商企业的角度出发，希望改变“公益 = 捐赠”的认知与模式，开创“消费即公益”的双赢公益实践。

唯品会拥有 3 亿会员，通过电商平台可有效地把这股强大的消费力转化为扶贫动力。同时，作为时尚电商，唯品会通过充分发挥其在资源链接、电商运营以及市场趋势洞察等方面的独特优势，帮助贫困群体获得可持续发展力，创造本土创业就业的机会。这不仅响应了政府“精准扶贫”的号召，更是“授人以渔”带有电商特色的新型体现，能够帮助贫困群体创造美好、传递美好，使他们以更有能动性、更有尊严的姿态融入社会。基于这两点，唯品会搭建了一个既能让广大消费者享受高品质产品，又可让贫困群体直接获利的创新公益平台——“唯爱工坊”。

（二）“唯爱工坊”简介

1. 项目手法

凭借深厚的电商运营经验和丰富的时尚品牌资源，“唯爱工坊”打通了产品后端与销售前端，在让3亿会员享受到品质产品的同时，把消费转化为公益扶贫力量。

“唯爱工坊”是通过“见人·见物·见生活”三部曲实现具体落地的。唯品会公益坚持以市场为导向，因地制宜，发展非遗特色时尚产业，并重点引进各知名品牌设计师力量，培育上下游龙头企业，形成“电商平台+入驻知名品牌+时尚设计师+龙头企业”的全产业链帮扶模式。

“见人”：“唯爱工坊”开展一年以来，唯品会携手中国妇女发展基金会与妈妈制造项目组在全国捐建10家“唯爱·妈妈制造合作社”，通过知识传授、技能培训、美学设计，支持帮助当地女性手艺人发挥手工艺特长，传承传统民族文化，并通过创造更多非遗就业岗位，吸引妇女返乡就业，解决留守儿童和空巢老人的社会问题，让非遗后继有人。

“见物”：唯品会公益在非遗和时尚之间搭起桥梁，联合知名品牌及时尚设计师，深入非遗地采风，与手艺人共同打造时尚非遗产品，找到非遗技艺与现代工艺的最佳结合点，创造出以民族文化为魂、以时尚颜值为形，具有市场竞争力的非遗定制产品。“唯爱工坊”开展一年以来，共推出了27种非遗技艺的数万件产品，推动了非遗的现代生活化、时尚商品化、发展可持续化。

“见生活”：唯品会发挥电商优势，为产品提供免费的包装设计、质检、运营和物流等一系列支持，并通过“唯爱工坊”频道链接3亿会员，对所有产品进行纯公益零利润的售卖，上线公益专场，让消费者使用并爱上非遗产品，让非遗重回现代生活。

非遗产品蕴含着丰富的传统文化，是非遗技艺的重要载体。时至今日，非遗之美要融入现代社会，进一步回归生活，需要通过兼具时尚性与实用性的物品来传递。唯品会发挥电商平台的资源和优势，邀请设计师对非遗产品进行定制设计，还携手16个时尚品牌共同启动了“唤醒千年之美——非遗万物品牌联合计划”，以利用时尚品牌在时尚设计、产业化生产以及市场拓展方面的优势。

“唤醒千年之美——非遗万物品牌联合计划”的具体操作模式如下：首先，让合作品牌设计师选择非遗技艺作为产品设计灵感；其次，唯品会公益与时尚品牌的设计师共同前往非遗手工艺生产点，对非遗手工艺和民族文化进行浸入式采风，让文化内涵赋予时尚设计灵魂；最后，合作品牌利用现代时尚产业的先进设备与技术优势打造定制式非遗时尚产品，并在“唯爱工坊”平台对这些产品进行公益售卖，让消费者感受非遗的千年之美，也让贫困妇女获取有尊严的收入。真正实现“见人·见物·见生活”，让非遗技艺重回生活，得以传承。

唯品会公益相信在品牌的共同努力之下，将有越来越多的非遗时尚产品面世。不仅能让非遗重回大众生活，更能让贫困妈妈们凭借非遗技艺获得有尊严的收入，吸引更多妇女返乡就业，与家人孩子共享天伦之乐，有效实现精准扶贫，解决留守儿童和空巢老人问题。

2. 项目成果

“唯爱工坊”开展一年以来，已踏访12个省份，在6个省份捐建了10家“唯爱·妈妈制造合作社”，成功开展10期专场，上线27种非遗技艺的数万件产品，精准对接14个国家级贫困县。以贵州省毕节市织金县“唯爱·妈妈制造蜡染合作社”为例，唯品会公益已同4个知名服装品牌合作推出了蜡染腰封、蜡染巴拿马礼帽等“爆款”商品。截至2018年底，“唯爱工坊”带来了约1500万元的劳动收入，直接帮助超过5000名贫困妇女增收。

唯品会公益陆续与“唤醒千年之美——非遗万物品牌联合计划”的16

个合作品牌，一起前往海南、贵州、云南、新疆等地开展了7项非遗技艺的采风工作，共设计出近50款定制化非遗时尚产品。比如，在织金县的采风中，唯品会公益带着品牌设计师深入了解蜡染的制作步骤、工艺特点和传统纹样的故事，力求在设计中保留蜡染的工艺特点和文化内涵。经过设计师和蜡染手艺人的通力合作，最终创新出以蜡染的传统涡纹元素在8毫米宽的表带上绘制出放射状花型纹样的方法。

唯品会公益还带领非遗技艺走出中国，让东方时尚产业与世界接轨。2017年，唯品会受邀参加女性可持续发展国际论坛，唯品会副总裁黄红英在联合国做了“唯爱前行，赋能‘她能量’”的主题演讲，并将土族阿妈的盘绣作品在纽约时代广场LED广告屏展出。通过把中国的传统技艺从田间带到国际，唯品会既弘扬了博大精深的中华文化，搭起了一座文化沟通的桥梁，促进世界文化共同繁荣，也让非遗在更高的舞台上感受全球时代脉搏，获得更多创意灵感。

（三）“唯爱工坊”案例

1. 苗族姑娘的刺绣故事

杨林先今年37岁，出生在贵州省毕节市织金县，是土生土长的苗族姑娘。织金县的乡亲们世代都擅长蜡染和刺绣，杨林先从小耳濡目染，练就了一身技艺，尤其精通马尾绣。年轻时迫于生计，杨林先和村里许多年轻人一样外出打工。然而，背井离乡、在外漂泊的生活，终究不是她的理想，于是她决定带孩子回到家乡生活。回乡后，由于没有一技之长，杨林先开起了出租车。考虑到开出租车不是长久之计，加上看到许多姐妹找不到工作，杨林先总在琢磨着带动姐妹们一起干点什么。左思右想后，她瞄准了蜡染和苗绣这两种非遗技艺，却苦于找不到产品出路。

“唯爱工坊”项目团队前往织金县进行实地走访时了解到，在织金县的544个行政村中，约有4万名会蜡染和苗绣的女性，其中有7000个建档立卡的贫困户，而且在全织金县13.3万的建档立卡贫困户中，半数为女性。如果能以苗绣和蜡染扶贫为切入点，可望有效带动女性当地就业、创收增收，并实现对建档立卡贫困户的精准帮扶工作。但绣娘们分散在村落中以家庭作坊的模式进行生产，缺乏集中管理，对绣娘的人数、生产效率、工艺水平等信息也缺乏详细调查，难以在短时间内大规模铺开。有鉴于此，唯品会携手中国妇女发展基金会共同建设“唯爱·妈妈制造合作社”，帮助像杨林先一样的女性手艺人用双手创造收入，更自信、更骄傲地快乐生活。

合作社为绣娘们带来了可喜的改变。对她们来说，通过自己的双手获得一份收入，是特别有尊严和快乐的一件事。现在，不仅是杨林先，其他许多外出打工的姐妹也回到织金县加入合作社，加入苗绣或是蜡染制作，既能传承苗族独有的技艺，获得稳定收入，也能解决留守儿童和空巢老人的问题，改善生活状态。

2. 品牌联合计划，唯爱唤醒非遗之美

非遗技艺体现了历史的厚重和精益求精的工匠精神。但由于传统非遗产品缺乏生活实用性和时尚性，逐渐被“艺术品”化，离大众的生活越来越远。很多手艺人因为无法通过非遗技艺支撑生活而选择外出打工，放弃了世代的传承。

各大时尚品牌不仅是潮流的创造者，也最了解大众的品质生活需求。因此，“唯爱工坊”与城市画报和广东时装周达成战略合作，携手16个时尚品牌共同启动“非遗万物品牌联合计划”。唯品会公益希望充分发挥平台效应，通过整合品牌雄厚的设计实力和市场营销资源，用现代审美和电商运营促进非遗的活化和传承，不断推出高品质的非遗时尚产品，共同推动非遗的现代生活化、时尚商品化、发展可持续化，以定制化的非遗时尚，助力定制化的非遗扶贫。

在合作中，唯品会公益根据品牌特质和工艺特点，从“唯爱工坊”以往合作过的非遗技艺中精选了贵州蜡染、海南黎锦、云南彝绣等，协助“非遗万物品牌联合计划”伙伴对接合作。各品牌根据自身产品特点、设计风格以及市场需求，选择最能发挥自身设计优势的非遗技艺进行定制式设计。

“非遗万物品牌联合计划”实施以来，唯品会公益已与品牌方完成了多地的采风，品牌设计师在了解非遗制作特色的基础上，结合自身时尚视角，共计为蜡染、彝绣、艾德莱斯丝绸、花丝镶嵌等 7 种非遗技艺进行时尚设计，并与非遗手艺人共同创作定制式非遗时尚产品。16 个品牌精心设计的所有非遗定制化产品都在“唯爱工坊”公益专场上线，为手艺人带去 200 余万元的劳动报酬。

四　非遗扶贫新经济，乡村社区发展可持续

（一）电商扶贫将公众参与与精准扶贫相结合

广泛的公众参与是唯品会电商扶贫的一大功能和特色。通过创建“唯爱工坊”特色电商公益平台，以及对“消费即公益”理念的推广，唯品会电商扶贫有效地将消费者与贫困群体连接在一起，推动公众通过在“唯爱工坊”消费来自发参与到精准扶贫中。同时，通过非遗时尚产品这一载体，“唯爱工坊”与消费者进行链接，推动了非遗的传承与发展。

非遗见证了一个民族的文化传承，体现了历史的厚重和工匠精神的坚持。要更好地传承和发展非遗，就必须帮助非遗回归公众生活。随着时代的发展，人们越来越希望从消费中寻求价值表达与品质享受。具有鲜明民族特色和厚重文化底蕴的非遗产品能为广大消费者带来耳目一新的品质感受。“唯爱工坊”通过发挥电商平台优势，汇集社会各界资源，发掘并打造消费者喜爱的优质非遗产品，推动非遗现代生活化、时尚商品化和发展可持续化，让更多消费者领略非遗的魅力并享受有品质的产品和最佳的服务体验，打通非遗技艺重回大众生活的最后一公里，推动非遗回归生活。

（二）电商扶贫的经济与社会价值

唯品会一系列丰硕的电商扶贫成果，带来了显著的经济与社会价值，产生了深远的影响。经济价值主要体现在对贫困群体的经济帮扶，以及非遗传统的活化、时尚产品的开发、特色产业的振兴；社会价值主要体现在贫困群

体的可持续发展、贫困地区的可持续发展，以及民族文化的传承、民族文化自信的培育。

1. 对女性手艺人来说，唯品会电商扶贫为她们带来了从经济赋能到个人可持续发展的全面提升

随着经济的发展与城镇化的不断深入，女性手艺人面临非常现实的选择：是进城务工赚取更多的收入，还是留在故土照顾老人和孩子？越来越多的女性手艺人选择进城务工，这意味着她们所传承的技艺面临失传。“唯爱工坊”的目的就是帮助解决这一问题。以与中国妇女发展基金会合作的“唯爱·妈妈制造合作社”系列产品为例，根据不同工艺，手艺人从制作产品中获得的报酬占产品售价的30%~80%。售价199元的盘绣T恤，扣除必要的原材料和工厂加工等成本后，土族盘绣阿妈们可以获得70元的报酬；售价分别为276元和165元的蜡染巴拿马礼帽和蜡染腰封，贵州织金县的手艺人则可以分别获得138元和120元的报酬。在“唯爱工坊”项目开展之前，这些都是当地手艺人想都不敢想的。“唯爱·妈妈制造合作社”不仅为她们带来可持续的、有尊严的收入，让她们实现在家门口就业，更使她们能够在兼顾工作与家庭的同时延续代代相传的文化传统和生活模式，提升了幸福感。

2. 对当地农村社区来说，唯品会电商扶贫实现了以精准扶贫促进乡村可持续发展

唯品会将“非遗”和“电商精准扶贫”相结合，探索出了“电商+非遗+扶贫”的非遗扶贫新经济模式，不仅实现了对贫困手艺人的可持续赋能，更从社区发展角度找到了贴合农村实际的可持续模式。

“唯爱工坊”通过与中国妇女发展基金会以及各地妇联合作，精准对接国家级贫困县，以合作社为载体摸索最适合当地的非遗产业模式。经过各方一年以来的探索与实践，为当地带来了经济、生活等多方面的变化。此外，唯品会凭借时尚电商领军企业的优势，携手时尚品牌共同启动“唤醒千年之美——非遗万物品牌联合计划”，深挖非遗技艺的时尚创新可能性，推动非遗产品市场化、时尚化和产业化。由于非遗产品越来越受到欢迎和重视，

更多妇女愿意返乡就业，进而对解决农村留守儿童和空巢老人等社会问题起到了积极作用，有助于建设美好乡村，实现新时代新农村的可持续发展。

3. 对民族传统文化来说，唯品会电商扶贫帮助非遗技艺走向世界，“蜕变”出文化自信

民族的就是世界的。非遗是一张展现中华民族文化自信的亮丽名片。在全球化和科技飞速发展的今天，让非遗插上互联网的“翅膀”不仅能在物化形式上让非遗推陈出新，更是让非遗重回大众生活获得迭代发展的新动力。作为全球时尚电商，唯品会希望能为非遗搭建舞台，向世界展现中国文化的博大精深，推动世界文化交流。唯品会公益已先后带着土族盘绣阿妈和织金绣娘走向联合国和伦敦时装周的舞台，让世界感受东方魅力，也让非遗感受全球时代脉搏，获得更多创意灵感。

（三）电商扶贫的未来展望

位列全国电商前三名的唯品会积极响应国家精准扶贫号召，利用电商平台优势，积极探索电商扶贫新模式，其打造的“唯爱工坊”实现了电商扶贫与唯品会公益事业的有机结合，探索出了带有唯品会特色的电商扶贫理念。“唯爱工坊”的开拓和发展，使唯品会通过电商扶贫方式，为贫困手艺人带去帮助，创造了极大的经济和社会价值，形成了助力农村社区可持续发展的非遗扶贫新经济模式。

在国内电商企业开展精准扶贫的实践中，唯品会的整体扶贫工作和电商扶贫项目都在开展规模、覆盖人数上位居前列，其推广的“消费即公益”理念、将时尚电商与电商扶贫相结合的方式都值得其他电商企业学习和借鉴。

在现有成绩的基础上，未来，唯品会将继续充分发挥自身平台优势，联合非遗扶贫新经济生态圈各方，通过唤醒、激活、赋能、服务，从行业指导、人才培养、手艺人帮扶、设计师和品牌资源引入等方面，形成“产、学、研、售、秀”的结合，在更大范围精准对接非遗手艺人，更高效地活化、创新非遗产品，让更多消费者欣赏非遗之美、使用非遗产品。真正做到

“见人 · 见物 · 见生活”，让非遗代代相传、生生不息。

唯品会也将一如既往地投入到精准扶贫事业中，继续带动其他电商企业开展精准扶贫工作。就整体扶贫工作而言，唯品会将继续深入推广、扩大现有项目，并积极探索新的扶贫项目，力求更广泛地给予贫困群体帮助，带动更多建档立卡贫困户脱贫；就电商扶贫而言，唯品会将继续推动“唯爱工坊”的发展，帮扶更多贫困手艺人，并积极探索更多元化、更能连接公众与贫困群体的电商扶贫方式。

B.13
海珠区社会组织深耕民生服务的实践探索

海珠区民政局　海珠区慈善会*

摘　要： 海珠区在2017年认真落实慈善活动，注重培育社区慈善力量，促进慈善与社会救助、社会福利、社会工作、志愿服务等深度融合，社会服务机构数量稳步增长，形成慈善工作梯度。根据《广州市区域慈善指数报告（2018）》，2017年海珠区在综合发展方面位居全市第一，在社会组织培育与发展、品牌慈善活动与影响力、透明公开与接受监督、慈善交流与发展四个方面有独特的探索经验。海珠区深入推进评估工作以促进社会组织规范化建设，贯彻落实慈善活动以不断提升公益影响力，打造透明廉洁的慈善环境以健全慈善事业的监管体系，重视交流合作以推动慈善组织的长远发展。海珠区在今后还需加强对社会组织的培育扶持和对负责人的培训，推进社会组织等级评估工作，开展慈善组织抽查监督工作。

关键词： 慈善组织　民生服务　海珠区

一　慈善组织的培育与发展

（一）社会组织领域多元化

2017年底，海珠区共有社会组织654家，包括民办非企业单位563

* 海珠区民政局，海珠区政府主管有关社会行政事务的职能部门；海珠区慈善会，非营利性公益社会团体。

家、社会团体91家。其中，慈善类社会组织总数为62家，慈善类社区社会组织数量为20家。社会组织业务领域涉及民生和社会服务的方方面面，按服务对象的年龄层次划分，包括了幼儿教育及其服务、青少年教育及其服务、家庭综合服务、养老服务等；按行业类别划分，包括了教育、经济、科技、文化与艺术、医疗卫生、体育等领域。近年来，在海珠区委、区政府的引导扶持培育下，海珠区社会组织得到较快发展，社会组织的能力也在逐渐增强，社会组织已成为政府部门和企业经营单位之外国家经济建设和社会发展的重要组成部分。

（二）推进社会组织评估工作，社会组织规范化建设

海珠区积极开展社会组织等级评估工作，大力宣传鼓励社会组织参加等级评估工作，以达到以评促改、以评促建目的。2017年上半年开展第三批社会组织等级评估，并召开评估培训，组织评估专家到现场考察评估。经评估委员会审议，2017年完成了15家社会组织等级评估考察。截至目前，海珠区共有75家社会组织获得了评估等级，其中有2家5A级慈善类社会组织，11家4A级慈善类社会组织，13家3A级慈善类社会组织。

二　落实慈善活动，不断增强公益影响力

（一）全面持续创建慈善标志

2017年，海珠区将广东扶贫济困日活动与深化“羊城慈善为民”行动同部署、同推进，助力广州创建“慈善之城”，广泛发动社会各界参与扶贫捐赠和慈善为民活动，募集善款达1766万元，超出预期目标10.4%。自2016年起，海珠区民政局每年都联合海珠区文明办启动慈善标志创建工作，坚持政社合作、民间为主的思路，鼓励社会力量参与，以形成全方位、多层次、多形式的慈善标志服务网络体系。2017年，海珠区全面推进慈善标志

创建工作，共创建慈善地标、慈善广场、慈善社区、慈善街道等便利慈善平台32个，慈善标志数量占全市的26.7%。根据《广州市区域慈善指数报告(2018)》，海珠区慈善标志总量位居全市第一，初步实现了慈善标志的广覆盖，进一步优化了基层慈善资源。广州塔、沙园街还被评为2017年度“广州十大慈善标志”。

（二）积极打造特色品牌慈善活动

海珠区持续办好广东扶贫济困日等活动，鼓励政府、社会组织和企业等跨界合作，推动慈善资源的对接和有效配置。从2017年起，海珠区将每年6月定为“慈善主题月”，并在2017年广东扶贫济困日活动启动之际，率先举行广州塔慈善垂直马拉松暨海珠慈善为民启动仪式，通过采取“梯级配捐”这种新颖又时尚的配捐方式筹集善款103万元，并借助广州塔塔身发布公益慈善广告，将其打造成广州最高端的慈善标志。在慈善主题月期间，海珠区将慈善元素融入海珠地标、景观，每年创新活动形式，围绕广东扶贫济困日活动以及海珠区慈善济困救助项目重点开展一次大型慈善主题募捐活动，至今已成功打造了海珠湖乐善骑、海珠湿地乐善行、广州慈善专列有轨电车等品牌慈善活动。并通过慈善主题月带动全区各行业、各系统开展系列特色主题活动，形成“1+N”的慈善活动战略布局，每年以接地气的慈善活动撬动捐款1600万元以上。辖区爱心单位、爱心企业、爱心家庭、爱心人士、社区居民、学校师生通过特色品牌活动可进一步了解慈善、参与慈善、感受慈善。

作为广州慈善地标，广州塔成为一系列慈善品牌活动的阵地。2017年，海珠区成功开展了2017广州塔登高公开赛“为爱登高”、麦当劳“为爱麦跑”、广州塔慈善垂直马拉松“为爱配捐”等一系列慈善活动。同时，广州塔成为中国金融博物院金融读书会活动、10月关爱女性月公益活动、关爱困境儿童公益活动等活动的场地。今后，海珠区将继续利用广州塔为公益事业的发展贡献力量，为公益活动提供更为优质的环境，以地标影响力传递爱心。

海珠湿地公园是广州市首个慈善公园。海珠区积极实施“慈善 + 文化”，每年在海珠湿地公园以承办各类公益文化、自然文化教育等活动为载体，开展丰富多彩的岭南民俗文化活动；推行“湿地 + 教育”，举办自然课堂、环保徒步行、海珠湿地龙船景等特色品牌活动，营造生态文明共建共享的良好气氛。

（三）发挥慈善力量资助困难群体

2017 年，海珠区根据区政府报告中“关于建立困难群体公益帮扶机制”的部署，积极实施“慈善 +”服务计划，链接统战、工商、国资、街道、企业、公益组织等爱心资源，整合全区各部门关于公益帮扶困难群体的措施，初步建立公益帮扶协同机制，建立公益帮扶政策清单，并引导社会爱心资源持续开展同心助学、慈心医疗、扶贫慰问、爱心助孤、夕阳助老等慈善救助活动，助力扶贫攻坚，精准帮扶各个救助领域的困难群众。2017 年，在捐赠善款方面，海珠区内的个人捐赠总额为 66. 7 万元，企业捐赠总额为 1845. 45 万元，互联网捐赠总额为 19. 52 万元；在接受捐赠方面，海珠区的慈善类社会组织接收捐赠总额为 3257. 07 万元。

海珠区积极实施“募用分离”，充分发挥不同领域的公益慈善组织的特长，并以海珠区慈善会作为全区的枢纽型慈善组织，联动辖区公益组织、街道办、企业等力量共建爱心资助平台。一是资助开展海珠区“福袋传城”行动。海珠区慈善会联合海珠区团委、海珠区青年志愿者协会发起爱心福袋相传志愿活动，并连续两年拿出 40 万元用于帮扶贫困家庭青少年、环卫工人、独居长者、残障人士等困难群体，将“福袋传城”行动打造成区级品牌慈善项目。二是深入开展社区微公益。南石头街道以加强社区邻里互助为出发点，启动“待用券 +”社区微公益慈善项目，推广爱心药券，将“爱心待用药券”资助范围从低保、低收人员扩大到社区困难党员、来穗困难人员等全社区困难群众，动员居民参与社区公益服务。三是探索“慈善 +”社区建设经验。沙园街作为慈善街道，依托家庭综合服务中心，率先开展“慈善 + 社区大配餐”爱心资助活动，引入爱心企业和热心组织为社区长者食堂捐赠米、油以及配餐车，让更多就餐的长者得到实惠。琶洲街在雅君花园试点“慈善+三社联动”的机制，链接社区优势资源开展社区环境卫生、长者探访等志愿服务和社区自我管理服务活动。

为困难群体、特殊人群提供个性化专业服务，是社会工作的强项。海珠区积极鼓励专业社会工作进入慈善领域，推动更多资源下沉到基层，在每年的广东扶贫济困日前后，积极推动“慈善进社区”，丰富社会服务供给，推动政府工作职能转变，形成独特的社区慈善组织体系。辖区各街道在区民政局、区慈善会的引导下，以家庭综合服务中心为依托，以社区居委会、社区组织、各类义工志愿服务队为主要实施者，运用社工的力量广泛链接公益创投项目、幸福社区公益资助项目、爱心企业、爱心单位等。同时，实施针对弱势群体的慈善项目，包括流浪乞讨人员社工介入服务、社区社会组织培育、社会救助工作社工介入服务、失能长者家属“喘息服务”等，有效推动社会公益事业发展，促进民生改善和社会和谐。

（四）携手媒体增强海珠区公益影响力

随着一系列海珠区公益活动的实施，海珠区公益影响力不断加深。根据广州市区域慈善指数报告，公益服务受益总人数达100万人，服务覆盖率高达90%。新闻媒体与社交媒体多次加入慈善活动信息的传播中，使得传播范围更加广泛，公益慈善的观念更加深入人心。2017年，海珠区主要通过以下三种方式加强慈善活动的宣传推广。一是立足慈善地标实施重点宣传。2017年6月24日至6月30日，海珠区每晚都在广州塔发布公益慈善广告，为“6·30”广东省扶贫济困日启动仪式做宣传推广。这是海珠区首次利用广州塔向社会发布慈善公益广告，使其成为国内海拔最高的慈善宣传阵地。二是依托宣传平台推进全面报道。加强对广东扶贫济困日、中华慈善日等重要活动节点的宣传，将慈善宣传纳入精神文明建设重要内容，将先进文明单位、社区、志愿者驿站、福利彩票点等部门平台打造成公益慈善广告宣传的前沿阵地。三是邀请市、区主流媒体通过新媒体平台进行宣传报道。例如，通过微博、微信、网站、报纸等多种渠道对广州塔慈善垂直马拉松活动进行宣传，新华社、《南方日报》、《羊城晚报》、广东广播电视台、《广州日报》等多家主流媒体累计发布相关新闻报道、信息10多篇（条），引起社会广泛关注，有效地传播了大众体育慈善文化。

三　慈善透明：信息公开与接受监督

海珠区民政局积极贯彻落实《中华人民共和国慈善法》（以下简称《慈善法》）要求，进一步打造公开透明、廉洁高效的慈善环境，健全慈善事业监管体系。

（一）不断完善慈善信息公开途径，规范救助资金的募捐、查询、备案、追踪、反馈和公示环节

海珠区依托慈善中国、广益联募平台、海珠区社会组织公共信息平台、海珠区公众信息网、市区慈善工作群、区慈善会官方微博（微信公众号），及时公开慈善资助信息，更新慈善募捐活动和相关政策制度情况。此外，海珠区民政局在第二个中华慈善日开展首个慈善公众开放日活动，鼓励全区公益慈善组织开门“晒账单”，接受社会各界的咨询和监督，推动慈善信息公开。2017年，慈善类社会组织年报上报率和信息公开率均为100%。

（二）加强慈善制度建设，规范慈善账日管理

整合慈善救助资源，建立市、区、街道及社区4级申请救助程序和流程，实现逐级救助和重点救助有效结合，初步形成以“慈善医疗救助”为基础，“一次性慈善资助”为兜底，其他专项慈善救助服务为配套的慈善救助综合体系。开展慈善募捐活动前，按规定做好募捐方案备案手续；募捐活动终止后，及时公开募捐情况及募捐财产使用情况，主动接受审计、财政、纪检、民政等部门，以及媒体、公众的监督。

（三）开展慈善宣传活动，传播慈善文化

贯彻落实《慈善法》《广州市人民政府关于促进慈善事业健康发展的实施意见》等慈善法规政策，组织学习慈善领域相关业务书籍、文件，依托街道、社区、家庭综合服务中心开展《慈善法》宣传活动和培训，派发宣传小册子、海报。以9月5日中华慈善日为契机，倡议全区公益组织开展公众开放日活动，为公众释疑解惑，回应社会关切，积极传播慈善理念。

四 慈善发展

海珠区理顺慈善管理机制，落实慈善职责具体分工，制定《海珠区民政局关于贯彻落实〈中华人民共和国慈善法〉职责分工》，重视对慈善组织的扶持，加强与慈善组织的交流合作，以促进社会组织的长远发展。

（一）积极扶持社会组织，开展公益创投活动

海珠区在2017年积极宣传做好第四届广州市社会组织公益创投活动，筛选符合条件的社会组织，通过QQ群和电话等方式，发动海珠区社会组织申报广州市公益创投项目。海珠区共有17个社会组织成功获得了广州市第四届社会组织公益创投活动不同类型的项目资助，资助金额共计319.1万元。海珠区申请福利彩票公益金200万元，用于开展第二届社会组织公益创投活动，共有22个项目获得资助，涉及领域包括为老服务、救助帮困、社会组织培育发展和其他公益等，撬动社会配套资金88.43万元。目前，这22个项目已顺利启动。公益创投活动，进一步激发了社会组织活力，提升了社会组织的服务能力，有助于海珠区公益有效满足社会公共服务需求。

（二）不断总结实践经验

开展“慈善＋海珠党史学术沙龙”；撰写海珠区慈善发展史；配合编辑

出版《海珠区改革开放实录》（第二辑），全面总结改革开放以来海珠区慈善发展的情况；结合2001年至2017年《广州民政志》撰写工作，总结海珠区慈善情况，记录海珠区慈善发展历史。

（三）加强慈善工作调研

一是加强区域慈善事业交流。海珠区积极推广沙园“慈善街道”经验，邀请全国部分城市慈善工作经验交流会代表、广东省民政厅以及广州市民政局领导嘉宾到沙园街参观考察慈善工作。二是开展慈善工作调研。海珠区深入贯彻落实党的十九大报告提出的“基层调研行”，配合摸查2016年、2017年辖区慈善工作目标任务完成情况、主要成绩和亮点，以及存在问题与不足，积极谋划2018年慈善工作发展思路、目标计划和具体措施。三是召开慈善交流工作会议。分管领导组织区贸促会、区慈善会企业会员进行慈善交流，将扶持爱心企业、打造慈善交流平台与海珠区各项社会事业发展接轨，营造发展空间，反哺爱心企业，促进海珠区“五位一体”发展。2017年海珠区慈善活动交流情况如图1所示。

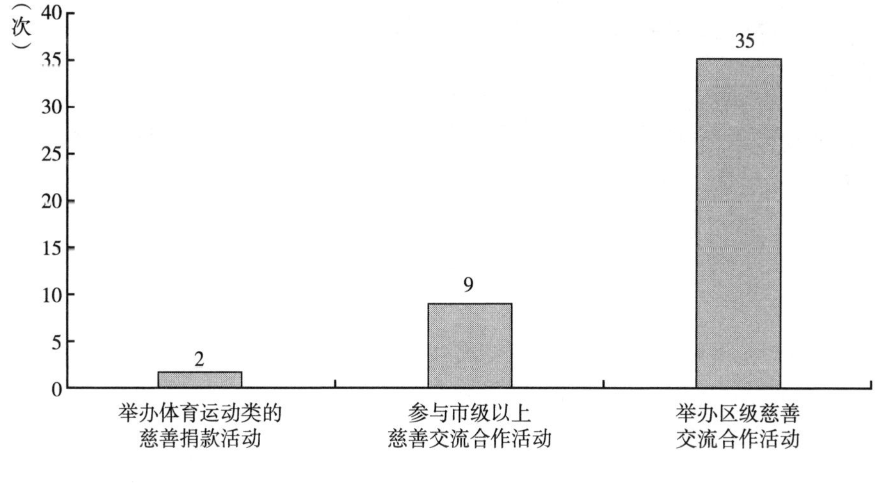

图1　2017年海珠区慈善活动交流情况

资料来源：《广州市区域慈善指数报告（2018）》。

五　慈善总结

2017年，海珠区在社会组织慈善领域取得了不俗的成绩，在未来的工作中，还需不断保持干劲，深化行动。

一方面，要加强对社会组织的培育。第一，加大对社会组织的培育扶持力度，继续开展海珠区第三届公益创投活动，完成中期、末期评估，监督项目实施，确保达到预期目标。第二，加大对社会组织负责人的培训。根据2017年行政检查中发现的问题，有针对性地开展社会组织负责人培训，加强对社会组织重大事项报备、法人治理、等级评估，民间非营利组织会计、年度报告、抽查监管和社会组织信息公示、异常名录管理等各项管理制度的培训。

另一方面，要加强对公益慈善组织的监管。第一，继续推进等级评估工作。采取政府购买服务方式委托机构开展海珠区社会组织等级评估工作，并联合相关业务主管单位开展下一批评估工作，规范社会组织运作，将评估结果纳入政府资助及政府购买服务的重要考评指标，并作为奖励、评优的重要参考。第二，开展公益慈善组织抽查监督工作。根据《广州市公益慈善组织抽查监督办法》的规定，按照不少于上一年度末登记在册的公益慈善组织总数5%的比例，对海珠区社会组织进行抽查监督。

B.14
南沙区慈善资源注入社区养老大配餐体系建设

陈 胜 庞嘉楠*

摘 要： 时间银行以时间为中介开展服务交换，自20世纪90年代在美国发端，现已成为公益慈善的一种重要形式。南沙区时间银行项目采用政府补贴、商家让利、志愿者服务、社会支持的共同参与模式，缓解社区养老压力。依托“互联网+社区服务”的优势，南沙时间银行正在逐步构建一整套社区服务体系，包括社区养老、社区助残、社区便民、教育文化、公共服务五大模块。其中，长者配餐项目是社区养老模块中的重要环节。但目前南沙时间银行长者配餐项目还存在宣传力度不够、社会资源投入不足等诸多问题，限制了项目的进一步发展，建议加大对时间银行长者配餐项目的宣传力度、与社会资源的链接力度、与社区社工机构的合作力度。

关键词： 时间银行 长者配餐 老龄化 社区养老

* 陈胜，广东外语外贸大学社会与公共管理学院副教授；庞嘉楠，中山大学社会学与人类学学院本科生。

一　时间银行简介

（一）时间银行的发展历程

1973 年，日本大阪市成立了一家志愿者劳动银行，建立了互帮互助的养老机制，这是时间银行的最初形态。[①] 时间银行理念与运作模式的正式落地，源于耶鲁大学法学博士埃德加·卡恩。卡恩认为，劳动没有贵贱之分，劳动的价值只能用时间来衡量，时间是最公平的资产，同等时间的任何劳动都是等价的。[②] 因此，“时间银行”以时间为中介，将人们从事志愿服务的“时间”存入个人的“时间银行”账户，等到自己日后需要服务时，再从“时间银行”中支取“被服务时间”，用于支付他人提供的时间相同、形式多样的志愿服务。

卡恩创造的时间银行模式在美国通过立法获得支持，并逐渐扩散到全球，目前全球时间银行数量已超 1000 家。[③] 在我国，时间银行先后在上海、广州、南京、北京、重庆、南宁、郑州、洛阳等地出现，成为志愿服务和公益慈善领域的一股重要力量。

（二）时间银行的运作特点

1. 以时间币为媒介

与传统单向无偿的志愿服务不同，时间银行以时间币而非金钱为资源互换的媒介，时间银行作为时间币“流通”的桥梁，促进双向的服务存取。储户通过提供自己力所能及的志愿服务，积累服务时长，再以时间币换取免

---

① 周作斌：《时间银行在社区互助养老中的应用研究》，硕士学位论文，暨南大学，2014，第 7～12 页。

② 许加明：《“时间银行”模式应用于居家养老互助服务的思考》，《社会工作》2015 年第 1 期，第 74～80 页。

③ 黄敏、荆晶：《“时间银行”：用计时劳动换取所需》，《文汇报》2010 年 6 月 8 日，第 7 版。

费或打折的商品或服务，操作简单，方便实施。①

2. 以助老服务为主要内容

我国的时间银行以助老服务为主，通过低龄健康长者服务高龄困难长者，缓解城市社区养老服务的压力。通常采取的模式是，“相对年轻的老人志愿者参与为高龄老人提供服务的活动，积累服务时数，待自己需要别人提供服务时，可享受同等时数的免费服务”。②

3. 以社区为主要依托

时间银行起源于民间，由自下而上的力量建成。在欧美等时间银行较为发达的地区，时间银行主要由地区协会进行规范和指导。中国的时间银行从开始便是由政府主导，社区管理者在当中一般发挥创建时间银行的倡议者和“原动力”的作用。多数时间银行并不是一个独立的组织机构，而是一个居委会的下属机构，与居委会及居委会其他分支机构有紧密的联系。并且，在时间银行发展到一定数量时，地方政府一般会对时间银行的发展予以政策性的支持和引导，从而与社区相关规定形成合力，让时间银行走上规范化发展的道路。③

二　南沙时间银行现状概述

（一）南沙时间银行的发展概况

南沙时间银行是广州市南沙区民政局购买的服务项目。该项目于2013年10月立项，2014年4月上线试运行，发展至今已形成线上线下协同、多方力量联动的服务模式。南沙时间银行与传统时间银行模式相比，最大

① 李水金：《浅谈中国志愿服务时间银行发展的现状、问题及对策》，《经济研究导刊》2015年第3期，第102～108页。

② 王泽淮：《时间银行——社区志愿者服务的新形式》，《社区》2013年第12期，第23页。

③ 陈功、黄国桂：《时间银行的本土化发展、实践与创新——兼论积极应对中国人口老龄化之新思路》，《北京大学学报》（哲学社会科学版）2017年第6期，第112～120页。

的特点在于将时间银行理念与电子商务相结合，将志愿服务时间折合为时间币存储在时间银行里，实现时间币与实物商品和社会服务的自由兑换，以多元参与模式充分调动社会闲散资源，加强社会自助能力。当前，南沙时间银行的服务内容主要包括老人陪护、家政清洁、小孩托管、家教培训、心理咨询、法律援助、健康咨询、购物接送、专业技能等。同时，还增加了对弱势群体的个性化服务项目，例如赴工疗站、敬老院送爱心，为残障人士组织开展自强计划活动，定期为空巢老人、残障人士、贫困家庭等重点帮扶对象发放时间币，让困难群体有能力“购买”服务。当前，南沙时间银行已有“时间银行+日间托老、长者配餐”“时间银行+外来工服务”等特色服务，并正筹备“时间银行+十分钟社区商业圈”项目。[①]

南沙时间银行得到了社会的广泛关注。截至2017年12月，南沙时间银行成功注册并通过审核的会员超过5万人，实现服务配对近1万宗，发放时间币超50万枚。南沙时间银行在发展中吸引了越来越多的社会资源，南沙大酒店、百万葵园等多家本地知名企业都与南沙时间银行达成公益项目合作意愿，通过企业提供实物支持公益服务。[②] 2014年南沙时间银行正式成立时，就得到当地主流媒体的关注，《羊城晚报》誉之为广东首个时间银行互助项目。此后，南沙时间银行的其他活动也多次见诸各媒体，同时也得到政府主管部门的充分肯定，曾获评2016年度“广东省社区治理十大创新成果”。

（二）南沙时间银行的发展特色

1. 运营管理架构

南沙时间银行的运营管理架构分为三层：区民政局代表政府部门对南沙时间银行的运营进行指导和监督；南沙时间银行运营管理中心负责南沙时间银行的日常运营和维护；南沙时间银行社区服务站负责提供社区的线下支

---

① 参见南沙时间银行网站，http：//www.nstimebank.org.cn/timebank/welcome/frontWelcome.action。

② 广州市南沙区民政局：《南沙区民政局2015年工作总结》，广州市南沙区人民政府网站，2016年11月4日，http：//www.gzns.gov.cn/xxgk/ns101/201612/t20161201_334145.htm。

撑，并为辖区不能使用网络信息系统的社区居民提供协助。

通过南沙时间银行后台管理系统的角色配置模块，各层管理人员都可以在自己的职责范围内对南沙时间银行的运营实施即时管理。南沙区民政局可以在任何时间自行汇总调取南沙时间银行的各种报表，掌握整个项目的运行状况；南沙时间银行运营管理中心根据分工不同分配不同模块的管理权限，在相互配合的同时形成相互制约的机制；南沙时间银行社区服务站除分配相应的管理权限外，也在区域上进行划分，确保为社区提供精准服务。

2. 服务需求对接

南沙时间银行系统平台以需求为导向。会员用自己的账户发布服务需求，等待其他会员申请承接。发布服务需求的会员可以依据承接方以往的服务记录选择承接此项服务的会员，选择后双方可看到对方的信息，以便在服务中联系。服务完成后双方需要对本次服务进行评价，评价将永久保存在会员的个人记录中，为与其他会员的服务对接提供参考。服务对接过程中的每一个环节都会如实记录在系统数据库之中，并被永久保留，为会员行为追溯提供原始数据，同时也为公益服务的监督提供技术手段。

3. 时间币账务管理

时间币是南沙时间银行系统的计量单位及流通媒介，它的稳定和安全对南沙时间银行异常重要，为此南沙时间银行制定了严格的《时间币管理制度》。为了确保时间币的价值稳定，在整个南沙时间银行系统内，时间币总量恒等于南沙时间银行专用账户存款与库存物资之和，交换服务时，所设定的时间币只是从一个会员的账户转至另一个会员的账户，时间币总量并不会发生变化。只有将资金或实物注入南沙时间银行时，时间币的总数才会相应地增加，当会员兑换礼品时，时间币的总数则相应地减少。

为更好地发挥公益资金的作用，对于公益慈善类资金，包括会员指定的用于公益服务的资金，南沙时间银行均按照账务往来明细即时公开的原则处理，以方便接受社会的监督。

对于在服务交换过程中供需双方之间可能出现的纠纷，南沙时间银行设计了与支付宝的功能相类似的保证金系统，该系统可以最大限度保障会员在服务交换过程中的权益。

4. 团体会员

团体会员功能是南沙时间银行所特有的创新模式之一。团体会员是指包括企业法人、机关法人、事业单位法人、社会团体法人等在内的所有法人单位。团体会员的注册需要携带单位的相关证明材料到南沙时间银行运营管理中心办理。

团体会员可以以单位的名义发布或承接服务，也可以通过系统平台发起带有公益性质的社会服务。团体会员发起的活动形式多样，可以由自己的会员完成，也可以邀请其他团体会员或个人会员一起完成。

团体会员可以对团体时间币账户、团体服务、内部成员、内部事务进行管理，可基本满足中小型社会组织的信息化管理需求。个人会员可以加入团体会员，这样不仅能够参加更多的公益服务，还可以提高自己的安全等级。

5. 等级体系

南沙时间银行的等级体系不仅仅是会员的荣誉，更重要的是它还具有服务安全的辅助功能。南沙时间银行的等级体系较为复杂，每一位会员均有四个等级指数，分别是安全等级、专业等级、服务等级和素质等级。同时，南沙时间银行的所有服务分类也针对这四个等级指标设定了下限。会员承接服务时，如果等级不能满足要求，是无法承接服务的。

安全等级是指会员的可靠度，真实的个人资料、长期的公益服务、正式的身份背景都有助于安全等级的提升；专业等级是指会员在某一领域的专业资格，对于某些专业性质的服务尤为重要；服务等级由在南沙时间银行承接服务的多少和服务质量所决定；素质等级由发布需求和接受他人服务时的态度所决定。

三　南沙时间银行长者配餐项目分析

南沙时间银行长者配餐项目于 2016 年 11 月立项，在南沙区南沙街南北台社区进行试点。该项目采用政府补贴、商家让利、志愿者服务、社会支持的社会各界共同参与模式，以时间银行缓解社区养老压力，充分体现了慈善力量对长者配餐服务的重要作用。

（一）南沙时间银行长者配餐项目流程

1. 准备阶段

主要工作内容包括项目的前期宣传，社区老人的现状及意向摸底，周边餐饮企业的走访和筛选，与社区居委会的协调及场地的落实，相关流程和制度的制定，餐具等相关物资的准备等。同时，还需要对餐饮企业以及就餐老人的资格进行审核。

2. 订餐阶段

志愿队通过南沙时间银行平台在会员中招募营养顾问，签订协议的餐饮企业在每周三向南沙时间银行志愿队提供下一周的午餐菜式清单，营养顾问审查后提出意见，餐饮企业按照意见调整后确定菜单，志愿队通过平台发布该菜单，符合条件的老人可以自己决定下周是否订餐，可以自己报名或由委托人代为报名，每周五下午 5 点报名截止。志愿队按照实际报名人数计算出费用，用时间币在平台发布需求，同时在商城放置相同数量时间币的礼包，餐饮企业按照菜单和数量准备下周的午餐。

3. 就餐阶段

原则上，社区的老人集中在社区活动中心就餐，但对于行动不便的老人可以送餐至老人家中。志愿队根据每周订餐具体情况确定送餐及回收餐具的工作量，并通过南沙时间银行平台发布需求，招募会员完成送餐和回收餐具的工作。①

4. 费用结算阶段

配餐服务属于社区公益服务项目，在确保品质和营养的基础上应尽可能

---

① 南沙时间银行：《“南沙·社区·家，你我是一家”系列活动之五》，南沙时间银行官网，2016 年 10 月 13 日，http://www.nstimebank.org.cn/67/20161013155744_341.html。

降低整体费用。对于餐饮企业来说，承接此服务不能以营利为目的，应在微利甚至零利润下完成。对于参加组织协调、营养咨询、送餐及回收餐具等服务的会员来说，均应采用时间币支付，以鼓励其参与公益服务的行为，但不能以市场价值为参考。对于参与爱心午餐的老人来说，应采用分年龄段、按比例进行补贴的方式，以降低老人的经济负担。

与餐饮企业的结算，采用以时间币发布需求，以现金结算的模式。即每周六南沙时间银行志愿队根据实际订餐的情况算出下一周全部餐费的价格，折算成时间币发布服务需求，同时在平台的商城放置同等价值的礼包，由餐饮企业承接。待本周服务完成，下周一服务队根据本周老人的反馈给予评价，时间币转至餐饮企业的账户。餐饮企业可以用该笔时间币兑换礼包，兑换后，由时间银行运营管理中心将礼包所含现金转给餐饮企业。

（二）南沙时间银行长者配餐项目特色

1. 运行高效

南沙时间银行采用信息化的管理手段，后台数据罗列清晰，资金流动公开，流程自动流转，能有效避免数据混乱。同时，时间银行网上平台给用户提供了便捷的方式，从而提高了工作效率，也方便了工作人员进行管理、监督。

2. 参与广泛

由于长者配餐服务极大地契合了现存养老需求，提供的饭菜价格较低，兼具营养性，行动不便的老人可在家中享受送餐服务，因此得到了社区居民的广泛认可与支持。南沙时间银行平台，充分发挥南沙时间银行在引导社会各界共同参与社区服务方面的机制优势，在长者配餐项目上，形成了政府监管和补贴、供餐企业让利、社会组织参与、志愿者服务、企事业单位赞助、平台进行支撑的运行模式和流程，提高了项目的可持续性。

3. 评价透明

南沙时间银行的数据公开透明，政府、餐饮企业、志愿机构、长者群众均可在平台上查阅各项数据，监督长者大配餐工作。用户可通过该平台在用餐后对商家的服务及志愿者的服务进行评价，商家亦可对客户的评价进行评价，并通过用户的评价进行自我改善。如果食品或服务被老人投诉，志愿队将根据时间银行管理办法的相关规定进行处理。

4. 质量有保障

首先，食品必须安全。参与项目合作的餐饮企业必须符合我国相关法律法规的规定，在食品安全、卫生等方面达标，并提供相关证明，如出现卫生不合格、证书过期、检查不达标等情况，平台将立刻解除合作，并保留追责的权力。其次，食品需要兼顾营养。通过南沙时间银行平台，招募有资质的会员对菜品搭配给出专业指导意见，以保证食品营养均衡，适合老年人食用。最后，食品还应兼顾个性。针对不同身体状况、饮食习惯的老年人，南沙时间银行建立了个人健康档案，为每一位服务对象提供精准餐饮服务。

（三）南沙时间银行长者配餐项目成效

截至 2017 年底，建成配餐点 31 个，累计服务 78098 人次，补贴长者用餐 161171 元，志愿服务达 16875 小时，发放时间币 202508 枚。爱心食堂的资金使用、志愿者补贴等数据即时更新、公开透明，使人一目了然，方便政府及社会各界监督。就餐老人可通过南沙时间银行平台对菜品和志愿者的服务进行评价，确保服务质量长期得到保证。同时，社区居民（时间银行会员）作为爱心食堂服务的参与主体，能更好地带动社区关爱老人的良好社会风气的养成。

四　完善南沙时间银行长者配餐服务的建议

依托“互联网 + 社区服务”的优势，南沙时间银行正在逐步构建一整套社区服务体系，包括社区养老、社区助残、社区便民、教育文化、公共服务五大模块，长者配餐项目是社区养老模块中的重要环节，有利于提高社区老人身心健康水平和社区居民幸福感。但目前南沙时间银行长者配餐项目还存在宣传力度不够、社会资源参与不足等诸多问题，影响了项目的进一步发展。因此，建议南沙时间银行在以下几个方面加大力度。

第一，加大对南沙时间银行长者配餐项目的宣传力度。南沙区以农村地区为主，对主要以互联网平台为依托的南沙时间银行系统有一个较长的接受过程。因此，需要通过多种形式向广大居民宣传推介南沙时间银行系统，让更多的居民了解它、使用它，扩大南沙时间银行的受益面。

第二，加大社会资源的链接力度。目前，虽然有一些本土企业通过南沙时间银行系统为志愿服务提供物资，但不论是企业数量还是提供的物资数量都还不够多，无法满足随着时间银行系统使用者渐多而增加的长者配餐需求。因此，南沙时间银行还需要与更多具有激励性质的志愿服务平台对接，如“i志愿”系统等，进一步完善激励机制。

第三，加大与社区社工机构的合作力度。目前，南沙时间银行长者配餐项目主要定位于系统平台，而非一个综合的服务体系，不利于时间银行理念的有效实施。因此，南沙时间银行需要加强与社区社工机构的合作，利用社工机构的人员优势和服务优势，将系统平台和社区服务有机结合起来，推动时间银行长者配餐服务良性运行。

B.15
白云区慈善事业发展成效与未来畅想

白云区民政局　白云区慈善会*

摘　要： 白云区历来有热心公益、乐善好施的光荣传统，有发展慈善事业的良好基础。《广州市区域慈善指数报告（2018）》显示，白云区慈善综合发展指数位居全市第三。其中，慈善活动力指数、慈善贡献力指数均位居全市第一。本文总结了近年来白云区慈善事业在精准扶贫、帮扶济困、扶老助老、恤病助残等方面取得的成就。白云区带动了贫困村庄的整体发展，使困难群众基本生活有保障，老年人生活和健康条件得到了改善，推动了残障人士积极融入社会。今后，白云区将全力打造“慈善白云”的品牌，拓宽慈善募捐渠道，加强慈善资金管理，营造良好社会氛围，提高慈善组织的社会公信力。

关键词： 白云区　慈善发展　区域慈善

一　引言

慈善是中华民族的传统美德，也是社会文明的重要标志。改革开放以来，我国慈善事业蓬勃兴起，随着《国务院关于促进慈善事业健康发展的指导意见》及《中华人民共和国慈善法》（以下简称《慈善法》）的相继发

* 白云区民政局，白云区政府主管有关社会行政事务的职能部门；白云区慈善会，非营利性公益社会团体。

布，慈善力量迅速发展壮大，社会慈善意识明显增强，各类慈善活动层出不穷，在灾害救助、贫困救济、医疗救助、教育救助、扶老助残和其他公益事业领域发挥了积极作用。

白云区历来有热心公益、乐善好施的光荣传统，有发展慈善事业的良好基础。白云区慈善会围绕扶老、助残、救孤、扶贫、赈灾等多个领域，开展的慈善项目推介会活动，鼓励社会各界积极参与慈善活动，大力推广“大爱白云”慈善文化，使白云区公益慈善事业得到了长足的发展。据统计，白云区慈善会依托慈善项目推介会活动，目前已成功实施慈善项目 207 个，安排帮扶资金近 6500 万元，惠及困难群众数十万人。第四届“中国城市公益慈善指数”（2014～2015 年度）显示，在 256 个样本城市中，广州市位列全国第四，其中白云区公益慈善指数综合排名位列广州市第三。在广州市公益慈善联合会发布的全国首份区域慈善指数报告中，白云区慈善综合发展位居全市第三，其中慈善活动力指数、慈善贡献力指数均位居全市第一。

二　白云区慈善事业发展成效

白云区通过开展“广东扶贫济困日暨广州慈善日”“广州市慈善项目推介会”“羊城慈善为民行动”等活动，积极募捐，筹集善款近 2 亿元。在 2010 年青海玉树大地震中，共筹集善款 550 多万元，为灾区人民渡过难关、重建家园提供了有效帮助。在 2013 年四川芦山地震中，动员全区机关、街镇以及爱心企业、热心人士向四川芦山地震灾区捐款 349 万余元以及价值 189 万余元的物资。自 2010 年以来，白云区慈善会在历年“广东扶贫济困日”活动中共募集善款近 3400 万元，用于发展扶贫事业，实现共同富裕。对见义勇为、英勇牺牲的均禾街沈俊江、江高镇蔡奕多的家属给予慰问，并动员社会爱心人士捐款数十万元帮助他们渡过难关。

（一）慈善助力精准扶贫：大力开展扶贫工作，贫困村展新颜

在白云区北部 4 个镇的部分乡村以及粤东大埔的边远山村，仍有部分村

庄存在农业产业结构单一、农民增收渠道不宽、农村基础设施滞后、集体经济薄弱等状况。为帮助这些村庄早日摆脱贫困，白云区慈善会通过设立脱贫帮扶项目，实施精准扶贫、“造血式”扶贫和多渠道全方位的脱贫帮扶措施，使种植业、养殖业喜获丰收，村容村貌焕然一新，家家户户过上了红红火火的日子。

大龙头村位于白云区江高镇西南侧，位置偏僻，经济发展滞后。在帮扶之前，全村只有一条水泥路，一到下雨天，村民就要踩着烂泥出行。此外，村里的公厕也建设于20世纪60年代，污水乱流、苍蝇乱飞是常态，村里多处水塘都成了垃圾堆放点，杂草丛生，安全隐患多，村民都不敢靠近。经过前期调研，区慈善会联合区供销社设立“对口江高镇大龙头村扶贫开发”项目，帮助大龙头村修建了1000多米长的水泥路，对公厕、水塘进行了升级改造，使整体卫生环境大为改观。此外，还帮助该村将公园里和水塘边的杂草、垃圾清除，重新修缮并添置护栏和健身设施，既改善了村容村貌又让村民有了休闲好去处。在加强基础设施建设后，为巩固帮扶成果，白云区慈善会对江高镇大龙头村实施“造血式”扶贫，帮扶大龙头村成立花木种养合作社，发挥生产集聚效应，提高村民收入水平。该项工作获得了省、市上级部门的认可和肯定，“对口江高镇大龙头村扶贫开发”项目荣获2015年度广东扶贫济困“红棉杯”铜奖。

（二）慈善助力帮扶济困：济困工作切实有效，困难群众基本生活有保障

救济帮扶工作是保障困难群众基本生活的关键，白云区慈善会不断加大对贫困家庭的关注和帮扶力度，持续发挥“慈善救济”的最大作用，相继开展重疾困难人员救助、低保户医疗帮扶、困难家庭危房改造等多个项目，切切实实帮助困难群众解决在生产生活中遇到的实际问题，使困难群众渡过难关，重拾希望。

住在白云区景泰街的雷阿姨是辖区内的一名低保户，她的丈夫在2004年去世，她的儿子在出生不到两个月时因一次意外发生了颅内出血，

导致终身残疾，而且患有癫痫，需要长期看病吃药控制。随着年龄的增长，加上要照顾患病的儿子，雷阿姨的身体也出现问题，需经常看病治疗，导致她不能外出工作，每月仅靠政府的低保救济金和医疗救助金维持生活。为了切实解决类似雷阿姨这样的困境家庭的生活困难，白云区慈善会联合各有关镇街，先后设立了“太和镇爱心基金帮扶济困项目”“景泰街幸福阳光项目”“棠景街重民生、关民情，健康扶贫项目”“同和街增能式慈善帮扶项目”，为单亲家庭、失独家庭提供帮扶，对患有尿毒症、乳腺癌、鼻咽癌等重疾人员提供援助救济，让这些困境中的家庭能够感受到社会大家庭的关爱和温暖。

（三）慈善助力扶老助老：倾心为老人服务，温暖老人心坎

敬老、爱老、助老、尊老是中华民族的传统美德，白云区始终把扶老助老作为慈善事业发展的重要方向。多年来，白云区慈善会开展了一大批扶老助老的慈善项目，既有为困难老人送温暖、排忧解难的，也有改善社区硬件设施为老人营造良好活动场所的；既有为老人健康保驾护航的，也有为老人进行危房加固，改善居住环境的。开展一系列助老扶老项目，使老人们的生活条件得到了改善，身心得到了慰藉，居住环境得到了改善，健康状况得到了保障。

白云区黄石街的黄石花园是建设广州地铁一号线时安置市区拆迁户的大型安置房小区，于 1994 年建成，以楼高 9 层的楼梯楼为主。时隔 20 多年，当年入住的青壮居民现在基本成了年迈长者，老人占居住人口比例大。由于各种原因，旧楼加装电梯难以实现，楼上老人出行一直很困难，只能被“困”在家里。为切实解决这个问题，白云区慈善会会同黄石街道深入开展前期座谈、调研，以绿色楼梯工程慈善项目的形式，面向社会各界筹集了 50 万元，对黄石花园 68 栋旧楼进行楼梯扶手的安装，为长者的出行提供了便利，受到长者的欢迎。“有了这个楼梯扶手，以后从这里经过，再也不用担心摔跤了。”家住白云区黄石花园的陈婆婆一边说着一边扶着最近新安装的不锈钢楼梯扶手，轻松上了自家 7 楼。

（四）慈善助力恤病助残：大力推行慈善恤病救助，关心关爱残疾人

重大疾病是困难群体不可承受之重，是压垮一个家庭的最后一根稻草。为帮助这部分群众减轻生活负担，跟上社会发展步伐，白云区慈善会撬动社会力量，大力推行慈善恤病救助，通过对重疾低保家庭开展救助，资助精神病患者开展康复治疗等，切实保障人民群众重病有所医治。实施“白云长者健康行”项目，资助全区800多名困难、残疾、高龄老人住院治疗，老人每次住院可享受自付医疗费用2000元以内的资助，以解决困难老人看病难问题，该项目荣获2014年度广东扶贫济困“红棉杯”铜奖。另外，对残疾人群体的关爱，是社会文明程度的体现，反映的是一座城市的温度。白云区慈善会一直重视助残帮扶，对困难残疾人开展了陪诊、家居清洁、上门探访、就业辅导、慰问帮扶、康复治疗、改造残疾人无障碍通道等大量工作，使残疾人感受到社会的关怀，鼓励他们积极融入社会，早日摆脱生活困境，重建对美好生活的信心，做生活的强者。例如，通过实施无障碍通道改造，为白云区凤岭社区的18个楼梯口、平乐社区的4个楼梯口建立了无障碍通道，还为平乐社区的30栋楼宇每一层都加装扶手，解决了一直困扰平乐、凤岭社区的1300多名残疾人的出行难问题，受到了残疾人的普遍欢迎，社会效果良好。

三　白云区慈善事业未来畅想

（一）全力打造“慈善白云”的文化品牌、活动品牌和救助品牌

《慈善法》的实施在我国慈善事业发展史上具有里程碑意义，将开启全新的“善时代”。白云区将以《慈善法》的实施为契机，发挥白云区历来热心公益、乐善好施的特色传统，全力打造白云区的慈善品牌。一是全力打造“慈善白云”的文化品牌。通过报纸、广播、电视等传统媒体和互联网

新媒体等渠道，推动慈善文化进机关、进企业、进学校、进社区、进家庭，大力弘扬白云慈善文化。二是全力打造具有白云特色的慈善活动品牌。2016年成功举行的“徒步环湖　大爱白云”公益慈善徒步活动，受到社会各界好评，其“众筹+运动”的慈善形式，获得市民政局、市慈善会充分肯定，白云特色慈善活动品牌初现雏形。接下来，白云区将依托白云山优美环境，继续开展慈善公益徒步活动，进一步打造具有白云地区特色的慈善活动品牌。三是全力打造慈善资源与社会救助衔接的慈善救助品牌。探索建立健全慈善资源与社会救助衔接机制，促进慈善与社会救助衔接互补。如结合社区独居、孤寡等老人用餐问题，设立与居家养老衔接的慈善项目，通过为这些老人提供配餐和补贴等形式，开展社区慈善项目，做到互相补充，提高慈善救助的有效性和精准度。

（二）拓宽慈善募捐渠道，加强慈善资金管理

开展多种形式的募捐活动，发动更多的社会团体、热心人士参与捐赠。一是应对突发性灾难，开展紧急募捐。在较大自然灾害发生后，开展面向全社会的专项募捐活动，帮助灾区人民渡过难关。二是拓宽慈善筹款途径。充分动员社会力量支持慈善事业，壮大慈善资金。把慈善募捐同慈善宣传、慈善救助有机结合起来，积极探索运用义演、义卖、义诊等方式，有效开展慈善募捐活动。三是不断完善财务管理制度，对慈善资金的有关使用规定做进一步规范、明确，制定财务汇报制度和监督、审计程序，规范慈善资金的管理和使用，确保资金使用的安全、有效。做好资金募集的使用和公布工作，增强慈善资金的透明度，做到善款来源公开、投向公开，定期向社会公布善款使用情况，接受社会监督、检查。

（三）做好慈善宣传工作，营造良好社会氛围

通过强有力的宣传工作，提高整个社会对慈善事业的参与度，使慈善事业深入人心。通过新闻媒体及时传递各级党委、政府支持发展慈善事业的决心，反映人民群众对慈善事业的热切期望。大力宣传社会各界乐善好施的典

范，特别要重视宣传和表彰热心慈善福利事业的先进单位和个人，以激发社会各界参与慈善事业的热情。

（四）加强自身建设，树立良好社会形象，提高社会公信力

加强自身建设，建立良好的自律机制和依法办事机制，通过自律和诚信打造良好的社会形象，并以扎实有效的工作赢得公众对白云区慈善工作的信赖。要切实加强慈善机构内部管理，重视慈善工作队伍的建设，加强对慈善会工作人员的培训与管理，提升慈善会工作人员的道德素质和业务素质。同时，还要加强与其他慈善团体的联系和合作，不断扩大自身的影响力及号召力。加强组织建设，充分发挥理事的作用，进一步增强慈善会的凝聚力和影响力。

附　　录

Appendix

B.16
2017年广州市慈善大事记

1月

1月1日　由广州市慈善会、阿里巴巴天天正能量、《信息时报》社主办的“一个故事温暖一座城”广州公益创意市集“母乳爱·让世界听到爱”暨广东新闻广播主播公益欢唱会活动成功举办。活动现场设置公益拍卖环节，所筹善款全部用于支持“母乳爱·让世界听到爱”公益项目。

1月6日　中山大学—时代地产“中山大学时代发展基金”捐赠签约仪式在中山大学南校园怀士堂举行。广州市时代地产捐资1亿元，设立“中山大学时代发展基金”，用于支持中山大学校区的发展建设。

1月6日　首届广州社会创新论坛暨广州社会创新奖颁奖典礼在中山大学举行。本次活动是广州首个专注社会创新的公益评奖，由广州市社会组织联合会指导，广州市社会创新中心、广州社会组织研究院和广州市一百零八度公益基金会联合主办。

1月7日 由广州市社会组织联合会主办，广州社会组织研究院、广州市一百零八度公益基金会协办的“基金会与社会创新——首届广州基金会发展论坛”在广东迎宾馆顺利召开。全市基金会及各类社会组织代表、专家学者等60余人参与了此次论坛。

1月8日 第三届广州市社会组织公益创投活动总结大会在东方文德广场召开。中国扶贫基金会、爱心企业、支持单位、社会组织领域专家学者以及近300位创投主体负责人出席了大会。

1月13日 广州市首批品牌社会组织授牌仪式暨社会组织品牌建设交流会召开。会上，广州市社会组织管理局有关负责人介绍了2016年广州市品牌社会组织创建试点工作情况，并向首批10家品牌社会组织颁发了牌匾。另外，4家品牌社会组织做了经验交流发言。

1月25日 广州市印发《深化“羊城慈善为民”行动创建全国“慈善之城”2017～2020年行动方案》。广州提出促进现代慈善事业发展，深化“羊城慈善为民”行动，创建全国“慈善之城”，并首次将创建全国“慈善之城”纳入城市整体发展战略，计划用4年的时间，深入开展七大行动，突出实现十大目标，把广州建设成为引领国内慈善事业，并在国际上有重要影响力的“慈善之城”。

2月

2月3日 由广东省青少年发展基金会与香港苗圃行动联合主办，广东省博物馆协办的“希望工程·行路上广州2017”收步仪式在广东省博物馆举行。160余名来自香港和内地的爱心步行者自香港出发，经江门开平、新会，佛山顺德、南海等地，历时5天到达终点广州，目的是帮助内地贫困青少年圆求学之梦。

2月11日 为期一周的广府庙会开幕，其中，“慈善庙会”分区设置14个展位，包括书画作品展位、工艺品展位、慈善义卖展位及媒体展位等。2月12日下午在城隍庙忠佑广场举办“慈聚越秀，善满万家”慈善义拍义演活动，所得善款用于越秀区精准扶贫项目。

2月11日 广州首个民间自发组成，服务于社会公益建设的“公益力量”讲师团在广州社会组织学院举行成立仪式。讲师团由广州社会组织学院组织牵头成立，团长由十八大代表、全国道德模范赵广军担任。

2月12日 由广汽集团、广州市残疾人福利基金会与广州市追梦天使艺术团携手呈现的“遇见天使传递爱”广汽专列车厢慈善音乐会，在广州有轨电车广汽专列车厢中举行。

2月20日至24日 为更好地传播医学知识，广州市慈善医院举办了一系列公益讲座活动，如“健康生活”专题义诊、“健康教育”系列讲座，由知名专家为市民讲解如何进行日常护理和预防治疗各种常见疾病。

3月

3月2日 由广州市民政局新闻中心和广州市社会组织服务交流中心指导，广州市社会组织联合会主办的2017年第一期（总第十二期）社会组织新闻发布会在广州市社会组织培育基地召开，大会宣布启动第四届广州市社会组织公益创投活动。

3月2日 “益起出发——广州市慈善会与广州富力足球俱乐部战略合作”新闻发布会成功召开。这是国内首个足球俱乐部与慈善组织签署的战略合作，是深入“慈善+运动”、探索慈善新领域的重要举措。发布会上，带有广州市慈善会logo和“爱蕾行动”字样的“慈善臂章”的新球衣正式发布。

3月9日 由广东省心智家园慈善基金会、广州恩善社会服务中心联合主办的“脑友同行——认知障碍症社区支援计划”总结交流会在广东省立中山图书馆顺利举行。交流会得到了广州市民政局、越秀区民政局、广州市居家养老服务指导中心等单位的领导嘉宾出席支持，吸引了超过300位业界人士参加。

3月15日 “心星”点亮世界公益活动启动仪式在广州举行，主办方为广州奥翼电子科技股份有限公司（以下简称“奥翼科技”），世界童子军组织基金会、广东省眼健康协会、广州市慈善会和大批志愿者参加了此次发布会。启动仪式上，奥翼科技为广东山区儿童捐赠了1000本电子书，用科技手段促进教育资源更公平分配。

3月16日 由广州市民政局、广州市文明办主办，广州市慈善服务中心、广州市慈善会承办，中国慈善联合会支持的深化“羊城慈善为民”行动创建全国“慈善之城”启动仪式暨全国部分城市慈善工作交流会在广州举行。启动仪式上，发起成立了全国首个“慈善之城”创建联盟，并发布了“慈善之城”标识、主题歌和《善城》杂志。民政部、中国慈善联合会、广东省民政厅、广州市政府、市有关单位和来自全国各地部分城市的领导嘉宾以及广州地区慈善组织、爱心人士代表约500人参加了活动。

3月16日 全国慈善工作交流组领导以及广东省、广州市民政部门领导到广州市海珠区沙园街考察公益慈善工作开展情况，分别参观考察了沙园街社区服务中心、手拉手沙园街家庭综合服务中心以及长者日托、长者饭堂、慈善超市等。

3月17日 由中国慈善联合会主办，广州市民政局支持，广州市慈善会与广州市公益慈善联合会协办的城市慈善工作经验交流会在广州举行。来自全国部分城市的民政部门和慈善会代表出席了交流会，并从政府支持、文化引领、组织培育、社会参与、慈善信托、公益创投、志愿服务等方面分享了各自建设慈善城市的经验与成果。

3月24日 广州市慈善会联合广州市医疗救助服务中心、广州市慈善医院、广州市医疗行业协会、南沙区民政局、南沙区榄核镇人民政府等单位在南沙区榄核镇星海广场举办“全城义诊”健康福利惠民活动，为当地群众免费问诊。

4月

4月1日 由广州市慈善会、广东省春桃慈善基金会、广州市海珠区少年宫和满天星青少年公益发展中心联合主办的2017年童书乐捐计划启动仪式暨新闻发布会在广州购书中心举行，计划为广东、广西、贵州、安徽等省份的欠发达农村地区100个以上的乡村小学和社区的图书馆募集10万本二手童书和1万本新书善款。

4月8日 广州市慈善会博研慈善基金携手广州市慈善会、中山大学研究生支教团成功举办了“博研·慈善”音乐晚宴，共筹得善款123万元，用于为我国教育资源匮乏地区输送更多优质的教育资源。

4月10日 在广州市社会组织联合会指导下，由海珠区民政局主办、海珠区青年志愿者协会承办、广州市海珠商务职业学校协办的海珠区第二届公益创投项目“HI动力 志同行”启动仪式正式举行。

4月15日 由广州市慈善会、《信息时报》社、荔湾区逢源街道办事处主办，逢源街家庭综合服务中心承办的，主题为“与爱同行 共享人生”的广州公益市集在逢源街举行。活动当天的义卖善款用于支持残障人士开展趣味运动会，以提升社区残障人士对健康运动的关注。

4月16日 在第29个“世界血友病日”来临之际，广州市慈善会、南方医科大学南方医院联合拜耳医药保健有限公司、百深生物科技（上海）有限公司等多家医药公司，在南方医科大学南方医院共同举办以“倾听TA们的声音”为主题的世界血友病日纪念活动。

4月24日至25日 为迎接“世界阅读日”的到来，广东省游心公益基金会在广州白云万达广场举办了名为“一花一世界，一语一天堂——游心公益偏远贫困地区高中学子书梦计划”的公益阅读换书活动。活动所募集的书籍，被寄送到广东省游心公益基金会所帮扶的偏远贫困地区高中生手中。

5月

5月7日 由广州市社会组织联合会、广州社会组织研究院主办，广州市一百零八度公益基金会承办的第二届广州基金会发展论坛在广东迎宾馆举行。本届论坛主题为“基金会与社会投资”，来自广州、北京、深圳等城市的专家学者及社会组织代表60余人齐聚一堂，分享前沿观点，共享实践经验，探索基金会创新发展之道。

5月8日 由广州市民政局主办、广州市社会组织联合会承办的第四届广州市社会组织公益创投活动项目签约大会在东方文德广场成功举行。广州市及各区民政相关部门负责人，创投主体、支持单位、有关社会组织负责人，以及新闻媒体代表等300余人到会。主办方——广州市民政局公布了资助名单，共有165个项目入选，资助资金总额达2240万元。

5月10日至14日 广东省同心圆慈善基金会主办的“同心扬善 墨逸羊城”同心圆工程粤港书画慈善义卖认捐活动作品展在广州市烈士陵园爱艺美术馆举行。义卖认捐活动募集到的善款用于同心圆工程“村医培训项目”和购买乡村卫生室基础医疗设备，以提高贫困地区村医医疗技能水平。

5月12日 2017年5月12日是我国第九个全国防灾减灾日，今年的主题是“减轻社区灾害风险，提升基层减灾能力”。广东省减灾委员会、广州市减灾委员会和黄埔区政府在黄埔花园社区联合举行了2017年广东省暨广州市防灾减灾宣传周活动启动仪式。

5月13日 广州基督教青年会携手荔湾区华林街道办事处、广州联青社、中国大酒店、粤海喜来登酒店、正佳万豪酒店等单位、组织和企业，在广州上下九广场成功举办了“2017托起地贫线·回响爱满城”地中海贫血预防宣传活动。

5月13日 由广州市慈善会、阿里巴巴天天正能量、《信息时报》社主办的“一个故事温暖一座城第七期——母亲节，听特殊孩子妈妈的歌”成功举办。活动当天同步开展了广州公益市集，市集所募善款用于支持广州市扬爱特殊孩子家长俱乐部的“妈妈合唱团”项目。

5月14日 广州市慈善会与广州医科大学附属第三医院共同举办“柔济基金”公益义卖暨健康知识讲座活动，以爱心义卖的方式为贫困重症母婴募集善款。所得善款悉数捐入柔济基金，用于救助在广州医科大学附属第三医院接受治疗的贫困重症母婴家庭。

5月20日 海珠区文明办与海珠区妇联、广东广播电视台新闻广播频道、母乳爱志愿服务队在海珠湖公园北门广场联合举办2017年海珠区关爱孩子月活动“她惠家·让世界听到爱”——益家易平台2.0上线暨“大爱有声·母乳爱”四周年公益音乐会。

5月27日 值六一儿童节来临之际，广州市慈善会联合萤火虫社会工作服务中心在增城区七境村组织开展“关爱孩子 关爱未来——增城区七境村留守儿童关爱活动暨六一庆祝活动”。活动获得青岛市大森酒业有限公司的大力支持，青岛大森酒业有限公司向“幸福小屋”留守儿童基地捐赠价值28000元物资一批。

6月

6月1日 由广州市慈善会与广州市残疾人服务协会联合主办的2017“携爱同行——小水滴行动”启动仪式在花城汇广场举办。本次“小水滴行动”全面升级，以解决残障（肢体及视障）人士出行难问题和特殊儿童及残障人士子女的教育问题为核心，鼓励社会各界人士关注困难群体。

6月4日 由广州市慈善会联合广州市同心社会工作服务中心共同发起的人和社区公益基金，在白云区人和镇华通广场顺利举办“共建慈善社区，共享平安人和”大型社区活动，这是广州市首个社区基金首次助力人和镇社区的大型活动。活动通过义工现场文艺汇演，游戏摊位、家综服务摊位宣传等现场服务营造的氛围，共吸引了300多名社区居民参与。

6月9日 由《广州日报》、广州市慈善会、新世界中国地产携手推出的广爱5周年特别策划之“爱的抱抱”关爱重疾儿童公益活动圆满成功，在众多爱心市民的支持下，共募集爱心捐款52844元，585只陪伴熊陆续派发给市内多家医院里的重症儿童。

6月10日 广州市青年文化宫、广州市青少年发展基金会等联合发起“柠檬计划”广州市青少年性教育公益加盟计划，现场发布的首批性教育产品通过青春期性别课堂、儿童性教育桌游、性教育绘本故事阅读等一系列轻松有趣的产品形式，引导现场的青少年轻松认识“性”，大方谈论“性”。

6月14日 由广州市慈善会主办、广州市福利彩票发行中心冠名支持的第三届广州市福彩公益慈善项目大赛正式启动。大赛于6月14日至7月10日，向社会公开征集公益慈善项目。大赛采取专家评审、线上众筹相结合的方式，筛选出20个优秀公益慈善项目，每个优秀公益慈善项目最高可获得20万元资助金。

6月20日 青岛大森酒业集团与广州市慈善会合作成立了“大森慈善基金”，通过关爱留守儿童、空巢老人，援建希望小学，扶贫济弱，致力于形成爱心企业、社会团体和政府合力，服务于社会困难群体。

6月23日 广州市社会组织联合会、广州市慈善会联合发布《关于积极参与广州市2017年广东扶贫济困日爱心捐赠活动的倡议书》，号召全市社会组织积极响应国家、省、市关于新时期脱贫攻坚的决策部署，通过广东扶贫济困日活动平台，积极参与到全省的脱贫攻坚事业上来。

6月23日 由广州市卫生和计划生育委员会、广州市民政局、越秀区人民政府主办的“越秀区50~74岁肺癌高危人群筛查试点工作”在广州医科大学附属第一医院举行启动仪式。试点工作的受惠面由原来的低保低收入人员扩大到50~74岁常住居民，项目持续3年，预计有12万居民受益。

6月23日 广州市民政局举行了“广东扶贫济困日爱心捐赠活动”仪式，全局系统干部职工共捐款150708.3元。

6月24日 由广州市民政局和海珠区人民政府主办，广州市慈善会与海珠区慈善会协办的“2017广州塔慈善垂直马拉松暨海珠慈善为民活动”启动仪式在广州塔举行。本次慈善垂直马拉松活动设计了“梯级配捐”慈善元素。150名选手全部成功到达终点，为慈善项目筹得103万元。

6月26日 广州市慈善医院医养结合研究院联合广东省中医院共同举办“医养结合　居家康护”公益讲堂系列活动启动仪式。活动通过组织广东省中医院和广州市慈善医院的专家，定期在医院或社区为市民传授医养结合、居家康复护理等方面的知识和技能，让更多的群众掌握家庭照护基本常识，为老年人提供更好的照料服务。

6 月 30 日　广州市启动 2017 年广东扶贫济困日活动暨深化“羊城慈善为民”行动。启动仪式上，18 批 180 多名爱心企业代表上台认捐，认捐款物达 5.45 亿元，创历史新高。

6 月 30 日　在 2016 年度广东扶贫济困“红棉杯”获得者名单中，广州市获得奖杯 76 个，占全省的近四分之一，在各市中获奖数最多。印发了《广州市民政局广州市协作办转发〈广东省扶贫开发领导小组关于 2016 年度广东扶贫济困红棉杯认定结果的通报〉的函》（穗民函〔2017〕1056 号），对 76 个获奖单位在全市予以通报表扬。

7月

7 月 13 日　“时来物转　和谐南粤”文化大篷车社区行暨第六届广东十大和谐社区示范活动启动仪式在广州市逢源街文化中心举行。活动现场进行了“时来物转”交接仪式，逢源街义工队用 532 小时义工服务，兑换大米、婴幼儿用品等物资和生活服务，用于服务社区群体。

7 月 14 日　为组织开展好 2017 年慈善活动，加强基金会、慈善团体间交流合作，召开全市慈善组织负责人工作交流会，广州市民政局相关工作负责同志参加会议并做总结讲话，市属各基金会、慈善团体负责人，市公益慈善联合会、市慈善组织社会监督委员会负责人共计 40 多人参加会议。与会人员进行了深入的交流互动，各慈善组织负责人介绍了各自机构近年的慈善活动情况和今后的工作思路。

7 月 22 日　由广州市白云山风景名胜区管理局主办的第二届“善行云山·全城铂爱”为爱公益行走活动在白云山举行，吸引了近千名户外登山爱好者参加。每有一人完赛，主办方就以每位参赛者的名义向 WABC 无障碍艺途捐赠一份“铂爱梦想包”，支持自闭症儿童进行艺术治疗。

7 月 22 日　广州市公益慈善联合会联合广州市慈善会在广州青云书院

举办“商都善城：论广府的善文化”论坛，旨在更好地创建全国“慈善之城”，传承广府文化，传播慈善文化。

7 月 22 日至 23 日 由广州市民政局、广州市文明办、越秀区人民政府主办，广州市慈善服务中心、广州市慈善会、广州市公益慈善联合会、北京路文化核心区管理委员会承办的广州市第二届北京路公益慈善嘉年华活动盛大开启。启动仪式上，北京路慈善基金宣布成立。活动以“商都善城，慈善为民”为主题，共有 120 多万人次通过现场和互联网方式参与，对接慈善捐赠资金 140 多万元。

8月

8 月 11 日 第四届广州市社会组织公益创投活动——“孝爱敬老、送健康”活动走进从化区鳌头镇敬老院。活动由广州市明德传统文化促进会主办，广东省明德幸福文化教育基金会协办，并得到从化区民政局与鳌头镇民政办的支持和指导。

8 月 15 日 广州市慈善会联合广州市公益慈善联合会、广州市海珠区公益游学服务中心召开“拜耳·福彩杯乐善骑”第四届广州市自行车慈善行活动新闻通报会，正式启动第四届乐善骑活动。今年，广州市慈善会首次设立乐善骑基金，为儿童救助服务筹集善款。

8 月 17 日 广州市举行越秀好人志愿服务中心启动仪式。活动现场，越秀好人志愿服务中心开展“真人图书馆”故事会首秀。越秀首批好人代表——王颂汤、徐暐杰、任永全等三人，将自身公益故事转化成一本通俗易懂的“大书”，与市民共同分享。

8 月 19 日 广东省及时雨公益基金会、我筹吧、广州市慈善医院、广东省中医院和广州市从化区乐善社工服务中心联合举办了“我筹吧公益爱心大使”广州培训大会，希望借助志愿者的力量，让更多有需要的患者及时获得有效的求助信息、途径。

8 月 20 日 第三届广州市福彩公益慈善项目大赛 40 个入围项目统一上

线“广益联募”筹款平台，向公众展示“慈善之城”创建优质项目，并向社会各界筹集公益善款。

8月24日 广州市海珠区委统战部举办“同心·爱我学子 助我飞翔——2017年海珠区统一战线育才济困慈善助学活动仪式”，并在活动现场捐赠了27.3万元，用于资助海珠区困难家庭大学新生71人。

8月28日 在广州市社会组织管理局、广州市社会组织服务交流中心指导下，由广州市社会组织联合会基金会委员会、广州社会组织研究院、广州市一百零八度公益基金会主办的广州基金会季度论坛（2017·秋）在广州市烈军属疗养院顺利举行。本次论坛主题为“基金会治理与发展”，近40名广州市基金会的代表参加了论坛。

9月

9月 由广州市民政局指导，广州市公益慈善联合会、广州市慈善会主办的2017年度“广州慈善榜”征集活动正式启动。2017年度“广州慈善榜”延续首届的传统，设“广州慈善捐赠榜”、“广州慈善影响力榜”和“广州慈善歌曲榜”三大榜单，大力褒奖和肯定慈善行为，营造“行善得尊重、行善得光荣”的社会氛围。

9月 由广州市慈善会、美心食品（广州）有限公司（下称“美心公司”）、广州市白云恒福社会工作服务社联合主办的美心月饼爱心公益行动在京溪街家庭综合服务中心举办。美心公司通过现场捐出1万个月饼的方式，参与今年的“温暖广州·一人一月饼”公益活动。

9月1日 第三届广州市福彩公益慈善项目大赛复赛在广州社会组织学院举行。来自政府相关部门、社会组织、高等院校、媒体和企业的代表参与了此次大赛评审工作。通过激烈的竞争，公正严谨的评审，本届大赛共评选出20个获得现金资助的优质项目。

9月3日 由广州市慈善会、广州市公益慈善联合会、广州市海珠区公益游学服务中心联合广州众多公益伙伴、爱心企业举办的“拜耳·福彩杯乐善骑”第四届广州市自行车慈善行活动在广州大学城举办。活动共有300人参与，共为儿童救助服务筹集善款103万元。

9月4日 由广州市民政局指导，广州市慈善会、广州市广益联合募捐发展中心主办的“广益联募”平台全新上线启动仪式在中国银行广东分行新闻发布中心举行。仪式上，广益联募一键通热线电话（4008599595）开通。全新改版的广益联募平台，规划了“善捐、善助、善品、善行、善知”五大板块。

9月5日 在第二个“中华慈善日”里，由广州市民政局指导、广州市慈善服务中心主办的广州廉洁慈善建设暨首届广州慈善“公众开放日”启动仪式成功举办，旨在展示慈善行业正能量、新形象，助推广州深入创建全国“慈善之城”。

9月9日 由广州市慈善会、阿里巴巴天天正能量、《信息时报》社主办的“广州公益市集·一个故事温暖一座城——敬老，在心，不老断舍离”活动在广州西城都荟广场举行。本次公益市集是为支持广州市黄埔区创思维志愿服务队的“不老断舍离”公益项目，旨在让老人从对物品的依恋转移到对自身的价值认同。

9月19日 广州市民政局印发《关于做好在“慈善中国”信息平台上进行信息公开的通知》（穗民〔2017〕357号），并在市民政局礼堂举办“慈善中国”及广益联募信息平台培训班，由民政部社会组织管理局信息宣传处沈新华副调研员、“慈善中国”系统开发工程师授课。全市来自民政系统、慈善会及各类慈善组织、信托公司的负责人130多人参加了培训。

9月22日 由北京奥运会与广州亚运会火炬手王卫带领的“福彩杯乐善骑”爱心骑行队伍顺利抵达北京。王卫和其他爱心人士组成的“广京慈善行”骑行团是今年乐善骑活动新增加的一个环节，骑行队伍沿途宣传善城广州和乐善骑活动，并借助广益联募平台联合当地慈善组织对儿童救助与服务类项目进行众筹。

9月22日 由中国慈善联合会、四川省慈善总会、成都市民政局指导，成都市慈善总会、成都市慈善事业发展办公室主办，重庆市慈善总会、陕西省慈善协会、四川省科技扶贫基金会、广州市慈善会、郑州慈善总会联合承办的“2017 西部论善”活动在成都拉开帷幕。在分论坛上成都市慈善总会与广州市慈善会签订战略合作框架协议。

9 月 24 日 广东广播电视台经济频道（TVS－1）、广州塔联合广州市慈善会举办第四届广州塔登高公开赛。本届广州塔登高公开赛响应广州“深化羊城慈善为民行动，创建全国慈善之城”的号召，筹集了 7 万元善款，用于支持爱蕾行动困境儿童救助计划，资助广州市白云区启明小学的贫困学生。

10月

10 月 13 日 在广州市民政局、广州市老龄工作委员会办公室、广州市社会组织服务交流中心、广州市社会组织联合会指导下，广州市义务工作者联合会联合相关单位在“敬老月”期间成立广州市老年义务工作促进会。在广州市首届为老服务专项公益创投项目的支持下，广州市义务工作者联合会和广州市老年义务工作促进会举办广州市首届优秀老年义工评选。

10 月 25 日 亚足联—中国足协社会责任项目广州站公益捐赠及志愿者推广活动在燕子岗体育中心举行。本次活动由亚足联和中国足协主办，广州市足协承办，体坛传媒集团、中国残疾人体育运动管理中心协办，同时得到了广东省残联、广东省残疾人体育协会、广州恒大淘宝足球俱乐部及卡尔美（中国）的大力支持。活动当天，亚足联及中国足协向广州偏远地区贫困女足儿童和广州地区残联盲人捐赠了多套足球装备。

10 月 26 日 广州市老龄委联合广州市文明办、广州市民政局、广州广播电视台在广州蓓蕾剧院举行了以“关爱老年人　欢庆十九大”为主题的 2017 年广州市“敬老月”文艺汇演暨“敬老月”文体活动颁奖仪式，活动当天还为广州市第三届“敬老杯”公益漫画大赛获奖者代表颁奖。

10 月 27 日 由广州市民政局、广州市慈善会、中国广州发布等联合出品的《父母老了，每天一顿热饭，交给我们》的创意 H5 页面在广州市民中广泛流传，号召市民在重阳佳节为广州老人贡献一份爱心午餐，从而为社区长者饭堂筹集善款。活动共有6112人次参与捐赠，总计筹得6万余元善款。

10月27日 广州市慈善组织社会监督委员会举办慈善组织监督审计指引培训班。《中华人民共和国慈善法》实施以来，公益慈善事业资金流向和管理状况日益成为社会公众和舆论关注的焦点。培训包括会计制度执行及会计核算方面存在的问题、内部控制制度建立及执行方面存在的问题等六大方面的内容，并根据对近年来开展慈善组织监督审计的总结，就审计所发现的慈善组织存在的普遍性问题、典型事例进行分享。

10月28日 为庆祝建院15周年，广州市慈善医院举行大型义诊及健康咨询活动。活动当天，20多位名医专家现场为广大群众服务，涉及呼吸科、重症医学科、心血管科等专科，并现场提供多种中医特色疗法，供群众免费体验。

11月

11月3日 为扩大“银龄安康行动”的影响力，积极打造“社会献爱心”平台，广州市老龄办联合广州市慈善会共同设立“银龄安康行动”专项基金，用于开展为广州市老年人送温暖活动。中国人寿广州市分公司率先响应，向爱心基金捐赠100万元。

11月3日 广州市民政局召开“学习贯彻十九大精神，推动广州市慈善事业发展”座谈会。邀请部分专家、学者和慈善行业一线工作者，结合党的十九大报告丰富内涵和工作实际，从社会组织建设、社区治理、慈善文化发展和传播等专题进行学习解读，为广州市深入学习贯彻党的十九大精神，推动慈善事业发展建言献策。市、区民政局、部分慈善组织相关负责人共30多人参加了座谈会。

11月5日 由广州市民政局、广州市社会组织服务交流中心指导，广州市社会组织联合会、广州市慈善会、广州市古玩行业商会、广州艺术品行业商会联合主办，广东衡益拍卖有限公司协办的“扶贫行善　益路同行”——2017年广州市社会组织慈善拍卖会在广州流花宾馆二楼凯悦厅顺利举行。

11 月 11 日　由广州市慈善会、荔湾区多宝街道办事处、荔湾区供销合作社、《信息时报》社联合主办的“幸福微改造，给长者一个安全的家”广州公益市集在粤剧博物馆北广场开展。本次活动所募善款，全部用于支持多宝街长者居家微改造项目。

11 月 26 日　2017 年广州《财富》全球论坛志愿者宣誓上岗仪式举行，论坛志愿者歌曲 MV——《携手同行》在现场发布。1200 名志愿者在志愿骨干代表的带领下庄严宣誓，所有志愿者整装待发，争取为 12 月 6 日至 8 日举办的《财富》全球论坛活动做好志愿服务。

11 月 26 日　由广州市公益慈善联合会和恩派公益组织发展中心共同主办，汇丰银行（中国）有限公司资助的“2017 汇丰广州社区节”在广州天河区猎德街开幕。“汇丰香港社区节”久负盛名，活动当天粤港两地的社区节活动同时进行。现场更有粤港两地视频互动，寓意粤港联动，共享社区建设经验。

11 月 26 日　由广州市社会创新中心主办的第二届广州社会创新论坛暨广州社会创新奖颁奖典礼成功举办，现场发布了广州社会创新报告，揭晓了“十佳社会创新项目”“最具成长潜力项目”“社会创新入围项目”等奖项。

11 月 26 日　由广州市慈善会、番禺区慈善会联合主办的番禺区 2017 年慈善健康行在大夫山森林公园举行。活动得到了番禺区委区政府、各职能部门、爱心企业、社会组织及爱心市民的大力支持，吸引了超过 4000 名群众参与。

11 月 28 日至 30 日　由民政部社会组织服务中心主办，广东社会组织管理学院承办，广东外语外贸大学政治与公共管理学院、广东省社会组织研究中心协办的 2017 年第四期“全国性社会组织（基金会）负责人培训班”在广东外语外贸大学成功举办，97 家民政部登记的基金会和部分广东省基金会负责人参加了培训。

12月

12 月　由广州市慈善服务中心、广州市慈善会主编的《广州市公益慈善事业发展报告（2017）》公开出版发行，主题词为“慈善之城”，全书共分为总报告、专题篇、区域案例篇、慈善动态篇及附录5个部分，系统展现了广州现代慈善事业发展状况，梳理了广州的城市慈善特色。

12月10日 2017广汽丰田广州马拉松赛开跑。广州市慈善会在今年特别设立“爱·广马”慈善专项基金，主要用于扶贫助学，包括但不限于贫困地区学校体育基础设施建设、体育用品配置、困难体育特长学生资助等。

12月12日 由广东广播电视台音乐之声、广东广播电视台综艺频道、广州国际残障人文化交流中心、广州市残疾人福利基金会等众多单位承办，广州市慈善会、中山纪念堂、广州市少年宫等8家单位协办的“大爱有声·有梦想谁都了不起”——“追梦天使”慈善音乐会在中山纪念堂举办。

12月13日 广州市慈善会、广州市公益慈善联合会联合《善城》杂志启动广州市2017年度十大慈善热点事件评选活动。通过设立专业评审团和公众投票渠道，综合两项评审情况对候选事件进行排名计分，最终产生2017年度十大慈善热点事件。

12月16日 广州市民政局以“社会化‘大配餐’服务体系，提升老年人幸福感”荣获由《小康》杂志社推选的“2017年度中国十大民生决策奖”奖项。

12月16日 第三届地方教育公益论坛在广州举行。本次论坛以“均衡·创新·未来——共探回归教育本源之道”为主题，50多名专家学者共聚一堂，共同探讨地方教育的内涵以及行业发展的新趋势、新动向。

12月16日 由广州市慈善会、广东省春桃慈善基金会、广东科学中心、满天星青少年公益发展中心联合主办，广州富力地产股份有限公司冠名赞助的“2017富力阅动羊城大型公益徒步活动”在广东科学中心举行，1200多名广州市民共同参加了活动，为城乡儿童阅读类项目筹款。

B.17
2017年广州市公益慈善法规政策文件

广州市民政局　广州市精神文明建设委员会办公室关于印发深化"羊城慈善为民"行动创建全国"慈善之城"2017～2020年行动方案的通知

穗民〔2017〕27号

市有关单位，各区民政局，全市各社会组织：

为全面贯彻落实《中华人民共和国慈善法》和国家、省关于促进慈善事业健康发展的精神，按照市委第十一次党代会关于"促进现代慈善事业发展"和市政府关于深化"羊城慈善为民"行动、创建全国"慈善之城"的决策部署，进一步推动慈善事业发展，现将《深化"羊城慈善为民"行动创建全国"慈善之城"2017～2020年行动方案》印发给你们，请结合实际认真贯彻执行。执行中遇到问题，请径向市民政局反映。

广州市民政局　广州市精神文明建设委员会办公室

2017年1月25日

深化"羊城慈善为民"行动创建全国"慈善之城"2017～2020年行动方案

为全面贯彻落实《中华人民共和国慈善法》和国家、省关于促进慈善事业健康发展的精神，按照市委第十一次党代会关于“促进现代慈善事业发展”和市政府关于深化“羊城慈善为民”行动、创建全国“慈善之城”的决策部署，进一步推动慈善事业发展，制定《深化“羊城慈善为民”行动创建全国“慈善之城”2017～2020 年行动方案》（以下简称方案）如下。

一　创建全国“慈善之城”的必要性和紧迫性

（一）基础扎实潜力巨大

近年来，广州市先后颁布实施《广州市募捐条例》《广州市社会组织管理办法》《广州市人民政府关于促进慈善事业健康发展的实施意见》等法规政策及配套制度，法治慈善制度体系基本健全。成功打造慈善项目推介和“羊城慈善为民”慈善活动平台，逐年加大政府购买社工服务，创新开展社会组织公益创投，率先开展慈善款物募用分离工作，“政府搭台、慈善组织运作、社会参与、人人共享”的慈善事业发展机制基本健全。成立广州市慈善组织社会监督委员会和广州市公益慈善联合会，规范慈善组织第三方审计，定期发布慈善募捐透明度，广州市慈善会慈善信息平台入选民政部首批 13 家全国慈善组织互联网募捐信息平台之一，透明慈善、公开慈善基本形成，在全国影响力日益加大。2016 年底，中国慈善联合会发布的第四届“中国城市公益慈善指数”中，广州位列第四，比上一届排名第六上升了两位，在全省排名升至第一，已具备创建全国“慈善之城”的基础条件。

（二）公众期盼参与广泛

广州人民素有济世为怀、积德行善的优良传统，慈善文化根基深厚。伴随着社会与慈善事业的发展，市民现代慈善意识不断增强，参与慈善活动热情日益提高。2016 年市委、市政府决定开展“羊城慈善为民”行动系列后，以“慈善＋”为理念，系列慈善活动掀起全民慈善热潮，机关、企业、学校、社区、家庭、个人纷纷主动自觉参与慈善事业，“慈善共享、人人参与”理念深入人心。国内外媒体纷纷报道广州市慈善事业，媒体关注度空前。慈善事业已成为广州的一种风气、一种态度和一种号召，公众日益期盼更广泛、更多元、更直接、更有效的慈善活动。

（三）时代发展形势驱动

慈善是城市发展的潮流和趋势，是国家新型城市化战略的重要组成部分，发展慈善事业有利于推进国家治理体系和治理能力现代化。随着《中华人民共和国慈善法》正式实施，全国慈善事业发展正面临着新的机遇和挑战。在全新的“善时代”，各地政府积极探索，为《中华人民共和国慈善法》落地提供保障，激发慈善事业在推动经济社会发展的巨大潜力。特别是当前，扶贫工作进入冲刺攻坚的决胜阶段，精准扶贫精准脱贫工作任务更重、要求更高、难度更大。广州慈善事业作为精准扶贫的重要力量，应该主动适应形势需要，为全市、全省乃至全国扶贫攻坚作出新的贡献。为此，市政府作出了深化“羊城慈善为民”行动、创建全国“慈善之城”的部署，这对广泛、有效地动员和凝聚社会各方面力量，擦亮广州慈善品牌，打造城市慈善文化，推动新时期广州慈善上水平具有重要意义。

二　指导思想

全面贯彻党的十八大和十八届三中、四中、五中、六中全会精神，深入学习贯彻习近平总书记系列重要讲话精神，紧紧围绕广州率先全面建成小康社会、率先基本实现社会主义现代化的目标，按照市委第十一次党代会关于“促进现代慈善事业发展”的要求和市政府深化“羊城慈善为民”行动、创建全国“慈善之城”的部署，以“慈善为民”为核心理念，以民生需求为导向，以社会扶贫为重点，深化“羊城慈善为民”行动，先试先行，将创建全国“慈善之城”工作纳入广州城市整体发展战略，激发全社会参与慈善的热情，发挥慈善事业在经济社会转型中的重要作用，使其成为提升国家重要中心城市地位和影响力的重要力量，通过全体市民的努力，推动形成规范管理、公开透明、人人参与、惠及大众的广州慈善新格局。

三　基本原则

（一）创新驱动

积极发挥先行先试精神，不断探索慈善体制机制改革，打通善道、弘扬善举，创新慈善平台，广开慈善渠道，优化慈善事业发展环境。

（二）专业运作

充分发挥慈善组织的主体地位和专业水平，坚持市场在慈善资源配置中的基础性作用，赋予民间慈善组织更大的活动空间和自由，推动慈善事业专业化发展。

（三）社会参与

在政府指导、政策引导下深入调整政府与慈善组织的关系，搭建政府、慈善组织、企业和企业家之间的合作平台，激发民间慈善活力，始终将群众参与、群众获得作为慈善事业发展的重要追求，在全社会范围内形成“立善心、用善能、聚善财、行善治”的良好社会氛围。

（四）全民共享

构建政府推动、各方参与、资源共享、分工合作、优势互补的慈善生态圈。立足群众实际需求，切实帮助城乡困难群众及边缘人群，联动各类慈善资源，优化慈善回馈机制，倡导善心人结善缘享善果，激发城市慈善活力，逐步探索出一条全民参与、全民共享的慈善发展道路。

四　主要指标

对标国内外先进城市，瞄准国际一流水平，集聚优秀慈善资源要素，设立“标志性、特色性、关键性、基础性”四个方面的主要指标，把广州建设成为引领国内、在国际上具有一定影响力的“慈善之城”。

（一）一个标志性指标

建设一个集体验、筹款、展示、孵化、传播、服务于一体的现代化、信息化慈善地标，并将其打造成为国内一流、国际领先的国际慈善枢纽。

（二）两个特色性指标

1. 在城市重点公共广场、公园、旅游观光景点等，打造不少于 200 个公众参与度高的慈善广场。

2. 打造 10 个知名度较高的品牌慈善组织及 50 个品牌慈善项目。

（三）三个关键性指标

1. 年度捐赠总额占全市 GDP 总额不低于 0.08%。

2. 捐赠年增长率不低于 5%。

3. 注册义工（志愿者）占城镇常住人口比例达 15% 以上。

（四）四个基础性指标

1. 社会组织，每万人拥有数不少于 8.5 个。

2. 从业人员，社会组织从业人员占经济活动人口比重不少于 2.5%。

3. 慈善活动，建成广州市慈善项目库和互联网募捐信息平台，慈善活动数年均增长率达 10%。

4. 慈善透明度，慈善信息公开达标率 100%。

五　主要任务

（一）健全多元发展人人可尽力的慈善捐赠机制

全面巩固和提升广州市慈善会信息平台作为全国首批慈善组织互联网公开募捐平台的功能和地位，进一步扩大全国影响力，不断开拓“微公益”、月捐、网络众筹、运动众筹、手机捐赠等新型募捐方式，让其成为社会公众互联网捐赠的主渠道。推进慈善供给侧改革，从捐赠领域加强优质供给和有效供给，不断激发捐赠人参与慈善捐赠的热情，实现慈善资源更有效配置。进一步畅通慈善渠道，鼓励慈善组织开展义拍、义卖、义展、慈善晚宴、企业和个人冠名基金、捐赠者参与项目实施，推动慈善捐赠由捐钱捐物向捐技术、股权、有价证券、产权、服务等领域拓展，鼓励设立慈善信托。鼓励社会公众参与形式多样的志愿服务，捐赠服务时间或技能。全面激活全市社会捐助站点，增强慈善超市的自我发展能力和社会服务功能，打造社区市民就近开展形式多样的“一日捐”等便民捐赠活动，实现社会捐赠机制常态化、多元化、人人可及，全民参与。

（二）完善全面覆盖人人可获得的慈善救助机制

全面建成慈善组织数据资源与政府社会救助系统、居民家庭经济状况核对系统对接功能，开通急难求助信息平台，按照求助类型和慈善项目类型，将求助人和慈善资源自动转介，并将慈善救助流程信息化、动态化、实现全程可追踪。大力推动区、街（镇）、社区（村）慈善事业发展，发展壮大区级慈善组织，成立和发展一批社区基金会（社区慈善基金），激活社区资源，灵活、及时、长期满足社区需求，实现精准帮扶，切实增强公众特别是困难群众的慈善获得感，充分发挥慈善力量在社会救助和社会福利体系中的重要作用，积极引导社会力量有序参与缓解民众自身未能解决而政府救助和福利政策又未能覆盖的困难。

（三）形成内涵丰富人人可参与的慈善文化氛围

大力打造一批具有广州特色、惠及社会大众、展示广州形象，在国内知名的广府慈善文化品牌。唱响“广州慈善之歌”，推广使用“广州慈善”标识、吉祥物，使之成为广州市民家喻户晓的慈善标识。深入挖掘广州慈善的历史文化，每年出版一本城市慈善蓝皮书、每季编辑一期广州慈善刊物，广泛传播广州慈善形象。在全市中小学开展“三一”工程：读一本慈善读本、上一堂慈善文化课、做一件慈善事情，让更多学生接触慈善、认知慈善、参与慈善。全面推进慈善标志建设，创建慈善广场、慈善社区、慈善街道、慈善乡村、慈善学校、慈善公园等，形成各具特色、内涵丰富、公众可参与的便利慈善平台。

（四）建立领域广泛人人尽其才的慈善组织和人才队伍

建立慈善组织孵化平台，大力培育发展不同类型的慈善组织。建立广州慈善创新平台，以社会组织公益创投为重点，鼓励公益慈善创新创业，不断丰富慈善服务领域，从传统救助领域拓展到科技、教育、文化、体育、环保、扶持创业就业、老年产业、家庭支持和社区综合服务、公益项目孵化、社会组织能力支持以及文化遗产保护等等。积极鼓励发展社会企业，激励更多人、更多资源投入慈善领域。依托高等院校、职业院校等教育培训机构建立慈善人才培训基地，强化“社工 + 义工（志愿者）”联动机制，大力推动全民义工，发展专业社工，探索社会工作与公益慈善合作发展机制，加快培养一批长期参与慈善服务、熟练掌握专业知识和岗位技能的慈善人才队伍，着力培养一批富有社会责任感、熟悉现代慈善理论、拥有丰富管理经验的慈善组织管理人才。

（五）建成开放专业创新有活力的国内外慈善交流平台

筹建全国慈善城市交流会，建立一个国家级、综合性、国际化的慈善交流平台。采取请进来、走出去，以国家建设丝绸之路经济带、21 世纪海上丝绸之路为契机，加强与沿线国家的民间慈善交流往来，积极引进国内外慈善家、企业家和慈善组织，支持广州慈善组织参与国内、国际慈善活动，推动国内外慈善组织、慈善家的交流合作，促进国内外慈善交流合作，将广州建设成为国际慈善创新发展的枢纽。

（六）建成精准高效公众可信赖的慈善监管体系

坚持“四位并重”，构建完善的政府监管、社会监督、行业自律、内部治理相结合的慈善事业综合监管体系，打造阳光慈善城市。完善广州慈善信息发布平台，及时、准确、全面、权威地发布地区慈善信息。进一步完善慈善组织第三方评估监督和行业自律机制，建立广州慈善组织透明度年度排行榜，打造社会可信赖的慈善透明标识。编制和发布广州市慈善力报告，对广州及各区慈善事业发展水平、发展潜力进行综合监测和科学评价。

（七）建立褒扬善举促持续发展的慈善激励机制

丰富广州慈善榜，逐步健全慈善荣誉嘉许和回馈机制，让“行善光荣得尊重”成为城市导向，增强行善者的荣誉感和成就感。支持捐赠项目冠名行为，推广慈善组织对捐赠人及时回馈捐赠证书、荣誉徽标等做法，提高捐赠善行的社会知晓度。探索将志愿服务活动和参与慈善情况纳入个人信用记录。建立志愿者嘉许和回馈制度，推动志愿者星级评定工作，让志愿者享受回馈服务，大力营造参与志愿服务光荣的良好社会氛围。

六　保障措施

（一）制度保障

贯彻落实《中华人民共和国慈善法》及其配套法律法规文件，有序推进慈善组织直接登记，制定公开募捐资格申请认定、慈善信托备案管理、监督管理等配套制度，结合广州实际，及时修订《广州市募捐条例》，认真组织实施《广州市人民政府关于促进慈善事业健康发展的实施意见》，积极推进慈善体制机制改革，为广州慈善事业发展提供系统全面保障。

（二）组织保障

坚持政府主导、政社合作、跨界融合、发动社会、依靠群众力量开展创建“慈善之城”工作。联合政府、慈善组织、专家学者、爱心企业、爱心人士等，打造多元主体合作，社会广泛参与的“慈善之城”创建联盟，充分依靠、发动和激发群众力量，参与全市“慈善之城”创建工作。制定年度计划，明确具体工作任务和完成时限，确保创建“慈善之城”各项工作落到实处。

（三）人才保障

建立市、区、街（镇）、社区（村）多级纵式健全的慈善工作网络，大力培养发展一批管理型、领军型慈善人才队伍。实施慈善组织人才培优计划，资助培养一批优秀慈善从业人员，培育提升慈善组织专业能力，探索政府、社会、高校跨界合作、资源互补的现代公益慈善人才培养机制。

（四）资金保障

加大各级政府对慈善组织的培育扶持力度，针对各类慈善组织能力建设水平及服务内容，扶优扶强，在政府购买服务、公益创投、培育孵化、资源支持等方面优先考虑，积极推进政府优先购买慈善组织服务，帮助提升慈善项目规模质量，发展优质慈善项目。鼓励社会投资，广泛动员社会爱心资源形式多样地参与创建“慈善之城”活动。慈善活动、慈善项目的开展，慈善标志、慈善实体的建设应积极争取社会筹资或 PPP 项目等灵活的模式进行。

（五）监督保障

建立健全慈善监督保障机制，促进各级民政部门积极主动履行慈善监督职能，充分发挥社会第三方的监督作用，借助行业组织实行慈善行业自律，不断增强慈善工作的透明度和公信力。

（六）技术保障

发挥高校人才密集和对外交流广泛的优势，着力打造具有鲜明广州慈善特色的新型智库，支持专业机构、专家学者开展广州慈善事业调研，建立慈善大数据平台，与政府大数据实现资源对接，为政府决策提供咨询服务，为慈善事业发展提供技术支持，为慈善行业发展指引方向。

（七）舆论保障

充分利用各类新闻媒体、推介会、招商会、经贸洽谈会、大型展会及微博、微信、博客、论坛等新兴媒体资源优势和互动传播平台开展慈善宣传，注重宣传创建活动中的新变化、新经验，宣传推广先进典型和先进经验。在公共场所设置宣传标语、放置图书报纸，开辟慈善宣传栏、宣传墙，动员社会各界参与创建“慈善之城”活动，提升活动影响力和感召力。

深化“羊城慈善为民”行动创建全国“慈善之城”2017年实施方案

为全面落实《中华人民共和国慈善法》和国家、省、市关于促进慈善事业健康发展的精神，按照广州市关于促进现代慈善事业发展、深化“羊城慈善为民”行动、创建全国“慈善之城”的决策部署，围绕《深化“羊城慈善为民”行动创建全国“慈善之城”2017～2020年行动方案》确立的目标任务，结合2017年“广东扶贫济困日”活动，特制定《深化“羊城慈善为民”行动创建全国“慈善之城”2017年实施方案》如下。

一　指导思想

全面贯彻党的十八大和十八届三中、四中、五中、六中全会精神，深入学习贯彻习近平总书记系列重要讲话精神，紧紧围绕广州率先全面建成小康社会、率先基本实现社会主义现代化的战略部署，以“慈善为民”为核心理念，以“扶贫济困”为根本宗旨，以创建全国“慈善之城”为发展目标，按照“创新驱动、专业运作、社会参与、全民共享”的原则，全面深化“羊城慈善为民”行动，激发全社会参与慈善的热情，推动形成规范管理、公开透明、人人参与、惠及大众的广州慈善事业新格局，彰显慈善在提升国家重要中心城市地位的影响力，让慈善成为建设实力活力魅力幸福广州的重要力量。

二 工作目标

2017 年是全面深化“羊城慈善为民”行动、创建全国“慈善之城”的启动之年、开局之年，要紧紧围绕《深化“羊城慈善为民”行动创建全国“慈善之城”2017～2020 年行动方案》确定的主要指标，分步实施，努力实现以下目标：

（一）关于一个标志性指标

启动慈善地标的建设论证、选址等前期工作，争取立项。

（二）关于两个特色性指标

在城市重点公共广场、公园、旅游观光景点等打造不少于 50 个公众参与度高的慈善广场；打造不少于 3 个知名度较高的品牌慈善组织及不少于 15 个品牌慈善项目。

（三）关于三个关键性指标

年度捐赠总额占全市 GDP 总额不低于 0.08%，捐赠年增长率不低于 5%，注册义工（志愿者）占城镇常住人口比例达 13% 以上。

（四）关于四个基础性指标

每万人拥有社会组织数量达到6个，社会组织从业人员占经济活动人口比重达2%，慈善活动数年均增长率达10%，慈善信息公开达标率100%。

三　活动口号

慈善为民，公益同行。

四　活动时间

活动贯穿2017年全年，结合2017年“广东扶贫济困日”活动一并进行，重点围绕四个主题节点、分四个季度推进各项活动，不断掀起全市慈善热潮。

（一）第一季度，以3月16日（《慈善法》颁布一周年）广州市深化“羊城慈善为民”行动创建全国“慈善之城”启动仪式为主题，精心策划，认真准备，全面启动2017年各项行动计划。

（二）第二季度，以6月30日深化“羊城慈善为民”行动暨“广东扶贫济困日”活动为主题，结合“全国扶贫日”，全方位、多层次、多形式开展2017年“羊城慈善为民”行动和广州扶贫济困系列活动。

（三）第三季度，以9月5日“中华慈善日”为主题，广泛宣传慈善法，出台一批广州慈善改革新政，组织举办各类慈善活动，掀起全民慈善高潮。

（四）第四季度，以12月“广州慈善年会”为主题，延续全年慈善热潮，梳理一年慈善发展情况，组织策划先进典型宣传报道和荣誉表彰回馈等活动，提升慈善影响力。

五　主要内容

紧紧围绕《深化“羊城慈善为民”行动创建全国“慈善之城”2017～

2020年行动方案》确定的七项主要任务，通过制定五项慈善政策法规、完善七大慈善活动平台、实施六个慈善服务计划、推出六个慈善文化标志，深化“羊城慈善为民”行动，调动社会各界参与创建“慈善之城”，共享“慈善之城”创建成果。

（一）制定五项慈善政策法规，进一步优化慈善事业发展环境

围绕贯彻落实慈善法，加强政策研究和设计，完善慈善政策法规体系。一是出台《广州市品牌社会组织培育扶持办法》，培育一批品牌慈善组织。二是出台《广州市社会组织公益创投项目管理办法》，以项目为带动，推动形成一批慈善创新项目。三是出台《广州市激发社会组织创新能力办法》，充分发挥社会组织尤其是公益慈善组织在社会创新、科技创新方面的主体作用。四是出台《深化“羊城慈善为民”行动创建全国“慈善之城”之“尽善净行”实施方案》，进一步推动慈善领域公开透明、廉洁高效，将其打造成为廉洁广州的重要品牌。五是出台《广州市慈善力评价指标办法》，对市、区慈善事业进行总体和专项评价，发布广州慈善力报告，不断提升全市慈善事业整体发展水平。

（二）完善七大慈善平台，进一步畅通公众慈善活动渠道

以便捷、高效、精准、规范为目标，完善公众慈善活动平台，畅通慈善发展的“毛细血管”。

一是升级互联网慈善综合服务平台。打造“广益联募”互联网募捐品牌，推出“善捐”（项目筹款）、“善行”（公益活动）、“善助”（个人救助）、“善品”（慈善义卖）和“善学”（慈善网上学堂）五大核心模块，使之成为慈善资源流通对接共享的“集善地”和全民慈善的便易平台。

二是优化慈善信息发布平台。将广州慈善信息网升级为慈善信息发布平台，在线办理慈善募捐资格认证、慈善募捐备案等业务，汇集并展示广州慈善组织和慈善项目信息，同时通过自动化接口推送组织、项目等慈善信息，实现广州市慈善信息自动化、多平台、多渠道发布。

三是发展公益创投平台。进一步整合公益创投资源，融合广州市社会组织公益创投和市慈善会慈善项目大赛，打造政府、慈善会（基金会）、创投主体、社会公众四方共创共投、共建共享、协同善治的1+1+1+1>4的公益创投“广州模式”，培育一批品牌社会组织和慈善项目。

四是建立慈善人才培育平台。以广州公益慈善书院、广州社会组织学院、广州社会组织研究院为载体，依托高等院校资源建立慈善人才培训基地，定期开展慈善培训与交流，提升慈善从业人员工作技能，推动慈善组织发展。

五是整合提升广府文化慈善平台。将慈善与新春花市、广府庙会等传统广府文化品牌结合，统筹设置慈善板块，让广大市民在逛花市、庙会之时，带着喜庆的心情愉快而便捷地参与慈善。

六是创新慈善产品定制平台。以广州市慈善会为试点，推进慈善供给侧改革，改变以往先提供慈善项目，后对接社会资源的单一供给方式，推出慈善产品定制平台，为爱心企业或个人提供满足其个性化需求的慈善产品定制服务。

七是打造慈善交流枢纽平台。积极引进国内外慈善资源，策划举办全国性慈善城市交流会，定期组织国内外有影响力的公益慈善领域的组织、专家学者、知名人士来穗交流，将广州打造成为国内有影响力的慈善交流枢纽。

（三）实施六项慈善服务计划，进一步增强慈善为民行动实效

坚持慈善为民理念，以增强公众获得感为驱动力，让慈善更具吸引力、凝聚力和影响力。

一是围绕慈善+扶贫济困，实施“善扶奔康”计划。紧紧围绕省、市扶贫攻坚的目标任务，组织实施2017年“广东扶贫济困日”活动，广泛动员社会各界，特别是各帮扶单位围绕贫困村需求，定向动员社会力量点对点实施精准扶贫项目，为2018年广东率先全面建成小康社会贡献力量。

二是围绕慈善+运动众筹，实施“善动羊城”计划。探索与富力足球俱乐部合作，将慈善与足球元素结合，利用足球充分调动公众特别是球迷参与慈善的热情，扩大城市慈善影响力。升级每年一度的广州市自行车为爱骑

行品牌，引入共享单车平台，创新活动形式，增加趣味性和便捷性，让公众参与更方便、体验感更强。深化“为爱”运动众筹系列品牌，组织开展为爱徒步、广马慈善为爱奔跑等活动，推动公众亲身参与、践行慈善。

三是围绕慈善 + 商业金融，实施“商都善城”计划。将创建慈善之城与打造千年商都融合，进一步打造商圈慈善品牌。在北京路慈善一条街举行第二届公益慈善嘉年华活动，广泛动员北京路商圈的商户加入，并逐步扩大到其他商圈，与重点企业、连锁商户、银行等合作，结合消费金融创新开展慈善活动，让千年商都连上现代善城，成为城市慈善新概念。

四是围绕慈善 + 幸福社区，实施“善社共融”计划。将慈善融入幸福社区提升计划，在全市示范社区（乡村），联动社区、社会组织、社工，依托家庭综合服务中心、社区居（村）委会发起成立社区慈善基金，条件成熟的成立社区发展基金会，链接社区企事业单位、慈善组织、居民资源，解决社区存在的问题。进一步创建慈善标志，使之成为社区慈善的重要阵地。

五是围绕慈善 + 救助服务，实施“善暖一家”计划。积极推动肺癌早筛，支持开展孤残婴幼儿早期干预基础研究，逐步拓展慈善介入前置救助的领域和范围，发挥慈善在源头上减少贫困现象的作用。设立“关爱独居空巢高龄及生活不能自理老人”“老战士之家”“来穗人员一家亲”专项慈善基金，关爱特殊困难群体，通过慈善帮扶、义工服务等，打造慈善之城友善互助的形象。

六是围绕慈善 + 艺术，实施“善艺（益）人生”计划。将慈善与艺术结合，支持举办慈善书画展览拍卖、慈善古诗词大赛、慈善纪录片征集、慈善电影展播等活动，通过艺术弘扬慈善文化，传播慈善精神，播撒爱的种子，丰富美丽人生。

（四）推出六大慈善文化标志，进一步提升慈善之城影响力

通过文化引领，发出“善城广州之声”，塑造慈善之城形象。一是创办慈善刊物，并配以“善城广州”微信公众号，通过“纸媒 + 自媒体”多渠道传播广州慈善。二是创作广州慈善之歌，让慈善歌声唱响羊城。三是制作慈善之城宣传片，推广使用慈善之城“善穗”标识、慈善吉祥物，传播城市慈善形象。

四是编写慈善读本，在全市中小学中推广，并鼓励中小学每年上一堂慈善文化课、学生做一件慈善事情，深入推动慈善进校园。五是深化广州慈善榜，以弘扬慈善文化为导向，以宣传慈善典型为目的，为广州树立更直观更健康更有责任感的慈善榜样。六是编辑出版第五本城市慈善蓝皮书，全面总结2016年广州慈善发展情况，深入研究《慈善法》实施后慈善行业新思路、新方向。

六　保障措施

（一）加强组织保障

在市政府领导下，由市民政局、市文明办组织实施，各区人民政府、市委宣传部、市委统战部、市委台办、市直机关工委、市教育局、市民宗局、市公安局、市商务委、市文广新局、市来穗人员服务管理局、市林业和园林局、市卫生计生委、市国资委、市体育局、市工商局、市旅游局、市侨办、市金融工作局、市工商联、市总工会、团市委、市妇联、市文联、市残联、广州日报社、广州广播电视台等参与实施。

（二）强化宣传推广

将深化“羊城慈善为民”行动、创建全国“慈善之城”及2017年“广东扶贫济困日”活动纳入精神文明建设重要内容，积极组织开展全市公益宣传。市属媒体要广泛深入报道，《文明导报》等要重点推介，宣传慈善典型，弘扬社会正能量；组织和邀请中央、省、市主流媒体，并充分利用新媒体宣传报道各项慈善活动。要充分利用全市公益广告宣传平台，包括文明单位、社区文明宣传栏、志愿者驿站、福利彩票点等阵地，形式多样宣传慈善活动，营造浓厚慈善氛围。

（三）创新运作机制

按照“政府搭台，社会运作、公众参与”理念，广泛动员社会力量参与，搭建创建“慈善之城”联盟，并根据实际需要设立行动组以及行业（企业）服务队，为多元主体、多元途径参与慈善活动提供枢纽平台。鼓励和支持社会组织开展或承接各类慈善服务、慈善活动，形成社会共建共享的良好局面。

（四）加强人才保障

探索政府、社会、高校跨界合作、资源互补的现代公益慈善人才培养机制，实施慈善组织人才培优计划，资助培养一批优秀慈善从业人员，培育提升慈善组织专业能力。

（五）提供资金保障

统筹使用2017年广州市“广东扶贫济困日”活动财政预算资金，开展深化“羊城慈善为民”行动创建全国“慈善之城”2017年系列活动。加大各级政府对慈善组织的培育扶持力度，在政府购买服务、公益创投、培育孵化、资源支持等方面优先考虑慈善组织，帮助提升慈善项目规模质量，发展优质慈善项目。鼓励企业基金会、市慈善会等资助型慈善组织联合服务型慈善组织共同实施项目，并提供资金支持。广泛动员社会爱心资源形式多样地参与创建“慈善之城”活动。

（六）加强慈善监督

建立健全慈善监督保障机制，优化广州慈善信息网，及时全面真实发布慈善信息，为社会公众监督提供信息平台。进一步优化慈善组织透明度评价工作，切实加强民政等部门依法监管，充分发挥广州市慈善组织社会监督委员会等第三方的监督作用，督促各慈善组织完善内部治理，不断增强慈善工作的透明度和公信力。

广州市民政局办公室

2017年3月14日印发

广州市财政局　广州市国家税务局　广州市地方税务局　广州市民政局关于广州市公益性捐赠税前扣除资格确认有关事项的通知

穗财规字〔2017〕1号

市财政征管分局，市国税局各直属单位，市地税局局属各单位，各区财政局、国家税务局、民政局：

根据财政部、国家税务总局、民政部《关于公益性捐赠税前扣除资格确认审批有关调整事项的通知》（财税〔2015〕141号，以下简称“财税〔2015〕141号文”），及省财政厅《关于公益性捐赠税前扣除资格确认有关事项的通知》（粤财法〔2016〕24号，以下简称“粤财法〔2016〕24号文”），为进一步加强和规范公益性捐赠税前扣除资格确认管理工作，结合我市工作实际，现就公益性捐赠税前扣除资格确认有关事项通知如下：

一　关于资格确认权限和程序

参照财税〔2015〕141号文和粤财法〔2016〕24号文规定程序，对市、区两级社会组织的公益性社会团体捐赠税前扣除资格确认的权限和程序按以下规定执行：

（一）对在区级民政部门登记设立的社会组织，由各区民政局于每年4月10日前，根据社会组织新登记、开展公益活动情况以及年度报告、评估等情况按附件要求向市民政局提交有关材料。

市民政局根据在市、区两级民政部门登记设立的社会组织新登记、开展公益活动情况以及年度报告、评估等情况，于每年4月25日前按照附件要求向市财政局提出市、区两级的公益性捐赠税前扣除资格确认名单。

（二）市财政局会同市国税局、市地税局、市民政局于每年4月30日前进行联合确认和公示，公示期为7日。对符合公益性社会团体条件的社会组织，市财政局、市国税局、市地税局、市民政局联合发布公告，明确其公益性捐赠税前扣除资格，并将公告抄送省财政厅、省国税局、省地税局、省民政厅。

（三）市、区两级社会组织的2016年度公益性捐赠税前扣除资格，按照上述程序、时间办理并予以及时公告。

二　关于资格享受范围

公益性捐赠税前扣除资格确认条件和适用对象按照中央、省有关规定执行，根据《财政部　国家税务总局　民政部关于公益性捐赠税前扣除有关问题的通知》（财税〔2008〕160号，以下简称“财税〔2008〕160号文”）规定，享受主体为公益性社会团体和基金会。

三　关于资格确认依据

对新登记注册的社会组织，在登记注册环节对其公益性进行确认。对已经登记注册且已经运行的社会组织，按财税〔2008〕160号文中规定的条件进行确认。对有关资格条件难以确认的，可以由社会组织提供或组织必要的核查。

四　信息公开

我市应按照粤财法〔2016〕24号文要求建立公益性捐赠税前扣除资格信息公开制度，我市财政、国税、地税、民政部门应在本部门门户网站专栏公布我市的社会团体公益性捐赠税前扣除资格名单相关信息，以方便纳税人和社会组织查询。

五　关于后续管理问题

按照“放管结合”的要求，我市财政、税务、民政等部门要加强公益性社会团体和基金会的后续管理，加大对其监督检查及违规处罚力度。在监督检查或税务检查中，发现不符合条件的社会组织，取消其公益性捐赠税前扣除资格，并向社会公告。

六　本通知自发布之日起施行，有效期5年，有效期届满，根据实施情况评估修订

各单位在执行过程中发现的问题，请分别向市财政局、市国税局、市地税局、市民政局反映。

附件：1. 社会团体公益性捐赠税前扣除资格确认信息表（不含基金会）（略）

2. 社会团体公益性捐赠税前扣除资格确认信息表（基金会）（略）

广州市财政局　广州市国家税务局

广州市地方税务局　广州市民政局

2017 年 4 月 13 日

广州市民政局关于印发《关于推进全市社会组织诚信建设的意见》的通知

穗民〔2017〕486 号

各区民政局，全市各社会组织：

为进一步加强社会组织建设，激发社会组织活力，加强社会组织诚信建

设，提高社会组织公信力，结合我市实际，制定《关于推进全市社会组织诚信建设的意见》。现印发给你们，请遵照实施。

广州市民政局

2017 年 12 月 13 日

关于推进全市社会组织诚信建设的意见

为进一步加强社会组织建设，激发社会组织活力，加强社会组织诚信建设，提高社会组织公信力，根据国家、省、市有关规定，按照建立健全统一登记、各司其职、协调配合、分级负责、依法监管的中国特色社会组织管理体制和加快形成政社分开、权责明确、依法自治的社会组织体制建设的总体目标，结合实际，现就推进全市社会组织诚信建设提出如下意见。

一 指导思想

深入贯彻党的十九大精神和习近平新时代中国特色社会主义思想，以党委政府为主导，以社会组织为主体，全体会员参与，社会配合，结合社会组织的特点，以加强组织自律、规范组织行为为主线，以建立健全“规范运作、诚信执业、信息公开、公平竞争、奖励惩戒、自律保障”等六个机制为重点，推进我市社会组织健康发展，形成政社分开、职责明确、制度健全、依法自治、监管有力的社会组织发展新格局。

二 基本原则

——褒扬诚信、惩戒失信。充分运用信用激励和约束手段，加大对诚信社会组织激励和对严重失信社会组织惩戒力度，让守信者受益、失信者受限，形成褒扬诚信、惩戒失信的制度机制。

——部门联动、社会协同。推动社会组织信用信息记录、公开、共享和使用，在登记管理机关、行业主管（指导）单位和各相关部门之间实现信用信息的共享，并将有关信息纳入市公共信用信息系统，形成政府部门协同联动、行业组织自律管理、信用服务机构积极参与、社会舆论广泛监督的共同治理格局。

——促进自律、增进诚信。促进社会组织自觉遵守有关法律法规，严格按照章程和各项规定开展活动，有效履行各项社会服务承诺，提高社会组织的公信力和社会影响力。

——突出重点、分类推进。统筹兼顾，分类指导，根据社会团体、社会服务机构和基金会的不同特点，明确加强自律与诚信建设的重点，稳步实施，有序推进。

三　工作目标

力争到2020年，基本形成现代社会组织诚信建设体系，政府监管职责进一步优化强化，社会监督渠道日趋便捷畅通，党组织引领保障作用愈加突出有力，社会组织诚信建设成效愈发显著，形成社会组织“守信受益、失信惩戒，一处失信、处处受制”的社会环境。

四　具体内容

（一）加强社会组织信用信息公开机制建设

1. 社会组织行政许可、行政处罚等“双公示”信息全上线

按照国家统一的数据标准，将社会组织行政许可和行政处罚等信息在作出决定之日起7个工作日内上网公开，同时将有关信息推送至“信用广州”和“广州市社会组织信息平台”。

2. 统一社会信用代码增量公示和存量转换全到位

各登记管理机关要按照统一社会信用代码增量公示的要求，抓紧做好存量代码转换，做好换证工作，全部建立原有代码与新赋码的映射关系，完成存量代码转换，力争 2017 年底前完成存量换证工作。

3. 推动社会组织建立健全信息公开制度

社会组织要加大信息公开力度，主动接受舆论监督和社会公众监督，严格履行信息公示义务，依法在登记管理机关指定的信息公示平台上定期如实主动向社会公开登记证书、经核准的章程、组织机构设置、负责人及理事会成员名单、年度工作报告、财务收支情况等规定信息，并及时公示接受捐赠和资助、开展公益资助项目等有关信息，自觉接受捐赠人、媒体和社会公众的查询和监督。

（二）加强社会组织自身信用建设

1. 加强社会组织诚信自律建设

推动社会组织建立诚信承诺制度，建立行业性诚信激励和惩戒机制。支持社会组织建立社会责任标准体系，积极履行社会责任。引导社会组织建立活动影响评估机制，对可能引发社会风险的重要事项应事先向政府有关部门报告。强化社会组织管理服务意识，社会团体设立机构、发展会员要与其管理服务能力相适应。探索建立各领域社会组织行业自律联盟，通过发布公益倡导、制定活动准则、实行声誉评价等形式，引领和规范行业内社会组织的行为。规范社会组织收费行为，严禁巧立名目乱收费，切实防止只收费不服务、只收费不管理的现象。

2. 推进行业协会商会诚信承诺和自律公约制度

行业协会商会要适应行业发展趋势和要求，按照诚实守信、公平竞争的原则，制定自律公约，广泛征求会员企业、行业管理部门等多方意见，经会员大会或会员代表大会表决通过后实施。行业协会商会要按照《行业协会价格行为指南》，自觉规范收费行为，提升行业自律水平。行业协会商会要向社会公开诚信承诺书，重点就服务内容、服务方式、服务对象和收费标准等作出承诺。

3. 健全社会组织法人治理结构

一是完善会员（代表）大会、理事会、监事会制度。推行理事长（会长）担任法定代表人制度。推行监事会制度，逐步形成权力机构、执行机构、监督机构合理分工、互相监督、有效制衡的内部法人治理结构。二是建立以章程为核心的人事、财务、档案、资产、活动管理、机构管理、议事决策等内部管理制度，完善内部组织架构，落实民主选举、民主决策、民主管理、民主监督，推进社会组织明确权责、依法自治、发挥作用。三是将诚信建设内容纳入社会组织章程，全面建立诚信承诺制度。四是明确章程的主导地位、树立章程的权威性，严格按照章程规定的宗旨和业务范围开展活动。五是建立健全法定代表人离任审计，规范社会组织服务和收费行为。六是引导社会组织重视人才队伍建设，提高工作人员专业化、职业化水平。

（三）健全社会组织信用约束和惩戒机制

1. 加强对失信行为的行业性约束和惩戒

建立健全行业自律公约和职业道德准则，推动行业信用建设。引导行业协会商会完善行业内部信用信息采集、共享机制，将严重失信行为记入会员信用档案。鼓励行业协会商会与有资质的第三方信用服务机构合作，开展会员单位信用等级评价。支持行业协会商会按照行业标准、行规、行约等，视情节轻重对失信会员实行行业内通报批评、公开谴责、不予接纳、劝退等惩戒措施。在保证独立、公正、客观前提下，鼓励行业协会商会将产生的“红名单”和“黑名单”信息提供给政府部门参考使用。

2. 加强对失信行为的社会性约束和惩戒

充分发挥各类社会组织作用，引导社会力量广泛参与失信联合惩戒。建立完善失信举报制度，鼓励公众举报社会组织严重失信行为。支持有关社会组织依法对污染环境、侵害消费者或公众投资者合法权益等群体性侵权行为提起公益诉讼。鼓励公正、独立、有条件的社会机构开展失信行为大数据舆情监测，编制发布地区、行业信用分析报告。

3. 加强对失信行为的等级评估约束和惩戒

完善社会组织评估工作办法，开展社会组织第三方评估工作，进一步完善各类社会组织评估指标体系，把诚信自律情况作为社会组织重要评估指标，加大指标权重。加强社会组织评估等级动态管理，进一步激活社会组织不断加强自身建设的积极性。

（四）构建守信联合激励和失信联合惩戒协同机制

1. 完善联席会议制度

推动建立登记管理机关与相关部门联席会议制度，加强统筹协调和衔接配合，共同推进社会组织诚信建设。推动建立多方参与的议事协商民主机制，扩大社会组织诚信建设的社会参与基础。

2. 加强各部门协同和跨区域联动

推动对本行政区域内确定的诚信典型和严重失信社会组织，发起跨区域联合激励与惩戒。充分发挥社会信用体系建设统筹协调小组的指导作用，建立健全跨地区、跨部门、跨领域的社会组织信用体系建设合作机制，加强社会组织信用信息共享和信用评价结果互认。

3. 规范社会组织异常名录制度

不断完善社会组织活动异常名录制度，依法依规规范活动异常名录发布行为，动态管理社会组织活动异常名录，完善信用约束机制，对违规失信的社会组织实行联合惩戒，对诚信守法的予以褒扬鼓励。使守信者处处受益、失信者寸步难行。对于诚信社会组织，在等级评估、税收优惠、职能转移、购买服务等事项中，实行优先办理、简化程序、“绿色通道”和重点支持等激励措施，并通过新闻媒体进行广泛宣传，营造守信光荣的舆论氛围。在资金扶持、承接政府职能转移和购买服务、等级评估、授予荣誉称号等工作中，将社会组织活动异常名录作为重要考量因素。

五　保障措施

登记管理机关、业务主管（指导）单位要一手抓积极引导发展，一手抓严格依法管理，进一步加大社会组织服务管理工作力度，依法强化事前风险防控排查、事中事后监管监查，全程深化服务指导，全力助推社会组织诚信建设。

（一）继续深化党建工作

社会组织应当坚持党的领导与社会组织依法自治相统一，依照有关规定建立党组织（或接受派遣党建工作指导员）并按期进行党组织换届选举。社会组织党组织要认真抓好党组织领导班子建设、党员队伍建设、党组织制度建设、党组织活动等，把党的工作融入社会组织运行和发展过程，充分发挥党组织政治核心作用，不断拓展党组织和党员在社会组织诚信建设中发挥作用的有效途径，使诚信建设成为党组织作用发挥的重要载体。

（二）加快信息平台建设

加快建设社会组织公共服务信息平台，不断完善各板块功能，使之成为社会组织信息发布、社会监督、监管监察、扶持培育、等级评估、党的建设的交互联动纽带。主动配合市信用信息公示系统网站，提供社会组织相关信息。鼓励社会组织加强自身信息化建设，支持社会组织建立自身网站，协助社会组织网站与社会组织公共服务信息交互信息。

（三）加大舆论宣传力度

加大舆论宣传力度，宣传社会组织诚信自律建设中的经验和成功做法，培育树立一批社会组织诚信建设的先进典型和知名诚信服务品牌，有效聚集支持社会组织建设的社会正能量。

广州市民政局关于印发广州市最低生活保障对象参加社会公益服务管理办法的通知

穗民规字〔2017〕3号

各区人民政府，市政府各部门、各直属机构：

《广州市最低生活保障对象参加社会公益服务管理办法》业经市法制办审查同意，现印发给你们，请遵照执行。执行中遇到问题，请径向市民政局反映。

广州市民政局

2017年1月26日

广州市最低生活保障对象参加社会公益服务管理办法

第一条 为规范本市最低生活保障对象参加社会公益服务的管理，根据《广州市最低生活保障办法》有关规定，结合本市实际，制定本办法。

第二条 本市最低生活保障对象参加社会公益服务活动的管理适用本办法。

第三条 最低生活保障对象参加社会公益服务的管理应坚持以下原则：

（一）社会救助权利与服务社会义务相结合；

（二）社会服务与保障对象身体健康状况相适应；

（三）就近、方便服务；

（四）保障劳动权益。

第四条 市民政部门负责最低生活保障对象参加社会公益服务工作的政策制定和规划。

区民政部门负责最低生活保障对象参加社会公益服务工作的监督管理；

负责审核、调整社会公益服务的具体项目；负责投诉、举报的受理、调查、处理工作；负责保障对象违规行为的处理工作。镇人民政府、街道办事处负责社会公益服务具体项目的管理工作，包括提出具体岗位和服务标准、核定参加公益服务的最低生活保障对象，并根据其实际情况制定参加社会公益服务计划；负责最低生活保障对象参加社会公益服务评估。

村、居民委员会协助落实最低生活保障对象参加社会公益服务具体工作，包括受镇人民政府、街道办事处委托协助做好相关通知告知工作、服务考勤等工作。

第五条 社会公益服务单位是指直接管理社会公益服务的单位，主要负责对参加社会公益服务的最低生活保障对象提供培训指导、考勤管理、服务评估等具体事务以及配合区民政部门、镇人民政府、街道办事处做好社会公益服务的监督管理工作。

社会公益服务单位的职能一般由村、居民委员会承担，也可以由镇人民政府、街道办事处承担。区政府、镇人民政府、街道办事处在辖区内已通过购买服务使社会力量参与社会救助工作的，可以委托社会力量承接社会公益服务单位的职能。

第六条 镇人民政府、街道办事处可通过政府购买服务的方式，委托社会公益服务单位做好最低生活保障对象参加社会公益服务管理工作，包括设计具体岗位和服务制度，向最低生活保障对象提供就业培训或服务指导；最低生活保障对象参加社会公益服务评估等。

第七条 市、区民政部门及镇人民政府、街道办事处应当将最低生活保障对象参加社会公益服务管理工作经费列入本级财政预算。

第八条 社会公益服务单位应当按有关规定为参加公益服务的保障对象提供适当的高温补贴、餐费补贴、交通补贴等服务津贴，并且服务津贴的给付标准应与同一社会公益服务单位在同一次社会公益服务中给付其他志愿者、义工的服务津贴标准等同。

保障对象参加社会公益服务所获得的服务津贴不计入家庭收入。

社会公益服务单位应当为参加社会公益服务的保障对象中的残疾人提供

无障碍工作环境。

第九条 保障对象应当参加镇人民政府、街道办事处、村民委员会、居民委员会安排或认可的，与其身体健康状况相适应的社会公益服务，每人每月参加社会公益服务时间累计不得少于60小时。

第十条 保障对象属于下列情形之一的，可以免除社会公益服务：

（一）全日制在校学生；

（二）患有不适宜参加劳动疾病的人员；

（三）重度（一、二级）残疾人；

（四）精神、智力残疾人；

（五）子女未满6周岁且未入幼儿园的父亲或者母亲的一方；

（六）需照顾生活不能自理家庭成员的人员。

其中，全日制在校学生应提供所读学校出具的在读证明；患有不适宜参加劳动疾病的人员应提供二级以上医疗机构出具的不宜参加劳动证明或市劳动鉴定中心认定其无劳动能力的证明；重度（一、二级）残疾人应提供（一、二级）残疾人证；精神、智力残疾人应提供二代精神、智力残疾人证，无法提供残疾证的，应提供村、居委会出具的精神异常不适宜参与公益服务的证明；子女未满6周岁且未入幼儿园的父亲或者母亲的一方应提供村、居委会出具的其子女未入幼儿园的证明；需照顾生活不能自理家庭成员的人员应提供二级以上医院出具的，被照顾者生活不能自理的诊断证明。同一家庭中，只能免除一名照顾者参加社会公益服务。

第十一条 社会公益服务项目的具体岗位由镇人民政府、街道办事处提出，经区民政部门审核后确定。

主要包括以下项目和内容：

（一）困难群体、残疾人社会福利和社会救助帮扶服务；

（二）社区基本环境卫生保洁服务；

（三）社区治安值勤巡逻；

（四）社区交通秩序维护；

（五）家庭综合服务中心举办的社会公益服务；

（六）其他由镇人民政府、街道办事处、村民委员会、居民委员会安排或认可的内容。

第十二条 镇人民政府、街道办事处在受理最低生活保障申请时，应告知申请人关于参加社会公益服务的相关规定和义务。

第十三条 镇人民政府、街道办事处应当对已认定给予最低生活保障的对象是否符合参加社会公益服务条件进行甄别。对符合参加条件的，镇人民政府、街道办事处应在认定之日起5个工作日内填写《广州市最低生活保障对象参加社会公益服务登记表》，制作《广州市最低生活保障对象参加社会公益服务通知书》（下称“《通知书》”，其内容应包括服务时数、服务人员、报到时间、报到地点、联系人等），并通知保障对象家庭。

保障对象对《通知书》无异议的，应当按通知要求的报到时间到镇人民政府、街道办事处报到。如有异议，可在收到《通知书》5个工作日内，向镇人民政府、街道办事处书面提出免除服务申请并提交相应证明材料。镇人民政府、街道办事处应在受理免除服务申请提出后5个工作日内作出是否免除服务的决定，并书面告知保障对象决定结果及理由。

第十四条 保障对象应按《通知书》规定的时间到镇人民政府、街道办事处报到，如实向镇人民政府、街道办事处反映自己的健康状况、劳动能力、文化水平以及技能特长等。镇人民政府、街道办事处根据保障对象反映的基本情况，安排保障对象参加与其基本情况相适应的社会公益服务，填写《社会公益服务手册》。

第十五条 《社会公益服务手册》应当包括以下内容：

（一）服务单位（服务地点、管理联系人员、联系方式、上岗时间等）；

（二）具体服务内容；

（三）具体每月的服务时间安排；

（四）考勤制度和考勤表；

（五）服务地点及转移记录；

（六）服务表现及评估。

第十六条 保障对象到指定的社会公益服务单位报到。社会公益服务单位应当向保障对象介绍服务时间、服务地点、服务内容、服务纪律、违反服务纪律的责任等，为保障对象提供培训或指导。

保障对象接受培训或指导的时间视为参加社会公益服务时间。

社会公益服务单位可以根据实际情况的需要，对具体服务内容和具体每月的服务时间安排进行调整。社会公益服务单位应当为保障对象提供每月不少于70小时的服务时间安排，为保障对象的请假、缺席等情况提供调整空间。

第十七条 社会公益服务单位应做好考勤记录，在每次服务结束后如实填写《社会公益服务手册》的考勤表，并由保障对象当面签名确认。

第十八条 社会公益服务单位应主动向镇人民政府、街道办事处报告参加对象的服务态度和服务表现。镇人民政府、街道办事处根据保障对象的服务态度和服务表现进行服务评估并记入《社会公益服务手册》，在保障对象低保待遇有效期满的前一个月内报送区民政部门。

第十九条 出现下列情形之一的，保障对象可以终止参加社会公益服务：

（一）保障对象的最低生活保障待遇期满或停止的；

（二）被认定可以免除社公益服务的。服务终止后，保障对象的情况发生变化又符合参加社会公益服务条件的，保障对象应当继续参加社会公益服务，具体按本办法第十三条至第十八条有关规定执行。

第二十条 保障对象因病或因事临时不能参加社会公益服务的，应当向社会公益服务单位请假。经社会公益服务单位同意的，可暂不参加社会公益服务。保障对象未获许请假又不参加社会公益服务的，社会公益服务单位应当视其服务缺席并记入考勤记录。

因病因事临时不能参加社会公益服务的时间，不能计入保障对象应当参加社会公益服务的累计时间。

第二十一条 社会公益服务的管理工作一般由实际居住地的镇人民政府、街道办事处管理，保障对象因实际居住地发生变更，需要转移服务地点的，可向原服务地点镇人民政府、街道办事处提出，并提供以下材料到实际居住地镇人民政府、街道办事处办理服务地点转移手续。

（一）原服务地点镇人民政府、街道办事处出具的服务地点迁移证明；

（二）最低生活保障金领取证。

原服务地点镇人民政府、街道办事处在受理服务地点转移申请后，应当在30个工作日内督促、指导保障对象到实际居住地镇人民政府、街道办事处办理服务地点转移手续。办理转移手续后，实际居住地镇人民政府、街道办事处应书面告知保障对象家庭、原服务地点镇人民政府、街道办事处、原服务单位服务地点转移的情况。

服务地点转移申请手续办理期间，保障对象应当按《社会公益服务手册》确定的内容，继续参加原服务单位的社会公益服务。

第二十二条 镇人民政府、街道办事处可以通过政府购买服务，将最低生活保障对象参加社会公益服务的管理工作以项目的形式委托社会公益服务单位运营。社会公益服务项目应当包括当地公益服务需求、项目指标、服务制度、服务协议、运营经费、评估办法等内容。辖区内设有家庭综合服务中心的镇人民政府、街道办事处，可以依托家庭综合服务中心运营社会公益服务项目。

第二十三条 民政部门及镇人民政府、街道办事处应当设立并公开咨询、投诉、举报电话。区民政部门统一负责投诉、举报的调查处理工作，自受理投诉、举报之日起60天内核查完毕，做出处理决定，并将处理决定告知投诉人、举报人。

第二十四条 保障对象在一个月内无故缺席2次及以上的，或者在工作中不服从安排、不配合工作、不接受工作人员指导且态度恶劣的，社会公益服务单位有权对其进行批评教育并将其违规行为载入《社会公益服务手册》，作为保障对象及其家庭重新申请或复核最低生活保障资格的参考依据之一。

保障对象在一个月内参加社会公益服务时间不足60个小时的，社会公益服务单位应及时向镇人民政府、街道办事处报告。经镇人民政府、街道办事处核实后报送区民政部门。区民政部门应当根据有关规定取消保障对象及其家庭最低生活保障待遇，并自决定作出之日起5个工作日内委托镇人民政府、街道办事处将相关决定送达保障对象或其家庭成员，同时书面通知社会公益服务单位及社会救助有关部门。

第二十五条 社会公益服务管理人员出现下列违规情形之一的，由任免机关或者监察机关责令改正；对直接负责的主管人员和其他直接责任人员给予处分；涉嫌犯罪的，依法移送司法机关处理：

（一）滥用职权，不按照规定安排保障对象参加社会公益服务，或利用保障对象从事非公益服务和私人活动的。

（二）弄虚作假，虚报、瞒报保障对象服务时间，歪曲工作状况事实，不如实登记低保对象的考勤考核记录的。

（三）有其他侵害居（村）民最低生活保障权益或者国家利益行为的。

第二十六条 本办法自印发之日起施行。有效期3年。有效期届满或遇政策法规依据变化，根据实施情况依法评估修订。

Abstract

Annual Report on Guangzhou's Philanthropy Development (*2018*) gives a comprehensive description and analysis of the development of Guangzhou's philanthropy in 2017. On the anniversary of the promulgation of *Charity Law of the People's Republic of China*, in the context of deepening reform, Guangzhou steadily promoted the reform of philanthropy management system and innovation of philanthropy operation mechanism, and made a strategic decision in 2017 to deepen the 'Yangcheng Philanthropy for the People' campaign and build a 'City of Philanthropy' on a national level. This book is to record, include and analyse the leap-forward development of philanthropy in Guangzhou in the past year.

This book is divided into five parts: general report, sub-reports, thematic reports, case studies and appendix.

In the general report, first of all, under the important background and analytical framework of the modernization of national governance and the construction of modern social governance structure, it discusses the positioning, direction, mission and path of Guangzhou's philanthropy. Then the paper systematically reviews and concludes the major changes and achievements in the field of philanthropy after Guangzhou made the decision to deepen 'Yangcheng Philanthropy for the People' and build the 'City of Philanthropy' in 2017, and summarizes the innovative model of philanthropy in Guangzhou. Next, it analyzes the practical path of Guangzhou's philanthropy and builds a 'City of Philanthropy' for co-building, co-governing and co-sharing through perfecting charity laws and regulations, building charity platforms, innovating charity services, and creating charity icons. Finally, the paper points out the existing problems, solutions methods and future direction of Guangzhou's annual philanthropy development.

The sub-reports are mainly the summary of the work in related fields of Guangzhou's philanthropy development, including the exploration and practice of developing modern philanthropy in Guangzhou, the participation of Guangzhou's charitable organizations in modern social governance, Guangzhou's community philanthropy and community governance, the engagement of social work in Guangzhou's philanthropy development, the engagement of social forces in Guangzhou in targeted poverty alleviation and Annual observation of commonweal communication in Guangzhou.

The thematic reports focus on the characteristic fields of Guangzhou's philanthropy, including party building innovation of Guangzhou's charitable organizations, charitable medical aids in Guangzhou, advocate charitable families in Guangzhou and innovation practice of charity auction in Guangzhou.

The case studies are mainly some typical cases of Guangzhou's philanthropy, including the new model of e-commerce poverty alleviation and the three unique regional philanthropy development case reports of Haizhu District, Nansha District and Baiyun District.

The appendix sorts out great events of Guangzhou's philanthropy in 2017. It also includes relevant laws and policies of Guangzhou's philanthropy in 2017. These events and documents record the development of Guangzhou's philanthropy and witness and guarantee the continuous development and progress of philanthropy in Guangzhou.

Contents

I General Report

Abstract: On the anniversary of the promulgation of the Charity Law of the PRC, Guangzhou proposed a strategic decision in 2017 to deepen the "Yangcheng Philanthropy for the People" campaign and build a "City of Philanthropy" on a national level. In the process of building the "City of Philanthropy", Guangzhou has set up a platform for cooperation among the government, charitable organizations, enterprises and citizens, which widely stimulates the vitality of civil society and forms a mechanism featuring Party committees leadership, government promotion, charitable organizations operation, civil society engagement and sharing by all. In 2017, Guangzhou formulated five charity policies, perfected seven charity platforms, implemented six charity service plans, and launched six charity cultural icons. After one year's efforts, Guangzhou's charity development showed a new trend of vigorous development and achieved certain stage results. After more than a year's efforts, philanthropy in Guangzhou has shown a new trend of vigorous development and achieved certain stage results. At present, there are some shortcomings in philanthropy in Guangzhou: the initiative of applying for charitable organizations needs to be improved, the lack of brand charitable organizations and well-known projects on the national level, and the charity innovation needs to be further explored. In order to solve these problems, Guangzhou should take the party construction as the guidance, take the government as the leader, take innovation as the driving force, so as to promote philanthropy in Guangzhou to a new level and make Guangzhou an international philanthropy hub platform.

Keywords: City of Philanthropy; Philanthropy; Social Governance; Government Leadership

Ⅱ Sub-reports

Abstract: Guangzhou has formed a new pattern of modern philanthropy with Guangzhou characteristics by building a nationl "city of philanthropy" as its guide, adhering to the principle of charity work, promoting "three innovations", building "three platforms" and perfecting "three mechanisms" . Among them, the "three innovations" include charity policy innovation, charity organization innovation and charity supervision innovation. The "three platforms" include a charity donation docking platform, a charity information service platform, and a charity activity interaction platform. The "three mechanisms" include charity culture construction mechanism, charity honor feedback mechanism and charity transparent evaluation mechanism.

Keywords: Charity Pattern; Charity Innovation; Charity Platform; Charity Mechanism

Abstract: The development the "third sector" represented by charitable organizations in China has been shed high light upon by the government and whole society since the "Reform and Opening", and has been growing fast. Both the status and function of charity involving in the social governance has recently been highly spoken. Furthermore, as the Charity Law of the PRC came out in 2016, it also poses new requirements on the practice of charity. Guangzhou city has always been a good practitioner following the policy and law to form its own unique way. This article aims to demonstrate the significance and necessity of charity participating in social governance by theory study and then uses case analysis and comparison to discuss the results for now and future chances, which may contribute to building Guangzhou as the "city of philanthropy". Charitable organizations in Guangzhou have achieved remarkable results in participating in modern social governance, and the modern philanthropy system has basically been established. Through self-improvement and self-regulation, charitable organizations have improved their ability to participate in social governance. In addition, charitable organizations have achieved diversified and endogenous development, actively seek and expand the channels for participating in social governance, and actively leverage social capital to boost new state-society relationship. In the future, charitable organizations in Guangzhou still need to constantly improve themselves, actively participate in social governance and cooperate with other social subjects.

Keywords: Philanthropy; Charitable Organization; Social Governance

Abstract: Community philanthropy is an important feature of the development of philanthropy in Guangzhou. It is a reflection of the sinking of charitable resources to the grassroots level. Under the system of community governance, community philanthropy has become an important governance tool. The construction of "City of philanthropy" in Guangzhou cannot be separated from the participation of residents from communities, and the construction of charity system needs to go deep into the communities, and the formation of charity system needs to go deeper into the community. This essay introduces the case of community self-organizing cultivation and voluntary service in Guangzhou, discusses the unique experience of the development of community charity in Guangzhou, and puts forward suggestions for the future development of community charity. The development model of community philanthropy in Guangzhou is mainly based on the Integrated Family Services Centre and the professional social work as the driving force. Integrated Family Services Centre is close to the community, takes the needs of the community residents as mission guidance, actively guides the community residents to participate in community affairs, and becomes the main force for community philanthropy. The future development of community philanthropy can be achieved by cultivating community charitable organizations, improving the professional quality of employees, developing community voluntary service and integrating community philanthropic resources.

Keywords: Community Philanthropy; Community Governance; Social Capital

Abstract: The report of the 19th National Congress of the Communist Party of China pointed out that the role of social organizations should be brought into play to achieve positive interaction among government governance, social regulation and residents' autonomy. Social work service is an important part of social governance, which is of great significance to strengthening society with a focus on ensuring and improving people's livelihood. This report starts from the connection between social work and philanthropy in Guangzhou. In the process of policy guidance, the development of social work and philanthropy is mutually complementary, and the reform is getting closer with time. The combination of "targeted poverty alleviation & social work" has a certain reference effect on promoting and guiding social work in Guangzhou. Under the context of "targeted poverty alleviation + social work", the principle of "party and government guidance, coordinated promotion, people-oriented, precision service, east-west cooperation, extensive participation, mass participation, helping others and self-help" can provide guidance for the promotion of social work in Guangzhou.

Keywords: Social Work; Public Welfare; Philanthropy

Abstract: At present, social forces are an important new power in promoting targeted poverty alleviation. By widely mobilizing and effectively guiding social forces to participate in poverty alleviation and development, a win-win situation can be achieved among poor households, governments, enterprises, and social organizations. In recent years, Guangzhou has fully mobilized the enthusiasm of enterprises, individuals and social organizations in organizing poverty alleviation work. In the process of guiding social forces to actively participate in the poverty alleviation work, Guangzhou has continuously enriched the poverty alleviation field and expanded poverty alleviation methods, creating a new situation of poverty alleviation. At present, the social forces in Guangzhou have gradually abandoned the direct-aid of infrastructure construction and giving money and goods to help the poor, and have begun to expand to industrial development, education aid, health aid, employment transfer, and self-reliance of the poor. Compared with other areas, Guangzhou has unique advantages in the following three aspects: extensive participation of social forces in targeted poverty alleviation, sustained growth of social forces' input in targeted poverty alleviation, and diversification of social forces' participation in targeted poverty alleviation.

Keywords: Targeted Poverty Alleviation; Social Forces; Enterprises; Social Organization

Abstract: In 2017, the ecology of commonweal communication in Guangzhou changed from "decentralized distribution stage" to "platform construction stage". In the past, it mainly relied on grass-roots efforts, resulting in weak communication, narrow range and strong randomness. This situation has changed obviously, and the new pattern of "government setting up a platform, civil society taking action, and industry having a joint voice" has gradually taken shape. Listing some important events of commonweal communication in Guangzhou in 2017, such as the holding of the Charity Carnival on Beijing Road, the wide spread of a HTML5 page of "Elderly Canteen" and the initial issue of The Shancheng Magazine, this essay tries to show the roadmap of the philanthropy development in Guangzhou in 2017, which is from the industry to citizens, from offline to online, from decentralized distribution to centralized demonstration. It will also analyze the huge innovation and profound impact of the current development of the Internet and the policy environment on commonweal communication. The huge impact was especially reflected in the fact that the philanthropy in Guangzhou began to have a core centre in 2017, that is to build the "City of Philanthropy".

Keywords: Commonweal Communication; Philanthropy in Guangzhou; Communication Method

Ⅲ Thematic Reports

Abstract: Since the reform and opening, the Non-Government Organizations (NGOs) which are represented by charitable organizations and associate the state and society, have developed rapidly and become an important subject of social governance. Under these circumstances, the new requirement and task include strengthening the normative guidance to charitable organizations, inspiring them to play an active role, and reinforcing the party building work of NGOs. As the provincial capital of Guangdong Province, Guangzhou has made remarkable NGOs' party building work in recent years, including the implementation of the "Six One" project, which establishes a set of basic accounts, seizes a "bovine nose", establishes a party school, carries out a pilot work, improves a mechanism for exerting a role, and strengthens a series of supervision. Guangzhou has accumulated rich experience in the party building of charitable organizations and has explored a "1 +N +X" party building management system in line with local conditions. The investment has effectively provided political guarantees, organizational guarantees, resource guarantees, and motivation guarantees for NGOs' party organization construction, and has achieved the normalization and institutionalization for party building. In the future, charitable organizations in Guangzhou should continue to enrich the party-building activities, explore multilevel and multi-channel mechanisms to guarantee party building resource, establish a long-term mechanism for the exchange of work experience, and strengthen theoretical and practical research on the party building work of charitable organizations.

Keywords: Guangzhou; Charitable Organization; Party Building

B. 9 Exploration on the Development of Medical Charity in Guangzhou / 120

Abstract: As a supplement to the medical aid of the government, charity care in Guangzhou began in 2010, and has so far formed a model with Guangzhou characteristics, which has accumulated a lot of thoughts and experience for model exploration. This essay takes three important documents as an important node in Guangzhou's charity care development process, analyzes the characteristics and presents the development trend through the data over the years. On the one hand, by analyzing the resources of medical charities, it is understood that social forces such as charitable organizations are an important part of the development of charity care assistance in Guangzhou. On the other hand, through the case analysis, it shows the effectiveness of charity care in Guangzhou. However, there are still some problems with Guangzhou's charity care. Due to the lack of information, it is difficult for serious illness patients to find assistance resources to match themselves, while the lack of an effective communication mechanism among charitable organizations greatly reduces the efficiency of assistance. After years of exploration, Guangzhou has found a way to solve the problem. It needs to integrate the government's medical aid resources with the charitable organizations, share the resources and information, promote different organizations to implement joint aid and establish a complete aid chain.

Keywords: Charity; Charity Care; Medical Aid

Abstract: The family environment has a great influence on individual charity behaviour, and the family plays an important role in promoting philanthropy. On the whole, the level of participation in philanthropy in China is low, partly because of the lack of charity education. With the construction of "City of philanthropy", Guangzhou has actively tried to attract wide public participation with various new models and concepts, such as "Charity Month for Citizens" and "Selection of Charitable Families" to bring charity culture into families, schools and communities. The atmosphere of Guangzhou residents participating in charity has become increasingly strong, gradually exploring a path for all citizens to participate in charity.

Keywords: Family Charity; Civil Charity; Charity Education

Abstract: Charity auction is popular with the society in helping charitable organizations, other NGOs and individuals to raise money for charity because of its unique characteristics of openness, transparency and extensive transactions. At present, the charity auction in Guangzhou is still in the primary stage, and there are some urgent problems to be solved: the legal awareness needs to be strengthened, the professional level needs to be improved, and the forms and auction products of charity auction need to be enriched. In the new era, how will Guangzhou's auction industry keep up with the pace of "city of philanthropy" and go ahead in the country again? Based on the analysis of the current situation of charity auction in Guangzhou, this paper introduces the exploration and practice of Guangdong Huayu Auction Co., Ltd. in the charity auction field, in the hope of attracting more valuable works and discussing how to raise money in a professional charity auction, and at the same time spread positive energy of public charity. Guangdong Huayou Auction Co. , Ltd. innovates auction planning and professional services, enriches forms of charity activities, provides diversified services of " online + offline", promotes cooperation between charity auction and commerce, and carries out charity auction in accordance with laws and regulations.

Keywords: Public Welfare; Charity; Auction

Ⅵ Case Studies

Abstract: More and more Internet enterprises are involved in the development of poverty alleviation in rural areas, and the major e-commerce enterprises are using their own advantages and membership bases to build poverty alleviation platforms among enterprises, the public and the poor, so as to promote the overall development of rural economy and society. Taking the model of Vipshop e-commerce poverty alleviation and VIP Love Workshop, this article provides a full picture of the concept, model, outcome and impact of the program. Through the study on how Vipshop has helped the sustainable development of China's rural communities by awakening the intangible cultural heritage, this article shows the advantage of e-commerce poverty alleviation and the new possibility that Internet enterprises brought to poverty alleviation. This article also analyses the model and method of e-commerce poverty alleviation. VIP Philanthropy adheres to market orientation, develops local fashion industry with unique characteristics according to local conditions, and introduces famous designers to cultivate leading enterprises, forming a whole industry chain supporting mode of " e-commerce platform + well-known brands + fashion designers + local leading enterprises" . VIP will continue to devote itself to the targeted poverty alleviation as before, drive other e-commerce enterprises to engage in targeted poverty alleviation, promote and expand existing projects in depth, and explore new poverty alleviation projects so as to help the poor more widely and explore more diversified methods of poverty alleviation with e-commerce enterprises.

Keywords: Vipshop; E commerce Poverty Alleviation; Intangible Cultural Heritage

Abstract: In 2017, Haizhu District earnestly implemented charity activities, focused on fostering community philanthropy, and promoted the deep integration of charity and social assistance, social welfare, social work and voluntary service. The number of social service agencies has steadily increased, forming a gradient of charity work. According to Guangzhou Regional Philanthropy Index Report (2018), Haizhu District ranked first in Guangzhou in 2017 considering the overall development and has accumulated unique experience in four aspects of cultivation and development of social organizations, brand activities and impact, transparency and supervision, charity communication and development. Haizhu District further advanced the evaluation to promote the standardization of social organizations, carried out charitable activities to continuously enhance the impact of philanthropy, created a transparent and disinterested environment to improve the regulatory system for charitable undertakings, and attached importance to exchanges and cooperation to promote the long-term development of charitable organizations. In the future, Haizhu District ought to strengthen its support for the cultivation of social organizations and the training of leaders, promote the evaluation of social organization grades, and carry out spot checks and supervision of charitable organizations.

Keywords: Charitable Organizations; People's Livelihood Service; Haizhu District

Abstract: The "Time Bank" is a service exchange carried out with time as the medium. Since its inception in the United States in the 1990s, it has become an important form in the field of philanthropy. Nansha District's "Time Bank" project adopts a joint participation model of government subsidies, business concessions, volunteer service and social support to alleviate the pressure of elderly care with Time Bank. With the advantages of "Internet + Community Service", the Time Bank Project in Nansha District is gradually building a complete community service system, including five modules: community support for the elderly, community assistance for the disabled, convenience to community residents, education and culture, and public service. Among them, the elderly catering programme is an important part of the community support for the elderly. However, there are still some problems in catering service for the elderly, such as insufficient publicity and less investment of social resources, which have limited the further promotion and development of the project. The author suggests Nansha District to increase publicity on catering service for the elderly of Time Bank, link up social resources and cooperate with social work organizations in the communities.

Keywords: Time Bank; Elderly Catering; Ageing; Community Services for the Aged

Abstract: Baiyun District has always had the glorious tradition of being warmhearted and philanthropic minded, and has a good foundation for the development of philanthropy. In the report of Guangzhou Regional Philanthropy Index Report (2018), Baiyun District ranked third in Guangzhou in terms of philanthropy comprehensive development index and ranked first in terms of activity index and contribution index. This essay summarizes the achievements of Baiyun's philanthropy development in targeted poverty alleviation and helping the needy, the elderly, the sick and the disabled in recent years. Baiyun District has driven the overall development of poor villages, guaranteed the basic livelihood of the needy, improved the living and health conditions of the elderly, and promoted the active integration of the disabled into society. In the future, Baiyun District will make every effort to build the brand of "Charitable Baiyun", expand channels for donation, strengthen the management of funds, create a good social atmosphere, and improve social credibility of charitable organizations.

Keywords: Baiyun District; Development of Philanthropy; Regional Philanthropy

V Appendix

法律声明